한국인의 마음속엔
우리가 있다

한국인의 마음속엔 우리가 있다

심리, 역사, 문화로 한국인의 마음을 들여다보다

김태형 지음

온더페이지
on the page

한국인의 민족심리를 규명하는 것은 한국의 심리학자에게 가장 중요한 연구과제인 동시에 의무이기도 하다. 한국인의 심리를 가장 알고 싶어 하는 심리학자는 당연히 한국인인 한국의 심리학자다. 한국인의 심리를 가장 잘 파악하고 규명할 수 있는 잠재력과 현실적 가능성을 가지고 있는 사람 또한 한국의 심리학자다. 이 때문에 한국의 심리학자들은 심리학자로 첫발을 내딛는 순간부터 언젠가는 한국인의 민족심리를 연구하고 규명해야겠다는 목표를 마음 한편에 품게 되고 그것을 한국에서 태어난 심리학자인 자신이 마땅히 짊어져야 할 의무로 여기게 되는 것 같다. 나 역시 심리학자의 길을 걸어오면서 이런 목표와 의무를 한시도 잊어본 적이 없다. 그러나 그동안은 학문적 깊이와 경험이 충분치 못하고 제반 여건이 뒷받침되지 않아 한국인의 민족심리에 대한 연구에 손을 대지 못했다.

다소 늦은 감이 있지만 이번 기회에 한국인의 민족심리를 연구하고 그 결과를 책으로 출간할 수 있게 되어 매우 뿌듯하고 묵은 빛을 청산한 것처럼 기쁘다. 물론 이 책이 한국인의 민족심리를 완벽하게 규명했다고 말할 수는 없을 것이다. 그러나 그것을 향한 중요하고 의미 있는 성취라고 자부한다.

사람은 인간이라면 누구나 다 가지고 있는 보편적인 인간심리만이 아니라 민족, 국가, 사회 등과 관련이 있는 독특한 집단심리 혹은 민족심리도 가지고 있다. 그렇기 때문에 똑같은 인간이지만 미국인과 러시아인이 서로 다르고, 한국인과 일본인이 서로 다른 것이다. 개인차를 연구하는 분야를 제외한다면 심리학자는 무엇보다 보편적인 인간심리를 연구한다. 즉 모든 인간에게 해당되는 심리 법칙이나 심리 현상을 연구한다는 것이다.

그러나 그것만으로는 한국인이 과연 어떤 사람들인지, 한국인의 심리가 무엇인지를 알 수는 없다. 또한 한국인이 왜 미국인이나 일본인과 다른지도 알 수 없다. 따라서 한국인의 심리를 온전히 규명하려면 한국인의 민족심리가 무엇인지를 반드시 알아야 한다. 이것은 한국인의 심리를 알려면 반드시 한국인의 민족심리를 연구해야 한다는 것을 의미한다. 한국인이 집단적으로 공유하는 심리라고 해서 그것이 모두 다 민족심리인 것은 아니다. 예를 들어 오늘날의 한국인이 모두 불안이 심하다고 해서 불안을 한국인에게 고유한 민족심리라고 말할 수는 없다는 것이다.

오늘날 한국인은 민족심리만이 아니라 한국 사회, 특히 신자유주의적 자본주의 제도가 강제하고 일반화시킨 집단심리도 가지고 있기 때문에 이 두 가지를 구분해야 한다. 나는 이런 점을 염두하면서 한국인의 고유한 민족심리를 찾아냈고 그것이 현실 속에서 어떻게 발현되고 작용하고 있는지를 밝히기 위해 노력했다.

오늘날 한국인의 마음속에는 한국인의 민족심리와 신자유주의적 자본주의가 강요한 심리가 복잡하게 혼재되어 있으며 양자가 격렬하게 갈등하며 충돌하고 있다. 본문에서 자세하게 다루고 있듯이 신자유주의적 자본주의는 한국인에게 극단적인 개인이기주의를 강요했는데, 이것은 한국인의 가장 중요한 민족심리인 우리주의와 상극이다. 신자유주의적 자본주의가 지구촌을 휩쓸었음에도 유독 한국인의 높은 자살률이 떨어지지 않는 가장 큰 이유가 바로 여기에 있다. 만일 우리주의 심리 같은 한국인의 민족심리가 객관적으로 나쁜 것이고 한국인을 불행하게 만든다면 우리는 그것을 과감히 버리고 개인이기주의를 받아들여야 할 것이다.

그러나 만일 한국인의 민족심리가 대단히 좋은 것이고 그것에 부합되게 살아갈 때 한국인이 행복해질 수 있다면 우리는 개인이기주의를 단호히 거부하고 한국인의 민족심리가 만개할 수 있는 사회를 향해 나아가야 할 것이다. 이런 점에서 한국인의 민족심리를 아는 것은 한국인이 어떤 사람들인가를 아는 것에서 그치는 단순한 지식의 문제가 아니라 사회개혁의 방향과 내용을 결정하는 문제이자 미래를 좌우하는 문제이기도 하다고 말할 수 있다.

나는 한국인의 대표적인 민족심리 혹은 민족성이 우리, 인간중심, 비종교, 도덕, 낙천이라고 생각한다. 한국인은 먼 옛날부터 이 5가지 집단심리를 가지고 살아왔다. 한국 사회가 신자유주의적 자본주의에 의해 점령된 1990년대 이후부터 한국인의 민족심리는 심하게 억제되었으며 눈에 띄게 약화되고 있다. 오늘날 한국인이 경험하는 심각한 정신적 고통이나 불행, 온갖 사회적 병리 현상은 민족심리가 억제되거나 파괴되고 있는 것과 밀접한 관련이 있다.

비록 오늘날 한국인의 민족심리, 즉 우리 민족이 소멸의 위기를 겪고는 있지만 수천 년에 걸쳐 형성, 발전해온 민족심리는 그리 쉽게 사라질 수 없다. 한국인의 민족심리는 신자유주의가 강요한 심리와 혼재되거나 충돌하면서 여전히 한국인의 마음과 행동, 활동과 생활에 지대한 영향을 미치고 있다.

한국인의 민족심리가 무엇인지를 알게 되면 그 무엇보다 한국인, 구체적으로 말해 이 땅에서 살아가고 있는 자신과 이웃들을 이해할 수 있다. 또한 한국인의 민족심리가 무엇인지를 알게 되면 한국인이 어떤 사회에서 살아가야 인간답게 산다고 느낄 수 있는지 또 진정으로 행복해질 수 있는지도 알 수 있다.

나는 우리가 한국인의 민족심리를 정확히 알고 그것에 맞는 방향으로 또 그것을 높이 발양하는 방향으로 나아가야 한다고 생각한다. 제아무리 물질적 풍요 수준이 높다 하더라도 미래의 한국이 민족심리를 억제하거나 파괴하는 사회라면, 그런 사회에서 한국인은 절대로 행복해질 수 없기 때문이다. 한국의 미래에서 행복 실현은 민족심리의 소멸이 아닌 부활에 의해서만 가능하다.

독자들이 한국인의 민족심리를 정확히 이해하고 그것을 원만히 실현할 수 있는 아름다운 사회를 꿈꾸는 데 이 책이 조금이라도 도움이 되기를 바란다.

김태형

차
례

3부 　｜　비종교　　

4부 　｜　도덕

한국인의 심리

민족성이란

한국인은 어떤 사람들일까? 한국인의 집단심리는 무엇일까? 나는 이 질문에 대답하기 위해 『싸우는 심리학』, 『풍요중독사회』 등의 저서를 집필하며 한국인의 집단심리를 꾸준히 규명해왔다. 그러나 이러한 저서들에서 규명한 한국인의 집단심리(예: 심각한 불안)는 오직 한국인만 가지는 집단심리가 아니다. 『싸우는 심리학』에서 다루는 집단심리는 현대 자본주의 사회에서 살아가는 세계인들이 공유하는 집단심리이고 『풍요중독사회』에서 밝힌 집단심리 역시 신자유주의적 자본주의 사회에서 살아가는 세계인들이 공유하는 집단심리다. 즉 이런 집단심리는 단지 한국인만이 아니라 미국인이나 일본인도 공유하고 있다.

　모두가 신자유주의적 자본주의 제도라는 동일한 사회제도 혹은 환경 속에서 살아가고, 그 결과 모두가 동일한 집단심리를 가지게 되었지만 근본적으로 한국인은 분명히 미국인이나 일본인과 다르다. 한국인은 미국인이나 일본인에게 없는 민족성, 민족심리를 가졌기 때문이다. 그러므로 오늘날의 한국인, 한국인의 집단심리를 온전히 이해하려면 한국인의 민족성을 먼저 알아야 한다. 다시 말하면 한국인, 한국인의 집단심리에 대한 온전한 이해를 위해서 우리는 신자유주의적 자본주의라는 배경에서 탄생한 집단심리와 한국인의 고유한 민족심리(혹은 민족성)를 다 알아야 한다.

한국인은 고유한 민족성을 지녔다. 민족성이란 역사적으로 형성되고 공고화된 민족의 고유한 특성을 말한다. 이런 민족성은 각 민족의 사회역사적 환경과 생활 조건(정치, 군사, 경제, 문화적 조건 등)의 영향을 받는다. 민족심리에는 민족적 특성(속성)과 민족적 감정 등이 포함된다. 민족성, 즉 민족의 심리적 특성(민족적 특성과 같은 말이며, 이하 민족성으로 통일했다)에 대한 이해를 돕기 위해 심리학 이론을 약간이나마 소개할 필요가 있을 것 같다. 인간심리는 의식에 기초해 발생하는 구체적인 의식현상, 정신현상이다. 즉 인간심리가 의식에 기초를 두었으며 의식에서 비롯된다는 것을 의미한다.

개인주의 사상(예: 남이야 어찌 되든 본인부터 부자가 되려는 요구)은 의식에 저장되어 있다. 의식에 저장된 이 개인주의 사상이 구체적인 욕망, 감정, 의지, 사고 등으로 발현한 결과물이 개인주의 심리(예: 주식투자를 해서 돈을 벌고 싶은 욕망)다. 참고로 당사자에게 심리는 체험하는 것(심리체험)이지만, 관찰자나 연구자에게 심리는 관찰 가능한 현상(심리현상)이다. 사람은 심리에 걸맞은 행위나 행동을 하는데, 그 과정에서 심리가 특성 혹은 속성으로 굳어진다. 개인주의 심리에 기초한 행위나 행동이 반복되는 과정 속에서 개인주의 심리는 공고해지고 체질화되어 심리적 특성(예: 주식투자에 목을 매는 습성)이 된다. 이 심리적 특성은 인간심리와 행동에 강력하고 지속적인 영향을 미친다.

심리적 특성이란 생활과 활동 속에서 일정한 심리현상들이 반복될 때 형성되는 심리적 특질을 말한다. 심리적 특성은 성미와 성격, 능력과 재능, 취미와 기호 등을 포함한다. 심리적 특성은 공고하고 지속적이며 항구적인 성격을 가진다. 예를 들면 어떤 사람이 성실하게 일하려는 심리에 기초해 성실한 생활과 활동을 반복하다 보면 그것이 굳어지고 체질화되어 성실성이라는 심리적 특성을 가지게 된다. 일단 성실성이라는 심리적 특성을 얻은 사람은 성실성을 잃지 않으며, 체득한 다음부터 특별히 의식하지 않아도 성실하게 생활하게 된다.

지금까지 살펴보았듯이 민족심리는 의식 차원의 민족적 의식, 심리 차원의 민족적 욕망이나 감정, 특성 차원의 민족성을 망라한다. 이 세 가지 중에서 인간의 생활이나 활동에 가장 강하게 또 지속적으로 영향을 미치는 것은 특성이다.

민족성은 상대적으로 공고하고 지속적인 민족심리다. 민족성은 민족의 심리적 특질 혹은 속성이기 때문에 오랫동안 그 민족에 체현되어 있으면서 민족의 활동에 영향을 미친다. 예를 들면 민족성으로 볼 수 있는 낙천성은 먼 옛날부터 지금까지 우리 민족 속에 이어져 내려오면서 오늘날 한국인의 활동에도 영향을 미친다.

민족적 감정은 사물현상에 대한 민족의 태도를 다양한 정서로 나타내는 민족심리다. 민족적 감정은 민족의 운명과 관련되는 이런저런 사건들과 주위 세계의 현상들에 대한 즉각적이며 생동한 심리적 반응으로 체험된다. 일본 정부가 독도를 자기네 땅이라고 우겼다는 보도를 접하면 한국인의 마음속에서 즉각적으로 분노와 증오가 치솟는 것을 예로 들 수 있다. 즉 민족적 감정은 가변적이지만 민족성은 상대적으로 공고하다.

진보성향 지지자들이 특정 정당에 대해 증오감이나 배신감 등을 공통적으로 체험하는 감정은 집단적 감정이다. 그러나 만약 해당 정당이 환골탈태換骨奪胎 해서 진보성향 지지자들의 기대에 부응하는 정당이 된다면, 이 증오감이나 배신감은 호감이나 연대감으로 바뀔 수 있다. 이렇게 집단적 감정은 가변적이기 때문에 민족적 감정만으로는 한국인을 제대로 이해하기 어렵다.

반면에 민족성은 민족이라는 집단에게 체현된 심리적 특성이므로 거의 변하지 않는다. 즉 민족성은 상대적으로 고정적이고 장기간 존속하면서 사람들의 생활이나 활동에 영향을 미치기 때문에 한국인이 어떤 사람들이고 어떤 심리를 가졌는지를 알려면 무엇보다 민족성에 주목해야 한다.

한국인의 심리를 연구해온 기존의 연구자들은 가변적인 민족심리보다 상대적으로 고정적인 민족심리인 민족성이나 한국인의 사회적 성격을 연구해왔다. 나 역시 같은 입장에서 민족성에 집중해 한국인의 마음을 들여다볼 것이다.

민족성은 그 민족의 집단적 의식에 기초하며 다양한 의식현상, 즉 심리를 기반으로 표현된다. 개방적인 사상(의식)에 기초해 개방적인 사고를 하고 개방적인 태도로 세상을 대하는 심리현상과 활동이 반복되면 개방성이라는 심리적 특성이 만들어진다. 이렇게 특정한 심리적 특성은 특정한 의식에 기초하기 때문에 민족성에 대한 연구는 그 민족이 공유하는 의식(예: 개인주의, 집단주의)에 대한 연구와 분리될 수 없다. 또한 심리적 특성은 말과 행동, 생활양식, 관습 심지어는 사회제도까지 광범위하게 영향을 미친다. 따라서 민족심리, 민족성에 대한 연구는 이런 요소들도 연구 대상에 포함할 것이다.

민족성 형성, 발전의 원인

민족은 핏줄과 언어, 영토와 문화의 공통성에 기초해 역사적으로 형성된 사회생활 단위이며 사람들의 공고한 집단이다. 민족이 형성되는 초기 단계에서는 핏줄과 영토가 중요한 요소지만, 민족이 형성된 후에는 언어와 문화를 더 중요한 요소라고 볼 수 있다. 해외에 살고 있는 동포들은 영토의 공통성이 없지만 언어와 문화를 공유하는 한 같은 민족이라고 할 수 있다. 또한 핏줄이 다른 외국인이라도 오랫동안 한국 사회에서 살면서 한국어를 사용하고, 한국 문화를 향유했다면 같은 민족이라고 해야 한다. 그러므로 민족이 만들어져 공고해진 이후에는 민족성을 규정하는 핵심 요인이나 징표를 언어와 문화라고 할 수 있다.

‖ 역사 ‖

민족성은 하루아침에 생겨나거나 없어지는 개념이 아니라 장구長久한 역사적 기간을 거치면서 형성, 발전, 쇠퇴하는 개념이다. 즉 역사가 민족성에 커다란 영향을 미친다는 뜻이다.

민족성은 그 민족의 발전 역사에 근거한다. 예를 들면 민족의 강대함과 번영에 관련된 여러 가지 자랑거리와 찬란한 문화는 집단의 유산으로서 대代를 이어 전해지면서 민족심리에 고착되어 민족성 형성에 영향을 미친다. 한국인의 민족성을 흔히 '정의에 민감하고 도덕을 귀중히 여기며 예절이 밝고 겸손하다'라고 말하고는 하는데, 이런 민족성은 반만년의 유구한 역사 창조와 밀접하게 관련한다. 최첨단 시대를 살아가는 오늘날의 한국인도 강대한 고구려를 떠올리거나 이와 관련된 이야기를 들으면 가슴이 벅차오르며 한글의 우수성을 자각하면 몹시 자랑스러워한다. 이런 식으로 역사와 민족성은 매우 밀접한 관련이 있다.

‖ 언어 ‖

언어는 생각과 의견을 교환하고 전달하기 위한 수단이며, 사람은 언어를 이동해 의식적으로 생활하는 사회적 존재다. 핏줄이 같고, 동일한 영토 안에서 살아가도 사용하는 언어가 다르면 공동생활을 영위할 수 없으며, 하나의 공고한 집단으로 결합할 수 없다. 문화는 민족을 독자적인 민족으로 형성, 발전해갈 수 있게 해주는 정신적 및 물질적 재부財富이자 밑천이다. 각각의 민족은 그들만의 고유한 언어와 함께 문화를 역사적으로 창조하고 계승, 발전해왔기 때문에 다른 민족에게 동화되지 않고 민족성을 지켜나갈 수 있었다. 지금까지의 논의는 민족 구성원들이 주로 역사와 함께 언어 그리고 문화에 의해 공통의 민족성을 가지게 된다는 사실을 보여준다.

레프 비고츠키Lev Semenovich Vygotsky 같은 사회적 구성주의자들은 인간심리가 사회와 문화에 의해 형성, 발전되었다고 주장했고, 특히 언어와 심리 간의 유기적 관련성을 강조했다. 즉 언어가 심리를 반영할 뿐만 아니라 그 언어를 사용하는 사람들의 심리를 부분적으로 창조하고 규정한다고 이야기한다.[1] 언어상대성 이론을 주창했던 일련의 심리학자들 역시 언어와 심리가 불가분의 관계에 있다면서 비슷한 주장을 했다. 언어가 민족성의 충분조건은 아니지만 필수조건이라는 점은 분명하다. 즉 민족성이 한국인의 언어 사용에 영향을 미치는 동시에 한국어를 사용하는 것도 민족성의 형성, 발전에 상당한 영향을 미친다는 뜻이다.

‖ 문화 ‖

민족성의 형성, 발전에 가장 큰 영향을 미치는 요소는 문화다. 과학적 심리학의 창시자로 간주되는 빌헬름 분트Wilhelm Wundt는 인간의 고등 정신과정은 실험법으로 밝힐 수 없다면서, 민족심리를 알기 위해서는 그 민족의 역사와 문화를 연구해야 한다고 주장했다. 이런 맥락에서 그는 민족심리학이라는 학문은 반드시 그 민족이 공유해온 역사, 신화, 전설, 민담 등을 연구해야만 한다고 강조했다.

문화란 사람들의 정신적 요구를 충족시키며 그들의 자질과 능력을 표현하고 담보해 가치 있는 역사적 창조물의 총체를 말한다. 문화에는 역사를 거치며 형성된 사람들의 능력과 활동방식, 정신적 및 물질적 재부와 같은 인간의 창조적 활동의 산물을 포함한다. 가치 있는 역사적 창조물로서의 문화는 지식과 경험, 기능과 숙련이라는 개념으로 사람 자체에 체현되어 있으며, 또는 사람의 창조성이 체현된 객관적 대상물로서 존재한다. 사람에게 체현되는 개념이나 객관적 대상물이 될 수 있는 문화는 대단히 포괄적인 개념이다. 쉽게 말해 문화에는 육개장을 만드는 요리 방법이나 요리 능력에서부터 첨성대나 우리 고유의 글자인 한글 그리고 더 나아가 위대한 사상이나 과학지식까지를 망라한다.

우리 민족은 여기저기 떠돌아다니는 이동생활을 했던 유목민족과 달리 최소한 2,000여 년 이상을 한반도에 정착해 농사를 지으며 살아왔다. 이러한 이유로 일부 사람들이 한국의 전통문화를 정주定住문화라고 부른다. 한국의 정주문화는 온돌문화를 낳았다. 우리 민족만의 온돌문화, 즉 바닥 전체를 덥히는 난방문화는 당연히 한국인의 민족성에 이런저런 영향을 미쳤다.

이런 식으로 우리 민족은 장구한 기간 동안 고유한 문화를 창조하고 향유하는 과정에 독특한 민족성을 형성, 발전해왔다. 문화에 포함되는 관습도 민족성의 형성, 발전에 일정한 영향을 미친다. 관습이란 특정한 사회적 집단 안에서 역사적으로 형성, 발전된 공고한 행동방식을 말한다. 관습은 집단의 요구를 실현하기 위한 생활과정, 활동과정에서 형성되는 공통적인 행동방식이다. 한국인은 어른과 밥을 먹을 때 연장자가 수저를 들기 전에는 먼저 수저를 들지 않는다. 이것이 바로 일종의 관습적인 행동인데, 이런 공통적인 행동방식들 역시 민족성에 영향을 미친다.

문화에는 정신문화와 물질문화, 생산문화와 생활문화 등이 있지만 그중에서 기본은 정신적 재부, 정신적 창조물을 표현하는 정신문화다. 그렇기 때문에 민족성에 가장 큰 영향을 미치는 것은 정신문화라고 말할 수 있다. 쉽게 말해 고려청자나 다보탑보다는 단군신화나 동학東學사상이 한국인의 민족성에 더 큰 영향을 미친다. 문화는 사람들이 사회적 존재 혹은 민족 구성원으로서의 자질과 능력을 갖추는 데 이바지하는 수단이다. 사람은 세상에 태어난 후 지속적인 문화화를 거쳐 사회적 존재, 민족 구성원으로서의 자질과 능력을 갖추게 되고, 그 과정에서 민족성을 체현한다.

‖ 자연지리적 환경 ‖

이 외에도 민족성에는 그 민족이 살아가며 활동하는 자연지리적 환경도 일정한 영향을 미친다. 엄혹한 자연지리적 환경과 그렇지 않은 환경에서 살아가는 민족은 서로 다른 민족성을 가질 수 있다.

엄혹한 자연과의 투쟁으로만 생존할 수 있는 지역에서 살아가는 민족은 강인성, 완강성, 낙천성 같은 민족성을 가지는 반면, 자연적 환경이 양호해 먹거리가 풍부한 지역에서 살아가는 민족은 호의, 신뢰, 동정, 지지 등과 함께 무절제하고 감정적인 민족성을 가진다. 이러한 결과를 보았을 때 자연지리적 환경도 민족성의 형성, 발전에 일정한 영향을 미친다는 점을 보여준다.

한국인의 근면성이나 부지런함, 끈기와 인내심 등을 뚜렷한 사계절이 있으며 1년에 한 번 농사를 지어 한 해를 버텨야만 했던 자연지리적 환경과 연결 지어 설명하는 학자가 꽤 많다. 물론 한반도라는 자연지리적 환경이 한국인의 민족성을 전적으로 규정하는 것은 아니겠지만 일정한 영향을 미쳤다는 것을 부정할 필요는 없다.

지금까지 살펴보았듯이 민족성에는 수많은 것이 영향을 미치므로 민족성을 연구하는 심리학은 민족의 역사, 신화, 언어, 문화, 전통, 예술, 풍속, 도덕 등을 연구자료로 이용한다.

한국인만의 민족성

한국인과 다른 나라 사람들, 다른 민족을 비교했을 때 차이점이 나타나는 이유는 한국인에게는 한국인만의 역사, 언어, 문화가 있으며 그것으로 인해 체현된 한국인만의 민족성이 있기 때문이다. 한국인의 민족성이라는 말은 다른 민족에게서 찾아보기 힘든 우리 민족 고유의 민족성을 의미한다. 한국인은 사랑받고 싶어 하는 특성을 가지지만 그것을 한국인의 민족성이라고 말하기 어렵다. 왜냐하면 사랑받고 싶어 하는 특성은 인간이라면 누구나 다 가지는 인간으로서의 특성이지, 우리 민족만의 특성이 아니기 때문이다.

물론 엄밀한 의미에서 한국인만이 가지는 특성, 다시 말해 외국인에게는 전혀 찾아 볼 수 없는 특성이란 있을 수 없다. 한국인이든 외국인이든 다 인간이기 때문에 한국인에게 있는 특성이 외국인에게서 털끝만큼도 찾아볼 수 없는 일은 불가능하다. 따라서 한국인의 민족성이란 외국인에게서 볼 수 없는 특성이 아니라 외국인보다 상대적으로 빈번하게 나타나고 강한 특성일 수밖에 없다. 이것은 한국인의 민족성을 파악하려면 외국인에게서는 찾아보기 힘들고 외국인에게서 그다지 강하지 않은 특성을 확인하는 데 초점을 맞추어야 한다는 사실을 의미한다.

민족성은 상대적으로 고정불변하지만 그렇다고 영원하지 않다. 어떤 민족성은 먼 옛날부터 지금까지 지속될 수도 있고, 어떤 민족성은 과거에 있었지만 지금은 없어졌을 수도 있다. 또한 어떤 민족성은 먼 과거에 없었지만 최근 들어서 생겨났을 수도 있다. 한국인의 민족성에 관한 기존의 일부 연구를 보면 '고구려 시대에는 이랬다거나 조선 시대에는 이랬다'라는 이야기를 근거로 삼아 바로 이것이 한국인의 민족성이라고 주장하기도 한다.

중국의 옛 고전들은 대체로 한국인을 "지적, 문화적 욕구가 강하며, 도전적이고 성급하며, 평화적이고 협동성이 강하며, 도덕과 예의를 존중하는 민족"[2]이라고 말했다. 또한 한국인을 "술을 마시고, 음식을 나누어 먹으며, 며칠 밤낮을 남녀노소 할 것 없이 어울려 놀았다"[3]라고 묘사했다.

만일 고구려 시대나 조선 시대의 우리 조상들이 도덕과 예의를 중시하고 음주·가무를 즐겼는데, 오늘날의 한국인도 그렇다면 분명히 그것은 대단히 중요하고 유구한 민족성이다. 그러나 만일 옛사람들이 도덕적이고 음주·가무를 즐겼지만 오늘날의 한국인은 그렇지 않다면 현시점에서 그것을 한국인의 민족성이라고 말하기 곤란하다. 그것이 예전에는 한국인의 민족성이었을지 몰라도 이미 상실된 것이기 때문이다. 반면에 옛사람들은 가지고 있지 않았지만 오늘날의 한국인은 가지고 있고 그것을 외국인에게서 찾아보기 힘들다면, 그것을 새롭게 형성된 민족성으로 간주할 수 있다.

민족성에 관한 연구는 당연히 과거의 역사나 전통문화 등을 적극 참고해야 하겠지만 그것만으로는 연구자료가 충분하지 않다. 과거에 확인할 수 있었던 특성이 오늘날까지 이어져 오지 않을 수 있기 때문이다. 따라서 어떤 특성이 한국인의 민족성이라고 주장하기 위해서는 그 특성이 오늘날의 한국인에게서도 여전히 발견할 수 있다는 사실을 증명해야 한다. 한마디로 민족성 연구는 단지 과거만이 아니라 오늘날의 현실도 연구해야 한다는 뜻이다.

또한 민족성에 대한 연구는 사회제도를 비롯한 환경 그리고 환경과 인간심리와의 관계를 필수적으로 포함해야 한다. 세계 최고 수준인 한국의 자살률은 전적으로 한국인의 민족성에서 비롯된 것도 아니고 반인간적인 사회에서 비롯된 것도 아니다. 그것은 한국인의 민족성과 병적인 사회 간의 충돌에서 비롯된 결과다.

한국인의 민족성을 제대로 규명하려면 신자유주의적 자본주의 사회라는 환경적 조건과 그로 인한 정신병리 현상이나 비인간화된 문화 등의 악영향을 고려해야 한다. 그리고 그러한 풍파 속에서도 의연히 살아서 숨쉬고 있는 한국인만의 민족성을 찾아내야 한다. 그래야만 신자유주의적 자본주의 사회라는 환경에서 비롯된 병적인 집단적 특성을 민족성이라고 착각하지 않을 수 있고, 과거에 긍정적으로 작용했던 특정한 민족성이 왜 오늘날에 부정적 작용을 하게 되었는지를 이해할 수 있다.

모두가 개인으로 파편화되어 치열한 경쟁을 하면서 각자도생의 삶을 살도록 강요당한 결과 한국인은 숱한 병적인 특성을 가지게 되었다. 그러나 그것은 한국인 고유의 민족성이 아니다. 신자유주의적 자본주의 사회에서 살아가는 현시대 인류가 공유하는 병적인 특성일 뿐이다.

오늘날의 한국인은 끔찍한 현실 속에서도 끊임없이 불의에 저항하고 이웃과 연대하기 위해 노력하며, 이상사회에 대한 꿈을 억척스럽게 붙들고 있다. 어둠으로 뒤덮인 것만 같은 세상임에도 자포자기하지 않고 의연히 미래로 나아가려는 굳건한 한국인의 의지에는 한국인의 건강하고 우수한 민족성이 크게 작용하고 있다. 그러므로 현시점에서 우리가 우리의 민족성을 정확히 아는 것은 우리의 장점을 극대화하고 더 나은 우리의 미래를 앞당기는 데 큰 도움이 될 것이다.

1부

우리

비교문화심리학 분야에서 '개인주의 대 집단주의'라는 주제로 서양인과 동양인의 차이를 설명한 이후부터 많은 사람이 서양인은 개인주의 성향이 강하지만 동양인은 집단주의 성향이 강하다는 견해에 흔쾌히 동의해 왔다. 즉 서양인은 개인을 타인으로부터 독립된 주체로 이해하고 개인의 자아실현을 궁극적 가치로 여기며, 개인의 자유나 권리 등을 중시하지만 동양인은 개인을 집단의 한 구성원으로 이해하며 집단의 조화나 단합을 궁극적인 가치로 여기고, 집단의 이익이나 목표 등을 중시한다는 견해다. 서양인과 동양인의 차이, 개인주의와 집단주의의 뚜렷한 차이를 보여주는 연구는 대단히 많이 있기 때문에 그중 일부 연구 결과들을 소개하고자 한다.

개인주의 성향이 강한 사람은 개인주의적인 자극에 더 호감을 보이는 반면, 집단주의 성향이 강한 사람은 집단주의적인 자극에 더 호감을 보일 것이라는 가설을 제시한 한과 샤빗Han & Shavitt은 이를 검증하기 위해 개인주의와 집단주의가 광고 효과에 미치는 영향을 연구했다. 그들은 특정 제품이 제공하는 개인적 혜택(예: '치약이 당신을 상쾌한 경험으로 초대합니다')을 강조하는 개인주의 지향 광고와 동일한 제품이 제공하는 가족적 혜택(예: '치약으로 당신의 가족과 함께 상쾌한 경험을 나누세요')을 강조하는 집단주의 지향 광고를 제작해 연구참여자들에게 보여주었다.

그 결과 개인주의 문화권에 속하는 미국인은 집단주의 지향 광고보다 개인주의 지향 광고를 볼 때 광고 제품을 더 긍정적으로 평가했다. 반면 집단주의 문화권에 속하는 한국인은 개인주의 지향 광고보다 집단주의 지향 광고를 볼 때 그 광고 제품을 더 긍정적으로 평가했다.[1]

개인을 중시하는 개인주의 성향의 사람은 고립된 개인을 중심으로 세상을 보는 세계관(형이상학적 세계관)을 가졌으며, 집단이나 관계를 중시하는 집단주의 성향의 사람은 전체적인 조망 속에서 혹은 관계 속에서 세상을 보는 세계관(변증법적 세계관)을 가진 것이다. 미국인과 일본인을 대상으로 커다란 물고기가 헤엄치는 장면을 보여주었던 한 연구에 의하면 미국인은 개별 물고기에 더 많은 주의를 기울인 반면 일본인은 전체 장면에 더 많은 주의를 기울였다.[2]

사람들이 백인 총기 사건의 원인을 어떻게 인식하는지를 연구했던 한 연구 결과에 의하면 미국인은 인간이 극단적인 행동을 하는 원인을 개인의 기질 문제로 파악하려는 경향을 보였지만, 중국인은 주어진 상황이 집단에게 미치는 영향력에 훨씬 큰 비중을 두었다.[3]

개인주의 대 집단주의의 차이는 일상생활에서도 쉽게 확인할 수 있다. 『절망을 희망으로 바꾸는 한국인의 힘 1』의 저자인 이규태는 유럽을 여행하던 중 황당한 일을 겪었다. 자신이 투숙했던 호텔의 계산 실수를 발견하고 데스크에 찾아가 항의했다. 그런데 데스크에 있던 담당 직원은 그 계산 실수는 이전 근무자 잘못이라면서 자기와 상관없는 일이니까 그 사람에게 따지라고 태연하게 말했다고 한다. 이규태는 집단주의적 사고를 하는 한국 호텔이라면 일어날 수 없는 일이지만 개인주의적인 서구 사회에서는 이런 일을 흔히 경험할 수 있다고 말했다.

미국에서 오래 살다 한국으로 돌아온 어떤 한국인은 미국인의 징글맞은 개인주의를 언급하며 미국인이 한국인과 달리 정말 어지간해서는 사과하지 않는다며 분개했다. 그분에 의하면 미국인에게 '사과'라는 행동은 곧 자기 잘못을 인정하는 것을 의미하기 때문에 미국인은 좀처럼 사과를 하지 않는다. 그분은 미국에서의 섣부른 사과는 법적 고소 같은 일로 악용될 수 있다는 말도 덧붙였다.

서양인은 개인주의 성향이 강하고 동양인은 집단주의 성향이 강하다는 말은 곧 한국인, 중국인, 일본인이 비슷하다는 말과 통한다. 한·중·일이 모두 다 집단주의 문화권에 속하기 때문이다. 실제로 '개인주의 대 집단주의'라는 틀에 비추어볼 때 한·중·일은 서양의 개인주의 문화와 대비되는 집단주의 문화라는 공통점을 가지고 있다. 그렇지만 한국인의 집단성에는 일본인과 중국인의 집단성과 다른 점이 있다.

한국인의 눈에는 프랑스 사람이든 이탈리아 사람이든 국적에 상관없이 서양인들이 다 비슷하게 보인다. 마찬가지로 미국인의 눈에는 한국인이든 일본인이든 국적에 상관없이 동양인들이 다 비슷하게 보일 것이다. 서양의 학자들이 한·중·일을 집단주의로 한데 묶어서 이해하고 설명하는 것은 이와 관련이 있을지도 모른다.

그러나 일본인을 경험해본 한국인, 한국인을 접해본 일본인에게 "한국인과 일본인이 비슷한가?"라는 질문을 하면 대부분 "아니다, 많이 다르다!"라고 대답한다. 실제로 한국인과 일본인은 비슷한 점을 많이 보이지만, 그래도 서로 다르다. 그것도 많이 다르다.

실제로 한국인과 일본인을 비교 연구한 심리학자들과 연구자들은 한국인과 일본인이 많은 부분에서 다르다고 말한다. 심지어 동일한 집단주의의 틀로 묶기 곤란하다고 말하기도 한다. 한국인과 일본인을 비교하는 연구가 심화되며 서양의 연구자들도 한국인과 일본인이 많이 다르다는 것을 인정하고 있다.

1장

집단주의와 우리

집단주의의 동기

한국과 일본이 동일한 집단주의 문화권에 속하며, 한국인과 일본인이 집단주의 성향이 강하다는 것은 주지周知의 사실이다. 동일한 집단주의 문화권에 속해 있음에도 한국인과 일본인이 크게 다른 이유는 그 무엇보다 집단주의의 형성, 발전에 작용하는 동기가 서로 다르기 때문이다.

집단주의란 사회적 집단과 그 구성원들의 이익을 우선시하고 그것의 실현을 위해 헌신하려는 사상이다. 아주 단순하게 말하자면 집단주의란 개인이 아닌 집단을 우선시하는 사상이다. 반면에 개인주의는 집단이 아닌 개인을 우선시하는 사상이다. 개인주의 심리는 치열한 개인 간 경쟁이 벌어지는 오늘날의 신자유주의적 자본주의 사회에서 아주 흔하게 발현할 수 있다. 이런 사회에서 집단주의 심리는 집단으로 팀을 이루는 축구 같은 스포츠나 협동조합, 노동조합 같은 일부 조직 활동에서만 부분적으로 발견할 수 있다.

2022년 월드컵 예선전에서 한국 축구대표팀은 후반전 마지막까지 포르투갈과 1:1 동점을 기록하고 있었다. 한국은 16강에 진출하려면 반드시 포르투갈을 이겨야 하는 절박한 상황에 몰려 있었다. 그리고 한국의 주전 공격수인 손흥민이 한국의 수비수를 맞고 튀어나온 공을 받은 뒤 단독으로 드리블하면서 포르투갈의 골문 근처까지 질주했다. 손흥민의 축구 실력이라면 수비수를 모두 제치고 자신이 직접 득점을 노려볼 만한 상황이었다. 그러나 그는 옆에서 질주해오던 황희찬에게 절묘하게 공을 패스해주었다.

그의 이런 행동에는 다른 이유(황희찬에게 패스하면 골을 넣을 확률이 더 높을 것이라는 판단)도 있었겠지만, 그 결정에는 개인의 성적이 아니라 팀 승리를 우선시하는 집단주의 심리도 분명히 영향을 미쳤을 것이다. 집단주의 심리가 중요한 팀스포츠에서 선수들은 팀의 승리를 위해서 개인보다는 팀을 우선시하거나 팀을 위해 자신을 희생하는 행동을 자주 한다. 이러한 집단주의 심리는 비록 일시적이고 제한적이기는 하지만 집단주의가 어떤 것인지를 잘 보여준다.

‖ 한국은 자발적으로, 일본은 어쩔 수 없이 ‖

한국인과 일본인은 개인보다 집단을 우선시하는 특성, 즉 집단성을 공통으로 가지고 있다는 점에서 유사하다고 말할 수 있다. 그러나 집단을 우선시하는 동기에 있어서 양자 간에 큰 차이가 있다. 결론부터 말하자면 한국인이 자발적으로 또 기꺼이 집단을 우선시한다면 일본인은 집단이나 타인들을 두려워해서 어쩔 수 없이 집단을 우선시한다.

문화심리학자인 한민은 『선을 넘는 한국인, 선을 긋는 일본인』이라는 저서에서 다음과 같은 일본에서의 경험담을 소개했다.[4] 지하철을 타고 가는데 유모차에 타고 있던 아기가 울기 시작했다. 그러자 마치 약속이라도 한 것처럼 순간적으로 승객들의 시선이 아기 엄마와 유모차를 향했다. 아기 엄마는 눈에 띄게 초조해하며 연신 사람들을 향해 '스미마셍(죄송합니다)'을 연발했다. 결국 그녀는 기차가 다음 역에 정차하자 유모차를 끌고 하차했다. 일본의 그 아기 엄마는 왜 아기가 울자 쩔쩔매며 초조해졌을까? 다른 사람들, 즉 자신이 집단에 폐를 끼친다고 생각해서다. 왜 집단에 폐를 끼치는 걸 꺼려했을까? 그 이유는 왕따를 당하는 것을 두려워하기 때문이다.

이와 똑같은 상황이 한국에서 발생했다면 어땠을까? 아기가 울더라도 승객들의 시선이 일제히 유모차로 향하지도 않았을 것이고, 아기 엄마가 초조해하며 사람들을 향해 미안하다는 말을 연발하지도 않았을 것이며, 다음 역에서 내리지도 않았을 것이다. 한국인도 일본인처럼 타인들, 집단을 중시한다. 즉 한국인도 집단주의적이다. 그러나 집단을 우선시하는 이유는 일본인과 다르다.

일본인이 집단을 우선시하는 이유가 집단으로부터 왕따를 당할 것이라는 두려움 때문이리면, 한국인이 집단을 우선시하는 이유는 타인들을 배려하고 싶은 마음 때문이다. 간단히 말해 일본인이 집단이나 타인들이 무서워 어쩔 수 없이 집단을 우선시한다면 한국인은 자발적으로 집단을 우선시한다는 것이다. 만약 한국에서 아기가 지나치게 크게 우는 바람에 아기 엄마가 유모차를 끌고 다음 역에서 내렸다면, 아기 엄마가 집단의 질책이나 처벌이 두려워서 그런 행동을 한 것이 아니다. 타인들을 배려하려는 것이거나 아기를 달래주기 위해서일 가능성이 높다.

참고로 일본 국토교통성의 2013년 조사에 의하면 교통수단의 실내가 혼잡할 때 유모차를 접지 않고 탑승하는 승객이 있으면 '불쾌하다'라고 응답한 사람이 일본은 42%였지만 한국은 8%에 불과했다. 또한 유모차 승하차 시에 주변 승객의 양보를 받은 적이 있느냐고 묻는 항목에 대해서 '그렇다'라고 대답한 사람의 비율이 일본은 단지 13%였지만 한국은 무려 53%였다.[5]

이렇게 일본인은 아기 엄마가 유모차를 끌고 승차하는 행위를 싫어하고 아기 엄마에게 도움을 주지도 않는 편이다. 그러다 보니 일본 민영 철도 협회가 발표하는 지하철 민폐 행위 중에서 유모차 동반 승차가 당당히 등재되어 있다. 놀랍게도 유모차 동반 승차가 쓰레기 투기나 음주 승차보다 더 불편한 행위라고 결과가 나왔다. 이것은 일본인이 타인들에게 그다지 너그럽지 않다는 것, 심지어는 아기에게도 별로 관대하지 않다는 것을 보여준다.

‖ "민폐를 끼쳐서 죄송합니다" ‖

일본인은 타인들, 집단에 폐를 끼치는 걸 극도로 꺼린다. 2011년의 동일본 대지진 당시 쓰나미로 인해 바다에 휩쓸려 정처 없이 표류하던 할머니가 구조되고 나서 했던 첫마디는 놀랍게도 "민폐를 끼쳐서 죄송합니다"였다.

2015년 IS(이슬람 수니파 무장단체)에 납치되어 살해당한 일본인 기자의 부모도 인터뷰를 하면서 "제 자식 문제로 민폐를 끼쳐 죄송하다"라고 말했다.[6] 만일 한국의 할머니였다면 어떻게 말했을까? 아마도 자기를 구조하기 위해 노력해준 구조대와 정부, 국민에게 고맙다는 말부터 했을 것이다. 만일 한국의 부모였다면 어떻게 말했을까? 아마도 슬픔을 같이 나누고 위로해준 국민 그리고 자식을 구조하기 위해 노력했던 사람들과 정부를 향해 고맙다고 말했을 것이다. 아니면 시청자들 앞에서 그냥 펑펑 울고, 그 장면을 보며 시청자들도 같이 울었을 것이다.

한국인은 국가나 구조대가 자기를 구해주면 그것을 자기를 향한 집단의 사랑으로 간주해 감격하며 자기를 구해준 집단 혹은 타인들에게 고마움을 느낀다. 매스컴에서 재난을 당한 한국인을 인터뷰하면 한국인은 구조 활동을 자기에 대한 국민들(집단)의 관심과 배려로 간주하며, 자기의 아픔과 슬픔을 함께 나누려는 시청자들(집단)에게 고마움을 표현한다. 많이 양보하더라도 한국인은 절대로 일본인처럼 집단, 타인들에게 폐를 끼쳤다는 생각부터 떠올리지 않을 것이다.

일본인은 자신에게 부과된 사회적 역할을 제대로 수행하지 못하는 것도 민폐라고 생각한다. 예를 들면 대학을 졸업하고도 취직을 하지 못하는 것도 민폐라고 생각한다. 이를 두고 한민은 '일본인은 자신의 행위가 사회적 기준에 미치지 못할 때 극심한 불안을 느끼게 되는 것'[7]이라고 해석하기도 했다. 이것은 일본인이 단지 집단, 타인들에게 피해주는 것만이 아니라 집단이 개인에게 부과하는 사회적 역할을 제대로 수행하지 못하는 것까지도 두려워한다는 점을 보여준다. 한마디로 일본인은 집단의 꾸지람이나 처벌을 대단히 무서워한다.

한국인의 집단주의가 자발성에 기초하는 반면 일본인의 집단주의가 두려움(처벌 공포)에 기초하고 있음을 보여주는 여러 증거 중의 하나는 문화 증후군의 차이다. 정신건강 분야의 주요 지침서인 DSM^{Diagnostic and Statistical}

manual of Mental disorders에는 각각 한국의 화병火病과 일본의 대인공포증이 양국을 대표하는 문화증후군으로 등재되어 있다.[8] 두려움과 무관한 화병과 달리 대인공포증은 그야말로 타인들을 두려워해서 생기는 병이다. 일본을 대표하는 문화증후군이 대인공포증이라는 사실은 일본인이 집단을 좋아하기보다는 두려워한다는 것을 시사한다.

가짜 집단주의

일본인이 집단을 두려워하는 이유는 일본인의 집단주의가 가짜 집단주의이기 때문이다. 나는 예전부터 개인의 심리를 분석하면서 진짜 모범생과 가짜 모범생을 구분해야 한다고 강조해왔다. 간단히 말하자면 진짜 모범생은 양심에 기초해 자발적으로 도덕규범을 준수하는 사람이고, 가짜 모범생은 처벌(혹은 사랑 상실)이 두려워서 억지로 도덕규범을 준수하는 사람이다. 진짜와 가짜 모두 도덕규범을 잘 지키지만 그 내면적 동기는 전혀 다르다.

진짜 모범생은 도덕규범을 준수하는 것을 전혀 힘들어하지 않을 뿐만 아니라 오히려 즐거워한다. 자기가 진정으로 좋아하고 원해서 도덕규범을 지키는 것이기 때문이다. 반면에 가짜 모범생은 도덕규범을 준수하는 것을 너무 힘들어하고 억울해한다. 게다가 혹시라도 도덕규범을 지키지 못해서 처벌을 받을까 봐 전전긍긍하며 두려움에 짓눌려 살아간다. 한국의 집단주의가 진짜 모범생이라면 일본의 집단주의는 가짜 모범생이라고 할 수 있다. 다시 말해 일본의 집단주의는 가짜 집단주의라는 것이다.

‖ 가짜 집단주의가 생긴 이유 ‖

왜 일본인은 진짜가 아닌 가짜 집단주의를 가지게 되었을까? 집단주의의
여러 객관적 조건 중에서 가장 중요한 조건은 개인의 이익과 집단의 이익
이 일치하는 것이다. 국가의 GDP 상승에 비례해 모두의 1인당 GDP도
높아지는 사회는 집단의 이익과 개인의 일치하는 평등한 사회다. 그러나
국가의 GDP는 계속 높아짐에도 소수를 제외한 나머지 국민들의 1인당
GDP가 높아지지 않거나 오히려 낮아지는 사회는 집단의 이익과 개인의
이익이 불일치하는 불평등한 사회다. 진짜 집단주의, 자발적 집단주의는
집단의 이익과 개인의 이익이 일치하는 평등한 집단에서 발생, 발전한다.

집안 식구 중에서 돈을 벌어오는 사람이 아버지 하나뿐이더라도, 아버
지가 벌어오는 돈을 아버지 혼자서 다 쓰지 않고 가족 모두에게 공정하게
분배한다면, 즉 가족 모두를 위해 돈을 쓴다면 그 가족은 화목해진다. 화
목한 가족의 구성원들은 가족이 너무 좋아서 자기 개인보다는 가족을 더
우선시하는 심리를 가질 것이고, 가족의 번영을 위해서 자기 역할을 충실
히 수행하려고 할 것이다. 이런 가족의 구성원들은 가족을 두려워하지 않
으며 가족 내에서 자기 역할을 수행하는 것도 힘들어하지 않는다. 오히려
자발적으로 또 즐겁게 자기 역할을 수행한다.

그런데 만일 돈을 벌어오는 아버지가 자기 혼자서 돈을 거의 다 쓰고 가
족에게 굶어 죽지 않을 만큼만 돈을 분배해준다면 어떻게 될까? 당연히
가족 구성원들은 가족이 아닌 개인이 더 중요하다는 개인주의 심리를 가

지게 될 것이다.

이런 가족의 구성원들은 가족을 위해서 수행해야만 하는 자기 역할을 수행하기 싫을 수밖에 없다. 다 때려치우고 집을 나가서 자기 개인을 위해서만 살아가고 싶을 것이다. 그러나 이런 행동이 허용되면 그 가족은 집단으로서 유지될 수 없고, 그것은 아버지에게도 큰 손해다. 따라서 아버지는 어떻게든 가족 구성원들이 개인이 아닌 가족을 우선하도록 만들어야 하며 가족이 부과하는 역할을 착실히 수행하도록 강제해야 한다. 그것을 가능하게 해주는 것은 두려움, 공포밖에 없다. 즉 가족 구성원 중의 누군가가 가족이 아닌 자기 개인을 앞세우거나 자기 역할을 거부하면 집단적으로 왕따로 몰아세워 집단주의 심리를 강제하는 것이다. 이것은 전체주의의 전형적 특징이므로 가짜 집단주의는 전체주의와 통한다고 말할 수 있다.

‖ 개인주의, 집단주의, 전체주의 ‖

개인주의, 집단주의, 전체주의를 축구팀에 비유해 설명하면 다음과 같다. 개인주의 축구팀의 선수들은 개인의 이익을 위해 시합에 인한다. 팀이 이겨서 상금을 받으면 철저하게 개인 성적에 따라 분배한다. 예를 들어 골을 넣은 선수에게 돈을 제일 많이 주고, 어시스트를 한 선수에게 그 다음으로 돈을 많이 주는 식으로 분배하는 것이다. 이런 팀의 선수들은 당연히 개인의 이익을 우선시하는 개인주의 심리를 가진다.

집단주의 축구팀의 선수들은 팀의 승리(집단)를 위해서 시합에 임한다. 팀이 이겨서 상금을 받으면 공정하고 평등하게 분배한다. 물론 골을 넣은 선수처럼 특출한 공을 세운 선수에게 약간의 보너스를 주기도 한다. 팀을 위해 열심히 뛰어서 팀이 이겼을 때 나를 포함한 모두에게 골고루 그 혜택이 돌아오는 팀, 즉 집단의 이익과 개인의 이익이 일치하는 팀의 선수들은 자발적으로 집단주의 심리를 가지게 된다.

그렇다면 전체주의 축구팀은 어떨까? 선수들은 팀이 승리하면 모두에게 상금이 평등하게 분배될 것이라는 감독의 말을 믿고 팀을 위해서 열심히 뛰었다. 그런데 막상 팀이 이겨서 상금을 받자 감독이 혼자서 상금의 대부분을 수령하고 열심히 뛴 선수들에게 쥐꼬리만큼만 나누어준다. 이에 일부 선수들이 항의를 하자 감독은 그들을 몽둥이로 후려치면서 공포 분위기를 조성한다. 이후 선수들은 감독의 몽둥이찜질이 무서워서 팀 승리를 위해서 열심히 뛴다. 이런 팀의 선수들은 감독에 대한 두려움 때문에 강제적으로 개인이 아닌 집단을 우선시하는 집단주의 심리를 가지게 된다. 물론 그 팀에는 집단주의에 반항하는 선수를 왕따로 만드는 문화도 자리 잡는다.

과거 독일의 히틀러 일당은 국가, 민족과 같은 집단을 내세우며 민초들을 전쟁에 동원했다. 그러나 히틀러 일당이 대변한 집단은 절대다수의 백성들이 아니라 극소수의 독점자본가 계급이었다. 일본의 군국주의軍國主義 일당 역시 집단을 내세우며 민초들을 전쟁에 동원해 대량으로 희생시켰다. 비행기를 몰고 "천황폐하 만세!"를 외치며 적 군함을 향해 돌진해 자폭했던 '가미카제 특공대'를 떠올려보라. 그러나 일본의 군국주의 일당이 대변한 것은 절대다수의 백성들이 아니라 일본의 극소수 지배층이었다. 이것은 전체주의가 집단주의의 가면을 쓴 개인주의임을 의미한다. 전체주의는 극단으로 치달은 개인주의에 기초한 파시즘fascism으로서 진짜 집단주의와 대척점에 있다.

　진짜 집단주의는 집단의 이익과 개인의 이익이 일치하는 집단에서만 발전할 수 있다. 집단의 이익과 개인의 이익이 일치하지 않는다면 집단 구성원들은 개인을 우선시할 수밖에 없다. 즉 개인주의자가 될 수밖에 없다. 이런 조건에서 집단을 우선하도록 만드는 방법은 공포밖에 없다. 그 결과 발전한 것이 바로 가짜 집단주의이자 전체주의인 것이다.

　서구의 지식인들은 암묵적으로 개인주의는 좋은 개념이고 집단주의는 나쁜 개념이라고 믿는다. 반면 집단주의적인 동양은 개인주의를 나쁘다고 보았다. 서구의 지식인들이 집단주의를 나쁜 개념으로 바라보는 원인 중의 하나는 그들이 진짜 집단주의와 가짜 집단주의를 구분하지 못한다는 점이다. 가짜 집단주의는 나쁜 개념이 맞지만, 진짜 집단주의는 나쁘다고 말할 수 없다. 집단의 이익과 개인의 이익이 일치하는 객관적 조건에 기초하는 집단주의는 개인주의보다 오히려 더 건강하다고 말할 수 있기 때문이다.

가짜 집단주의와 개인주의

공포를 활용해 집단주의 심리를 받아들이도록 강제할 경우 집단생활에서는 집단주의 심리가 발동해 사람들이 집단주의적으로 행동하겠지만, 집단의 통제나 시선이 미치지 않는 개인생활에서는 개인주의 심리가 발동해 개인주의적으로 행동하게 된다. 실제로는 개인주의 심리를 가지고 있지만 집단주의 심리의 지배를 받으면서 매우 불편하게 살아간다는 의미다. 원래 강제적인 방법으로는 사람의 깊은 속마음까지 바꿀 수 없다. 사람의 깊은 속마음은 본인이 진정으로 바꾸기를 원할 때만 바꿀 수 있다.

일본인을 연구한 사람들, 일본인을 접촉한 경험이 많은 사람은 이구동성으로 일본인이 집단주의적이지 않고 개인주의적인 것 같을 때가 더 많다고 말한다. 심리학자 허태균은 일본인이 일대일의 대인관계와 같은 개인 차원에서는 철저하게 개인주의적이지만 집단 차원에서는 집단주의적이라면서, 일본인은 아주 친밀한 사이가 아니면 웬만해서 이름을 부르지 않고 깍듯하게 성姓을 부른다고 한다. 그리고 음식을 시켜서 나누어 먹거나 서로 음식값을 내주는 일이 거의 없다고 말한다. 그는 일본인은 항상 집단 속에서 살아가지만 그 안의 개인들은 철저히 분리되어 있기 때문에 대인관계만 놓고 보자면 일본에서 생활할 때와 미국에서 유학할 때가 크게 다르지 않다는 느낌을 받았다고 말했다. 일본인이 집단의 통제나 시선이 없는 상황 혹은 일대일의 관계에서 매우 개인주의적이라는 말은 일본인의 집단주의가 진짜가 아닌 가짜 집단주의임을 의미한다.

한국인이 진짜 집단주의를 가지게 된 것은 역사적으로 집단과 개인의 이익이 일치하는 공동체 생활과 경험을 하면서 자발적으로 집단주의 심리를 형성하고 발전시켰기 때문이다. 그리고 일본인이 가짜 집단주의를 가지게 된 이유는 역사적으로 집단과 개인의 이익이 불일치하는 경험을 해왔음에도 불구하고 집단주의를 강요당했기 때문일 것으로 추측해볼 수 있다.

집단과 우리

한국인은 '우리'라는 단어를 자주 사용한다. 한국인은 자신이 속해 있는 집단을 지칭하기 위해 '우리 학교' '우리나라' '우리 회사' '우리 가족'이라는 표현을 사용한다. 상대방과의 친밀하고 독특한 인간관계를 표현하기 위해서 '우리끼리' '우리 사이'라고 말하기도 한다. 심지어 외동조차 부모를 부를 때면 '우리 아빠' '우리 엄마'라고 말하며, 한국이 일부다처제나 일처다부제 사회가 아님에도 '우리 아내' '우리 남편'이라고 말한다. 외국인은 한국인의 이런 언어 사용법을 이해하기 어려워하며 깜짝 놀라기도 한다. 예를 들면 외국인은 우리 남편이라는 말을 들으면 순간 '우리 남편? 남편이 여럿인가?'라는 생각이 들어 깜짝 놀라기도 한다.

그런데 흥미로운 사실은 이 한국인의 '우리'라는 표현의 남용(?)이 개인주의 문화권에서 살아가는 서양인에게만 이상하게 비치는 게 아니라는 점이다. 한국처럼 집단주의 문화권 국가에서 살아가는 중국인이나 일본인도 이러한 언어 사용법을 이상하게 생각한다. 예전에 다문화 가정을 소재로 한 TV 프로그램에 출연했던 다문화 가정의 동남아시아 출신인 한 외국 여성도 한국에서 쓰이는 이상한 언어 중 하나로 '우리 엄마'를 꼽았다.[9] 이것은 집단주의 문화권으로 분류되는 여러 나라 사람 중에서 유일하게 한국인만이 '우리 화법'을 사용한다는 것을 의미한다.

한국인은 왜 우리라는 말을 과도하다 싶을 정도로 많이 사용하는 것일까? 단순한 언어적 습관 때문일까? 아니면 무언가 다른 이유가 있는 것일까? 앞에서 살펴보았듯이 언어는 심리와 불가분의 관계에 있으므로 이것을 단순한 언어적 습관으로 간주하기는 힘들다.

‖ 한국의 우리주의 ‖

나는 예전부터 집단주의 문화 중에서 한국인의 집단주의가 가장 강하다고 주장해왔다. 즉 한국 이외에도 집단주의 심리가 지배적인 나라가 있을 수 있지만 그중에서 한국은 단연 독보적이라고 할 정도로 집단주의가 강하다. 따라서 나는 한국인만의 이 강한 집단주의를 단순히 '집단주의'라고 부르는 것은 적절치 않다고 생각한다. 그렇다면 한국인만의 강하고 독특한 집단주의를 무엇이라고 부르면 좋을까? 한국인만의 집단주의 심리를 가장 잘 표현할 수 있는 용어는 '우리'다. 한국인은 세계에서 유일무이한 우리주의 심리, 우리성이라는 민족성을 가진 사람들이다.

국어사전에서는 우리를 '자기를 포함해 자기와 관련 있는 무리를 스스로 지칭하는 말'로 정의하고 있다. 이 정의에 따르면 자기가 속해 있는 모든 종류의 집단은 물론이고 자기와 관련이 있는 모든 집단이 우리가 될 수 있다. 그런데 사람들이 과연 자신이 소속되어 있다는 이유로 그런 집단들을 모두 우리로 여길까? 그렇지 않다. 예를 들면 큰 아파트에서 살다가 사업에 실패해 월세방에서 살게 된 사람은 자신과 같은 월세방에서 살고 있는 이웃들을 우리로 간주하지 않을 수 있다.

또한 이 정의는 우리가 자신과 관련이 있다는 자의적 판단에 의해 정해진다는 점에서 주관성을 면하기 어렵다는 문제가 있다. 즉 실제로는 우리가 아니지만 자의적으로 나와 관련이 있다고 판단해 우리에 포함하는 문제가 생길 수 있다. 예를 들면 갑을 관계에 있는 '갑'이 '을'은 전혀 그렇게 생각하지 않지만 자기와 거래 관계에 있다는 이유만으로 '을'을 '우리'에 포함시킬 수 있다. 이런 점에서 우리에 대한 국어사전의 정의는 학문적으로는 적절치 않다고 말할 수 있다.

서구의 심리학자들은 우리를 어떻게 정의했을까? 심리학자 고든 올포트Gordon Allport는 우리를 내內집단과 동일한 개념으로 이해했다.[10] 내집단이란 자신이 소속되어 있거나 소속감을 느끼는 집단이고, 외外집단은 내집단이 아닌 나머지 집단이다. 그런데 내집단이든 외집단이든 간에 서양인의 우리와 한국인의 우리의 내용이 다르다는 점을 짚고 넘어가야 할 필요가 있다.

개인주의적인 서양인은 우리를 개인 중심적으로 이해하지만 우리주의적인 한국인은 그야말로 우리를 우리 중심적으로 이해한다. 서양인의 우리 개념은 사회계약설社會契約說에서 잘 드러난다. 서양인은 개인들이 먼저 존재하고 그 개인들이 필요에 따라 계약을 맺어서 형성한 집단을 우리라고 생각한다. 개인들이 각자 자기 이익만을 추구하면서 살아가면 필시 개인 간 이해충돌이 일어나며, 이로 인해 세상은 난장판이 될 수 있다. 또한 개인은 무력하기 때문에 집단 없이 혼자서 살아가면 생존에도 불리하다.

이로부터 수많은 개인이 계약을 맺었고 그 결과 탄생한 것이 사회이며 국가다. 이것이 그 유명한 사회계약설의 요지다.

여기에서 알 수 있듯이 서양인은 우리를 공동의 이익을 위해 모이는 개인들의 집단 정도로 이해한다. 비록 우리를 필요로 하고 우리라는 집단에 포함되어 있다고 하더라도 서양인에게 가장 중요한 것은 언제나 개인이다. 즉 우리 집단은 개인을 위해 존재한다. 반면에 한국인은 우리를 단순한 개인들 간의 연대나 총합으로 이해하지 않는다. 이와 관련해 심리학자 최상진은 한국인은 집단주의가 촉발되는 상황에서 "개인이 자기의 고유성을 전체 집단에 맞추어 변화, 순응시키고 전체에 융화됨으로써 개인성의 합으로는 포착할 수 없는 새로운 집단성을 창출한다"[11]라고 주장했다.

쉽게 설명하자면, 한국인은 특정한 조건과 상황이 주어지면 자발적으로 집단을 우선시하면서 집단으로 융합하는데, 그것이 바로 우리라는 것이다. 여기에서 특정한 조건과 상황에는 집단의 이익과 개인의 이익이 일치하는 것, 공동의 요구가 확인되는 것, 서로의 공통점이 확인되는 것, 서로가 평등한 관계임을 아는 것 등을 포함한다.

한국인이 자발적으로 개인보다 집단을 우선시해서 집단을 위해 자기를 기꺼이 변화시키는 이유는 한국인이 독특한 집단성인 우리성을 가지고 있기 때문이다. 그리고 한국인이 개인의 단순한 합을 뛰어넘는 새로운 집단이자 생명체인 우리가 되는 것을 좋아하기 때문이다.

2002년 월드컵에서 한국인은 축구 국가대표팀의 승리라는 공동의 요구, 목표(특정한 조건)로 똘똘 뭉쳐 세계적으로 전무후무한 열정적인 거리 응원을 펼쳤다. 당시에 한국인은 모두가 붉은 악마를 상징하는 붉은색 옷을 입고 거리에 나왔다. "모두 다 붉은색 옷을 입고 있는데 나도 붉은색 옷을 입으면 눈에도 안 띄고 개성을 상실할 수 있으니까 나는 노란 옷을 입고 갈래"라고 말하는 개인주의적인 사람은 찾아볼 수 없었다. 아직도 꽤 많은 한국인이 가장 행복했던 순간을 2002년 월드컵 거리 응원으로 꼽는데, 이것은 한국인이 우리가 되는 것을 아주 좋아한다는 증거로 볼 수 있다.

‖ 한국인의 우리의 의미 ‖

그렇다면 과연 '우리'란 무엇일까? 한국인의 가장 중요한 민족성인 우리성에 대해 선구적인 연구를 했던 최상진은 "'우리'가 강조되는 집단 상황에 접하게 되면 개인의 개별적 특성의 합으로는 설명할 수 없는 '우리' 자체의 독특한 특성과 역동성이 나타난다"[12]라고 말했다. 한마디로 우리는 개인의 단순한 합이 아닌 그 이상의 뜻을 지닌 개념이다. 그는 "'우리'의 형성은 인지적 측면과 감정적, 행동적 요소까지 결합해 강력한 집단적 힘을 발휘할 잠재적 가능성을 내포한다"[13]라고 주장했다. 간단히 말하자면 일단 우리가 형성된 집단은 다른 집단들과 비교할 수 없는 강력한 힘을 발휘할 수 있다는 뜻이다.

앞에서 살펴보았듯이 집단적 특성은 집단의 생활과 활동에 강하고 지속적인 영향을 미치므로 우리성은 우리주의 감정과 우리주의 행동으로 이어진다. 최상진은 우리를 "'나'와 '너'가 분리된 단위가 아니라 통일된 존재로서의 독특한 집단정체"[14]로 정의했다. 즉 각 개인이 동질감에 기초해 집단을 우선시하는 집단정체성을 가지게 해주는 것이 바로 우리라는 것이다. 또한 그는 전체가 부분의 단순한 합이 아닌 것처럼 집단으로서의 우리는 개개인들의 심리적 특성이 단순히 합해진 것과 차원이 다른 별개의 특성을 갖는다[15]고 강조했다.

결론적으로 최상진은 우리를 개인들이 단순히 연대하고 단결한 집단이 아닌 하나로 융합된 집단으로 보았다. 그는 개인들이 융합(사람이 아메바가 아닌 이상 육체가 융합할 수는 없으므로 여기서의 융합은 정신심리적 융합을 의미한다)한 새로운 차원의 집단인 우리가 만들어지면 개인은 우리를 우선시하고 우리라는 틀을 이용해 세상과 자기 자신을 보게 된다고 주장한다. 이렇게 최상진은 우리를 개인들이 하나로 융합한 새로운 생명체로 이해했다.

심리학자 권수영은 『한국인의 관계심리학』에서 우리의 전형적인 특징을 가족, 하나에서 발견할 수 있다고 정의했다. 그리고 우리의 뜻은 성숙하지 못한 개인들의 의존 관계의 의미가 아니라 아주 친밀한 관계를 나타내는 문화 개념이고 경계가 자연스레 허물어져 융합하는 단계라고 말했다. 한마디로 우리는 남이 아니라 가족이며 하나라는 것이다.[16]

이 외에도 한옥 연구자 신광철은 『극단의 한국인, 극단의 창조성』에서 "한국인이 나와 남을 분리하지 않고 이심전심, 즉 동체화하는 의식을 가지고 있다"라고 주장하면서 이를 "나와 너로 나누는 것이 아니라 하나로 받아들이려는 의식"[17]이라고 설명하고 있다. 신광철이 말하는 동체화는 융합된 집단이라는 말과 본질적으로 같다.

지금까지 살펴보았듯이 우리를 연구해온 심리학자들과 연구자들은 우리를 개인들이 융합(동체화)된 새로운 차원의 집단으로 보고 있다. 나는 개인들이 정신심리적으로 융합된 집단을 일심동체라는 말로 표현할 수 있다고 생각한다. 개인들이 우리를 우선시하고 우리라는 관점으로 세상을 보고 느끼는 하나의 마음(일심)으로 융합(동체)되는 것이 바로 우리의 본질이기 때문이다. 지금까지의 논의에 기초해 우리를 정의하면 다음과 같다.

"우리는 운명공동체라는 자각에 기초한 일심동체의 집단이다."

운명공동체라는 자각은 우리의 가장 중요한 전제조건이다. 어떤 집단에서 집단의 이익과 개인의 이익이 일치한다는 것은 곧 집단의 운명과 개인의 운명이 일치한다는 것을 의미한다. 이런 집단에서는 집단의 운명이 곧 나의 운명이고, 나의 운명이 곧 집단의 운명이다. 수익을 공정하고 평등하게 분배하는 협동조합에서는 조합이 잘되면 개별적 조합원들도 이익을 얻지만 조합이 파산하면 개별적 조합원들도 직장을 잃는다. 이런 집단은 조합(집단)의 운명과 개인의 운명이 일치하는 집단이므로 모든 조합원이 객관적으로 운명공동체가 된다. 그러나 모든 집단 구성원이 객관적으로는 운명공동체일지라도 구성원들이 그 사실을 자각하지 못하면 아무 소용이 없다. 즉 우리는 어떤 집단이 객관적으로 운명공동체로 묶이는 것만으로 탄생하지 않으며 그 집단 구성원들에게 운명공동체라는 자각이 있어야 탄생할 수 있다.

운명공동체라는 자각은 개인이 아닌 집단을 우선시하는 심리를 불러일으킬 뿐만 아니라 집단 구성원들 간의 관계를 심화시킨다. 전쟁 영화나 드라마에서는 죽음을 각오하고 적진에 침투해 중요한 임무를 수행하는 군인 집단(분대)이 자주 등장한다. 분대원들은 임무에 실패하거나 전투에서 지면 모두가 죽는다는 사실을 너무나 잘 알고 있다. 즉 모두가 운명공동체임을 뚜렷하고 분명하게 자각하고 있다. 이런 자각에 기초해 분대원들 사이에는 서로를 귀중히 여겨 아끼고 위해주는 뜨거운 전우애가 싹터 무럭무럭 자라나고, 그 결과 분대원들은 한마음, 한뜻으로 똘똘 뭉치게 된다. 이것이 바로 일심동체의 경지다. 이처럼 모두가 하나의 마음으로 융합된 집단이 바로 우리인 것이다.

일심동체의 집단, 즉 우리가 된 분대원들은 만약 수류탄이 날아오면 전우 혹은 분대를 살리기 위해서 자발적으로 그 수류탄을 자기 몸으로 덮어 모두를 구하고 산화하기도 한다. 여기서 우리는 그 구성원들이 사랑과 정, 도덕 의리 등으로 밀착되고 융합된 일심동체의 집단이다. 이러한 이유로 우리는 단번에 혹은 단기간에 만들어지거나 만들어질 수 있는 집단이 아니다.

물론 장기간 지속되는 우리도 있을 수 있고 일시적으로 만들어졌다가는 사라지는 우리도 있을 수 있다. 여기에서 일시적으로 만들어졌다가 사라지는 우리는 엄밀한 의미에서 진짜 우리라고 말할 수 없다. 그러나 일시적인 우리 혹은 가짜 우리도 한국인의 우리주의를 촉발한다는 점에서 진짜 우리와 동일하다. 우리화된 사회, 우리화된 국가 등은 장기간 지속되는 우리이자 한국인이 가장 바라는 우리의 모습이고 한국인이 꿈꾸어왔던 이상사회다.

이와 달리 우리는 공동의 요구에 기초해 일시적으로 만들어졌다가 사라질 수도 있다. 한국 축구 국가대표팀의 승리라는 공동의 요구에 기초해 만들어졌던 2002년 월드컵 때의 거리 응원 집단, 대통령 탄핵이라는 공동의 요구에 기초해 만들어졌던 2016년의 촛불항쟁 집단 등이 여기에 해당한다.

이런 일시적 우리에는 정말 아주 잠깐 만들어졌다가 금방 사라져버리는 우리도 포함될 수 있다. 어떤 가수의 노래를 좋아해 그를 직접 응원해주려는 공동의 요구에 기초해 만들어지는 공연장의 군중 집단을 예로 들수 있다. 한국인에게 일시적으로 만들어졌다가 사라지는 일시적 우리는 진정한 우리의 대체물이 되기도 한다. 일시적 우리는 진정한 우리를 상실한 채 살아가는 한국인에게 짧은 시간 동안 소중한 우리 경험을 제공해 우리성의 유지와 지속에 기여하는 긍정적인 측면을 지녔다. 그러나 진정한 우리에 대한 열망을 잊게 만드는 마약의 역할을 할 수도 있다는 부정적인 측면도 가지고 있다.

이 외에도 한국인의 우리는 역사적 우리도 포함한다. 한국인은 자기만이 아니라 조상부터 후손까지 한데 묶어서 우리로 인식한다. 이것이 바로 역사적 우리다. 한국인의 유별난 조상 사랑 혹은 숭배, 족보문화, 대를 잇기 위해 반드시 자식을 낳으려고 하는 문화 등이 이와 관련이 있다. 한국인이 곧잘 하는 말 중에서 "역사에 부끄럽지 않게 살아야지" "조상님 뵐낯이 없다" "죽어서 어떻게 조상님을 뵙겠냐" 등은 한국인이 역사적 우리를 기준으로 세상과 자기 자신을 대하고 있음을 잘 보여주는 말들이다.

‖ 가짜 우리와 우리 만들기 ‖

사람들은 우리가 아님에도 우리로 착각하기도 한다. 그런 우리를 가짜 우리 혹은 주관적 우리라고 할 수 있다. 가짜 우리 혹은 주관적 우리란 우리에 대한 열망으로 인해 우리가 될 수 없는 타인들이나 집단을 우리로 착각해 우리로 대하거나 우리가 되기를 갈망하고 기대하는 것이다.

한국인은 우리가 될 수 있는 일말의 가능성이라도 있으면 거의 본능적으로 우리 만들기를 시도한다. 예를 들면 초면인 누군가를 만났는데 자신과 상대방의 사소한 공통점이나 유사성(예: 고향, 취미, 사는 곳 등)을 찾아내면 자연스레 그를 우리로 간주해버린다. 가짜 우리 혹은 주관적 우리는 진짜 우리가 아니다. 그러나 이런 가짜 우리도 한국인의 심리와 삶에 상당한 영향을 미친다.

우리는 운명공동체라는 자각에 기초한 일심동체의 집단이라는 점에서 단순히 집단주의로 뭉친 집단보다 더 높은 단계의 집단이자 집단주의가 도달할 수 있는 가장 높은 단계의 집단이라고 할 수 있다. 물론 현실에서는 진정한 우리를 찾아보기 힘들다. 또 인류가 국가적 차원에서의 우리를 만드는 것에 성공한 사례도 없다. 그러나 신자유주의적 자본주의의 광풍에 짓눌려 살아가면서도 한국인이 마음 깊은 곳에 굳건히 간직하고 있고, 여전히 뜨겁게 열망하고 있는 것은 바로 '우리'다.

우리주의 감정과 우리성

우리주의 심리는 우리주의 의식에 의해 발생하는 정신현상이다. 우리주의란 우리를 가장 귀중하게 여기며 우리를 지향하는 사상이다.

우리주의 심리에서 가장 중요한 것은 우리주의 감정인데, 이는 우리주의 사상에 기초한 감정을 말한다. 우리주의 감정은 우리를 귀중히 여기고, 우리가 개인보다 더 귀중하고, 우리의 힘이 개인의 힘보다 강하다는 자각에 기초해 우리의 의견을 존중하는 감정이다. 또한 자기 개인의 이익을 우리의 이익에 복종하게 만든다. 이러한 이유 때문에 우리주의 감정은 우리의 존엄을 훼손하며 우리의 이익을 침해하는 온갖 것들을 미워하며 그것에 반대해 싸우게 한다. 누군가 자기 부모를 욕하면 흥분해서 주먹을 날리고, 외국인이 한국을 욕하면 한국인이 발끈하는 것은 이러한 이유 때문이다.

우리주의 감정은 생활 속에서 다양하게 표현된다. 그것은 우선 우리가 되어 생활하는 것을 좋아하며 우리가 되어 살아갈 때 가장 큰 행복을 느낄 때 나타난다. 사람들은 우리주의 감정을 가질 때 우리의 한 구성원으로 활동하는 것을 가장 행복한 일로 여기며 그 과정에서 더없는 만족과 기쁨을 느낀다. 1980년대의 한국인이 광주민중항쟁이나 6월항쟁에서 최고의 행복감을 느꼈던 것이나 2000년대의 한국인이 촛불항쟁에 참여하면서 더없이 즐거워했던 것은 이러한 이유 때문이다.

‖ 한국의 떼창 문화 ‖

한국인이 우리가 되었을 때 가장 행복하다는 것을 잘 보여주는 근거 중의 하나가 그 유명한 '떼창' 문화(연주자와 관객이 함께 노래를 부르는 문화)다. 외국 가수들이 내한 공연을 와서 한국 관객들의 떼창을 접했을 때 놀라움을 표시하는 경우가 많다. 예를 들면 일본에서 공연할 때 얌전하고 조용하게 관람하는 일본 관객들의 반응에 적잖게 실망했던 래퍼 에미넴Eminem은 한국 관중들의 열정적인 떼창을 경험하고 크게 감동했다. 한국의 떼창 문화는 단지 유명 가수의 콘서트만이 아니라 대학교 축제, 군대 위문공연, 길거리 버스킹, 촛불집회, 노래방 등 언제 어디에서나 볼 수 있다.

일부 외국인은 한국의 떼창 문화를 잘 이해하지 못해 불만을 표시하기도 한다. 『한국인 조센징 조선족』의 저자인 카세타니 토모오Kasetani Tomoo는 한국에 우호적인 일본인이지만 떼창 문화만큼은 이해하지 못할 뿐만 아니라 싫어한다. 그는 한국에서 공연장이나 TV 프로그램에 나온 가수가 "여러분 다 같이"라고 말하면서 관객을 향해 마이크를 내미는 행동이 너무 싫다고 말했다.[18] 한마디로 돈을 내고 가수의 노래를 들으러 갔는데 가수가 열심히 노래를 안 하고 관객에게 노래를 시키는 것은 가수의 역할

방기放棄 아니냐는 불만이다. 일본인에게 자신이 좋아하는 가수의 노래를 들으러 콘서트장에 간다는 말은 조금 냉정하게 말하자면 돈을 내고 개인의 욕망이나 이익을 충족시키기 위해 콘서트장에 간다는 의미다.

그렇다면 한국인은 왜 콘서트장에 갈까? 그것은 무엇보다 우리가 주는 행복감을 경험하기 위해서다. 가수가 직접 부르는 노래를 듣는 것은 다음으로 중요한 것이다. 즉 한국인이 가수의 노래를 이어폰으로 듣지 않고 굳이 콘서트장에 가는 이유는 우리됨을 너무 좋아하기 때문이다. 콘서트가 진행되는 과정에서 가수와 관객은 서서히 하나가 되어간다. 콘서트가 절정을 향해 치달을 때면 관객은 떼창을 부르며 모두가 하나인 우리가 되어버린다. 한국인의 가장 행복한 순간이 바로 이때다. 노래방에서 놀 때 항상 마지막을 떼창이나 합창으로 장식하는 것도 같은 맥락이다.

우리 한국인은 먼 옛날부터 떼창을 부르며 우리를 경험하고 확인하면서 즐거워했다. 『극단의 한국인, 극단의 창조성』의 저자인 신광철은 떼창이 1,000년 이상의 역사를 가진 한국의 고유문화라고 말한다.

> 시작은 있어도 끝이 없는 노래가 있다. 〈강강술래〉〈쾌지나칭칭 나네〉〈옹헤야〉 같은 소리는 선창자가 넉살 좋게 이야기를 풀어가며 한 소리를 하면 나머지 청중은 후렴을 다 같이 따라 하는 군창이다. 요즘 말로는 '떼창'이라고도 한다. 떼창은 1,000년 이상의 역사를 가진 우리의 노래 문화다. 한번 시작하면 한도 없고 끝도 없다. 끝없이 이어지는 것이 군창이다. 밤을 새워가며 놀아도 질리지 않는 한국인의 놀이 문화를 대변하는 노래다.[19]

한민은 "떼창은 단지 가수의 노래를 따라 한다는 의미가 아닙니다. 가수와 관객, 공연과 현실, 너와 나의 경계를 허물고 그 자리에 있는 모든 사람이 주체가 되는 새로운 세계가 열리는 것입니다"[20]라고 말했다. 그가 말하는 새로운 세계란 비록 일시적이지만 모든 사람이 우리가 되는 세계다. 이 외에도 한국인이 우리가 되었을 때 가장 행복해한다는 사실을 보여주는 현상은 아주 많다.

‖ 우리에서 추방되는 두려움 ‖

한국인이 우리를 가장 좋아한다면, 한국인이 가장 두려워하는 것은 당연히 우리로부터 추방당해 우리를 상실하는 것이다. 한국인은 억울하거나 심각할 정도로 자신의 명예가 훼손되면 자살을 선택하기도 한다. 반면에 서양에서는 억울한 누명을 쓴다고 해서 절대로 자살하지 않는다. 서양에서는 누군가 억울하다고 자살하면 그 행동을 자신의 죄를 시인하는 것으로 간주하기 때문이다.

한국인은 왜 억울한 일을 당하거나 자신의 명예가 훼손되었을 때 서양인처럼 남들의 시선을 신경 쓰지 않고 꿋꿋이 버티거나 아니면 명예를 회복하기 위해서 싸우지 않고 자살이라는 안타까운 선택을 할까? 그 이유는 한국인이 우리로부터 추방당하는 것 혹은 우리의 상실을 너무나 두려워하고 고통스러워하기 때문이다. 억울한 누명을 쓰거나 명예 훼손을 당하면 한국인의 마음속에서 우리로부터 배제당할 거라는 공포가 피어오른다. 한국인은 다른 고통들은 정말 잘 견디고 이겨내지만 우리로부터의 배제나 추방만큼은 견뎌내지 못한다. 한국인이 생존을 어려워할 때 자살을 선택하는 이유도 본질적으로는 우리로부터의 추방 공포에서 비롯된다.

그리고 한국인은 가난한 환경에서 하루하루를 비참하게 살게 되면, 그런 삶을 인간 이하의 삶이라고 여기며 그런 삶을 살아가는 자신은 우리(그것이 진짜 우리이든 주관적 우리이든 간에)에 소속될 자격을 상실한 사람이라고 느낀다(물론 이것은 가난한 사람들을 벌레 대하듯 깔보고 경멸하는 병적인 한국 사회가 강요하는 잘못된 생각이다). 한마디로 한국인은 생존조차 버거워하며 살아가는 자신을 우리로부터 추방당했거나, 추방당하게 될 사람으로 간주하기 때문에 자살을 선택한다. 한국인은 우리로부터 추방당해 혼자가 되어 고통스럽게 살아가느니 차라리 죽는 게 낫다고 생각한다.

서구의 심리학자 중에도 인간이 가장 두려워하는 것이 사회로부터 추방당하는 공포, 즉 사회적 유기 공포라고 주장하는 사람이 많다. 그러나 서구의 심리학자들이 말하는 사회적 유기 공포는 오직 한국인만 느낄 수 있는 우리로부터의 추방 공포에 비하면 새 발의 피라고 할 수 있다. 한국인만의 우리로부터의 추방 공포는 서양인의 사회적 유기 공포와 차원이 다르다. 한국인은 죽어서도 우리 안에 남아 있기를 바라는 사람들이다. '호랑이는 죽어서 가죽을 남기고 사람은 죽어서 이름을 남긴다'라는 속담에는 죽어서도 자신이 우리 안에 남아 있기를 바라는 한국인의 염원이 담겨 있다.

‖ 우리주의로 이루어지는 단결 ‖

우리주의 감정은 또한 우리를 이루는 구성원들 간의 밀접한 인간관계와 단합심으로 나타난다. 우리주의 감정을 가진 사람들은 우리 집단과 그 구성원들에 대한 올바른 견해와 관점에 기초해 밀접한 인간관계를 맺으며 단결을 이룩하기 위해 적극적으로 노력한다. 이 과정에서 우리 구성원들은 뜨거운 사랑과 정, 고상한 도덕 의리 등에 의해 하나의 마음으로 융합하게 된다. 이것은 우리주의 감정이 운명공동체 집단을 일심동체의 우리 집단으로 발전하게 만드는 데 결정적인 역할을 한다는 것을 의미한다.

한국인의 심리적 특성, 민족성으로서의 우리성은 우리주의 의식에 기초하는 심리현상이 반복되면서 그것이 공고해지고 습관화될 때 만들어진다. 우리주의 심리의 반복(예: 우리가 되었을 때 가장 큰 행복을 느끼는 경험을 반복함)에 의해 만들어진 우리성은 한국인의 사고와 행동, 생활과 활동에 강하고 지속적인 영향을 미친다. 그 결과 한국인의 우리성은 다시 한국인의 우리주의 심리를 강화한다.

이런 식으로 우리주의 심리, 특히 우리주의 감정과 우리성은 서로를 강화하는 상호작용 관계 혹은 선순환 관계에 있다. 최상진은 『한국인의 심리학』에서 캐나다 대학생과 한국 대학생을 비교한 흥미로운 연구를 소개했다. 그 연구 결과에 의하면 캐나다 대학생의 우리는 공통점 인식을 바탕으로 한 공통성 연계 우리성distributive weness이지만, 한국 대학생의 우리는 공통점 인식의 차원을 넘어서 하나 됨, 일체감, 결집성, 탈개성화, 동일성sameness 인식을 바탕으로 하는 집합 우리성collective weness이라는 점에서 차이가 있다. 또한 타인을 우리로 느낄 때 캐나다 대학생은 상대방이 자신과 유사하다고 느끼는 것과 더불어 그를 더욱 가깝게, 더욱 친밀하게 느낀다고 답했지만, 한국 대학생은 단순히 친밀성을 느끼는 차원을 넘어 따뜻함, 심리적 안정감, 조화 등의 감정반응을 두드러지게 나타냈다.[21]

이 연구에서도 확인할 수 있듯이 서양인의 우리성과 한국인의 우리성은 그 차원이 다르다. 정확하게 말하자면 우리성은 오직 한국인에게만 있는 심리적 특성이므로 서양인에게 집단성이 있을지 몰라도 우리성은 가지지 않았다고 볼 수 있다. 서양인은 한국인이 말하는 우리가 무엇인지를 이해하기 힘들어할 뿐만 아니라 생활 속에서 우리가 되는 경험을 거의 하지 않는다. 한국인을 제외한 다른 국가의 동양인들도 한국인의 우리를 정확하게 이해하기 힘들 것이다.

결론적으로 전 세계에서 오직 한국인만이 '우리=일심동체의 집단'이라는 우리주의 의식에 기초해 형성, 발전하는 우리성을 가지고 있다. 그리고 한국인의 우리성은 한국인의 사고와 행동, 생활과 활동에 강하게 그리고 지속적으로 영향을 미친다.

우리와 평등

철학자 탁석산이 이야기한 "한국 사회는 유난히 평등이 강조된다"[22]라는 말처럼, 한국인이 평등이라는 개념에 특히 민감하다는 점과 한국인의 평등에 대한 요구가 세계 최고 수준이라는 점은 잘 알려져 있다. 허태균은 한국 사회는 누군가 무언가를 더 받고 덜 받는 시스템 자체를 불편해한다면서 다음과 같은 사례를 소개했다.

한국 대학에 경쟁과 보상체계가 도입되었을 때의 일이다. 기존 장학금 제도는 대학원생 2명에게 등록금의 절반씩을 장학금으로 주었는데, 그것을 경쟁에서 승리한 1명에게 장학금 전액을 수여하는 방식으로 제도를 바꾸었다. 그러자 둘은 받은 장학금을 똑같이 나누어 가지는 것으로 합의했다. 허태균은 이를 '코미디 같은 단합'으로 표현하면서 "한국인은 원래 누군가에게 더 주고 누군가에게 덜 주는 것이나 우열이 나뉘는 평가 자체에 대해서 거부감을 느낀다고 볼 수밖에 없다"라고 평했다.[23]

한국인은 왜 이토록 평등을 중시하는 것일까? 가장 큰 이유는 평등이 우리의 필수조건이라는 데 있다. 우리가 진짜이든 가짜이든 간에 친밀하거나 원만한 관계에 있는 한국인은 서로를 우리로 간주하는 경향이 있다. 따라서 동병상련의 처지이며 원만한 관계였을 것으로 추정되는 두 대학원생은 아마 서로를 우리로 간주하고 있었을 것이다. 그런데 만일 장학금을 1명만 받게 되면 둘 사이의 평등이 깨지고 그 결과 우리가 위태로워진다. 한국인은 가짜 우리이든 주관적 우리이든 간에 우리가 위태해지는 걸 매우 싫어한다. 그래서 두 대학원생은 우리가 깨지는 걸 막기 위해 장학금을 절반으로 나누어 가지며 우리를 유지하고자 했던 것이다.

우리는 앞에서 집단주의의 객관적 조건이 집단의 이익과 개인의 이익이 일치하는 것임을 확인했다. 집단의 이익과 개인의 이익이 일치하려면 당연히 집단 구성원들이 평등한 관계에 있어야 한다. 집단 내에 불평등이 있다는 것은 부의 분배가 이루어질 때 누군가는 더 많이 가져가고 누군가는 더 적게 가져간다는 것을 의미한다. 만일 누군가가 더 많이 가져가는 불평등한 관계가 용인되면 집단의 이익과 개인의 이익은 불일치하게 되고, 그 결과 집단주의의 객관적 조건이 사라진다. 이것은 평등이 집단주의의 객관적 조건과 직결될 수밖에 없음을 의미한다. 우리는 단순한 집단을 넘어서는 최고 수준의 집단, 일심동체의 집단이므로 당연히 구성원들 간의 관계는 평등해야 한다.

드라마 〈미스터 선샤인〉에는 열렬히 독립운동을 하는 양반 가문 출신의 여주인공 '고애신'이 등장한다. 천민인 노비 출신이지만 시간이 지나 미군 장교가 된 남주인공 '유진 초이'와 사랑에 빠진 고애신은 한국인인 그가 독립운동에 시큰둥해하는 걸 이해하지 못했다. 그는 한국에서 노비였을 때 타인들에게 무수한 학대와 모욕을 당하면서 살았을 뿐만 아니라 주인이 자기를 죽이려고 하는 바람에 미국으로 도망쳐 미군이 되었으며, 그리고 한국에 돌아온 고통스러운 과거가 있었다.

그는 자기와 함께 독립운동을 하자는 고애신에게 '당신이 독립시키려고 하는 나라에 자기 같은 천민도 설 자리가 있느냐'라고 물었다. 그의 질문에 고애신은 답을 하지 못했다. 이 장면은 평등이 없으면 집단주의 혹은 우리주의가 불가능하다는 것을 잘 보여준다. 나라가 독립되는 것이 단지 양반이나 평민만이 아니라 천민에게도 이익이 되려면 신분제가 철폐되어 모두가 평등해져야만 한다. 그래야 나라의 독립이라는 공동의 요구에 기초해 모든 한국인이 운명공동체로 묶일 수 있고, 나아가 우리가 될 수 있는 것이다.

어떤 사람들은 "사촌이 땅을 사면 배가 아프다"라는 속담을 거론하며 한국인의 심성이 참으로 못되먹었다고 비판하기도 하는데, 이 속담은 다르게 해석될 수 있다고 생각한다. 한국의 전통사회에서 사촌은 당연히 우리의 테두리 안에 들어오는 사람이다. 이때 우리의 일원인 사촌이 돈을 많이 벌어서 땅을 샀다는 사실은 그 사촌이 우리를 우선시하지 않고 개인적 욕심을 챙겼다는 것을 의미할 수 있다. 설사 그렇지 않다고 하더라도 사촌이 땅을 사는 순간 우리 집단 안에서 불평등 관계가 발생한다. 다시 말해 사촌이 땅을 사는 행동은 우리를 위태롭게 만들 수 있는 행동이라는 것이다. 우리를 소중하게 여기는 우리 구성원이라면 누군가가 불평등을 초래하는 행동을 하면 당연히 싫어하지 않을까?

한국에는 "콩 한 쪽도 나누어 먹는다"라는 속담도 있다. 이 속담은 풍년이든 흉년이든 상관없이 우리가 되어 살아왔던 한국인의 삶, 먹어도 같이 먹고 굶어도 같이 굶기를 바랐던 한국인의 평등에 대한 지향, 우리성을 잘 보여준다. 예전에 어른들은 자식 교육으로 콩 한 쪽도 나누어 먹는 사람이 되어야 한다고 가르쳤다. 반면에 오늘날의 어른들은 자식들에게 콩한 쪽이 생기면 너 혼자 먹으라고 가르친다. 이러한 변화는 우리가 상실된 시대의 슬픈 풍경이 아닐 수 없다.

신자유주의적 자본주의 사회인 오늘날의 한국은 세계 최고 수준의 불평등 사회다. 게다가 내가 집필한 『풍요중독사회』라는 저서에서 자세히 논했듯이 한국은 다층적 위계 사회다. 한국인은 영화 〈설국열차〉에 등장하는 기차처럼 촘촘한 위계 관계를 맺은 채 살아가고 있다.

예전에도 한국 사회는 불평등했지만 과거의 한국은 단순한 위계 사회였다. 그렇기에 양반계급의 지배와 수탈이 만연한 사회 속에서 보통 사람들은 크고 작은 우리를 만들어 우리 속에서 생활하며 현실의 고통을 견뎌낼 수 있었다. 그러나 오늘날의 불평등은 다층적 위계에 기초하는 불평등이어서 보통 사람들 사이에도 계층이 생겨 크고 작은 우리를 만드는 것이 거의 불가능해졌다. 나아가 보통 사람들끼리도 서로를 우리로 대하기 힘들어졌다.

세계 최고 수준인 한국의 자살률은 한국 사회에서 우리가 붕괴하고 사라지는 시점인 1990년대부터 급증하기 시작했다. 그 이후로 자살률은 도무지 떨어질 줄을 몰랐다. 한국인은 우리가 되어 살아갈 때 가장 행복해하고, 우리를 상실할 때 가장 힘들어한다. 한국 사회가 한국인의 자살률을 낮추려면 우리가 되는 것을 가로막는 주범인 불평등 문제부터 해결해야 하는 이유가 바로 여기에 있다.

우리가 되면 무엇이 좋을까

우리가 되어 살아가는 데는 여러 가지 장점이 있다. 즉 장점이 있으므로 한국인이 우리를 너무나 좋아하고 우리를 지향하는 것에는 다 그럴 만한 이유가 있다. 대표적인 장점들을 살펴보면 다음과 같다.

‖ 복지와 사회안전망 ‖

첫째, 우리는 복지제도나 사회안전망 역할을 한다. 평등에 기초(운명공동체)하고 있는 우리는 우리 구성원들을 너와 나를 구분하거나 차별하지 않게 만들 뿐만 아니라 사랑과 도덕으로 뭉치고 융합하도록 만든다. 전통적으로 한국인은 개인의 생존을 개인에게 떠맡기는 게 아니라 우리로서 공동으로 책임져왔고, 어려움에 처한 우리 구성원들을 기꺼이 도우면서 살아왔다.

과거 농촌공동체에는 공동체 구성원들이 서로 나누고 돕는 것은 물론이고 양반이었던 부자들조차 어려움에 처한 이웃들에게 식량을 나누어주는 관습이 있었다. 이규태는 "이러한 한국 농촌의 특수한 경제 유통 관습 덕분에 옛 한국 농촌이 아무리 빈곤하더라도 각박한 법이 없었고, 겨울 양식이 없고 다음 달 양식이 없으며 내일 양식이 없어도 초조해하지 않았다"라고 말했다.[24]

개인들의 생존을 우리가 공동으로 책임지는 풍습은 조선 시대 중종 이후 전국에 정착하기 시작한 향약鄕約(향촌에 적용되는 자치 규약)에 정식으로 명문화되었다. 향약에는 마을에 굶는 사람을 돕지 않는 사람에게 치욕감을 느낄 정도의 강한 제재를 가하도록 하는 규정이 명문화되어 있다. 과거에는 그 유명한 경상도 경주의 최부자만이 아니라 전라도에도 누구나 자기 집에 와서 자유롭게 식량을 퍼갈 수 있는 쌀뒤주를 설치해놓은 부자가 있었다.[25]

예전의 농촌공동체에는 노인을 공경하고 우대하는 관습도 있었다. 예를 들면 과거 농촌에는 배장(돼지를 잡으면 내장 고기를 노인들에게 드리는 것), 치계미(입동, 동지, 섣달그믐날 밤에 일정 연령 이상의 노인들에게 선물을 드리는 것), 도랑탕(논물을 뺄 때 잡힌 미꾸라지로 추어탕을 끓여 노인들에게 대접하는 것) 같은 관습이 있었다.

더불어 같이 살아가는 전통적인 우리 문화는 실질적인 복지제도로 기능했다. 적어도 한국의 우리 문화는 우리 집단 내의 이웃에게 나누어줄 식량이 있다면 우리 구성원들이 굶어 죽지 않도록 식량을 나누어 주었다. 과거 한국은 백성 모두가 가난하다면 똑같이 굶어야만 했지만, 그렇지 않았을 때는 생존이나 노후에 대한 불안이 심하지 않았던 나름대로의 복지국가였다.

개인들의 생존권을 우리(공동체)가 책임지고 보장해주는 한국의 우리 문화는 국가의 통치이념에도 영향을 미쳤다. 과거 한국에도 당연히 이런 저런 불평등은 있었다. 그러나 "한반도의 전통사회는 신분의 위계를 인정하면서도 먹고, 입고, 자는 것의 독점은 철저히 문제 삼았다. 생존권을 기본 축으로 해 자본을 나누었다"[26]라는 신광철의 말에서 알 수 있듯이 과거 한국 사회의 지배층은 국가가 모든 백성의 생존을 책임져야 마땅하다는 우리주의 사상에 기반한 통치이념을 받아들였다. 이런 통치이념은 적어도 자본에 관해 평등주의적 성격을 띠는 유교를 받아들이면서 더욱 강해졌다.

조선의 성군聖君인 세종은 "밥은 백성의 하늘이다"라고 말했다. 그의 말이 시사해주듯이 조선의 왕과 지배층은 백성의 생존권을 국가가 책임져야만 한다는 통치이념을 따랐다. 조선 시대의 왕조는 백성이 먹고사는 일을 책임지려 했다. 비록 군주가 백성 위에 군림하지만, 유교적인 원리를 받아들여 군주가 백성의 의식주를 책임져야 한다고 생각했던 것이다. 가뭄이 길어지면 군주가 자신을 책망하며 기우제를 지냈던 것은 이러한 이유 때문이다. 반면에 전통적으로 서양은 가난을 개인의 문제로 여겼다.[27]

한국인은 먼 옛날부터 개인의 생존을 국가 혹은 우리가 책임지는 우리 문화 속에서 살아왔다. 한국인이 개인의 생존을 개인이 각자 책임져야만 하는 비정한 사회제도나 문화 속에서 살기 시작한 시점은 일제 강점기 이후부터다. 그러나 이후에도, 적어도 1970~1980년대까지만 해도 한국의 마을이나 농촌 같은 작은 단위에서 살아가는 개인의 생존을 공동체가 책임지는 우리 문화는 남아 있었다. 이러한 이유 때문에 한국인은 크고 작은 우리가 제공하는 사회안전망의 혜택을 누릴 수 있었다.

그러나 작은 우리까지 붕괴하기 시작한 1990년대를 넘어선 후 한국에는 개인의 생존을 공동체가 책임지는 우리 문화가 거의 사라졌다. 드라마 〈응답하라 1988〉은 1990년대 이후부터 거의 사라진 마을 단위의 작은 우리의 아름다운 모습을 잘 보여준다. 마을 공동체나 직장 공동체 같은 '작은 우리'의 사회안전망 역할을 고려해볼 때, 한국인이 개인의 생존을 전적으로 개인이 책임지는 제도나 문화 속에서 살기 시작한 것은 불과 30여 년밖에 되지 않는다. 긴 세월 동안 우리 문화 속에서 살아온 한국인에게 국가적 차원의 사회안전망은 물론이고 작은 우리가 제공해주는 사회안전망도 없는 오늘날의 한국 사회는 너무 낯설고 두려운 환경일 수밖에 없다.

참고로 한국인이 식량을 잘 비축하지 않는 것도 우리 문화와 관련이 있다. 서양에는 식량을 비축하는 문화가 발달했지만, 한국은 흉년이나 전란 등으로 식량 결핍을 자주 경험했음에도 식량을 비축하는 문화를 형성하지 못했다. 과거 한국인은 지배층을 제외한다면 남은 식량을 당연히 이웃과 나누었고, 식량이 부족해지면 이웃에게서 구해 오면 된다고 생각했기 때문에 좀처럼 식량을 비축하지 않았다. 오늘날의 한국인은 한반도에서 전쟁 위기가 고조되어도 사재기를 하지 않는데, 이는 식량을 비축하지 않는 우리 문화도 일정한 영향을 미쳤을 것으로 추정된다.

‖ 삶의 의미와 가치 제공 ‖

둘째, 우리는 삶의 의미와 가치를 제공해준다. 원칙적으로 삶의 의미와 가치는 사회(우리)와의 관계에 의해 결정된다. 사람은 사회와 자신과의 관계

속에서 자신의 삶에 어떤 의미가 있는지를 파악한다. 그리고 자신의 가치를 사회에 기여하는 정도에 따라 평가한다. 즉 사람은 자신의 삶이 사회에 도움이 되면 자신의 삶이 의미 있다고 느끼고 자신을 가치 있는 존재로 여긴다. 최상진은 "한국인이 우리의식을 체험할 때, 즉 우리 안에서 살아갈 때 안정감과 자기 가치감을 느끼며 행복해질 수 있다"라고 말했다. 사회가 분열되어 우리를 상실하면 한국인은 삶의 의미를 발견하거나 자기 가치를 확인하기 힘들어진다. 한마디로 사는 목적이나 이유를 상실한다는 뜻이다.

‖ 용감성과 대담성 ‖

셋째, 우리는 용감성이나 대담성을 가지게 해준다. 독립운동가 김산은 한국인이 용감하고 희생적이며 대담한 사람들이라고 평가하면서 "대담하고 희생적인 정신 때문에 한국인은 극동 전역에서 가장 무시무시한 테러리스트로 알려지게 된 것이다. 그래서 왜놈에 대해 테러행위를 하고 싶으면 중국인은 대개 한국인 중에서 지원자를 물색할 정도였다"[28]라고 말했다.

일본 군국주의자들이 테러리스트로 매도하는 안중근 의사의 용감성과 대담성은 어디에서 비롯되었을까? 바로 가장 큰 우리라고 할 수 있는 민족에 대한 뜨거운 사랑이다. 안중근 의사는 민족의 죽음을 곧 자신의 죽음으로 느끼는 강한 우리주의 심리, 우리성을 가진 사람이었다.

전쟁터에서 총알이 빗발치는 적진을 향해 돌격하는 병사들의 용감성과 대담성은 어디에서 비롯될까? 심리학 연구들에 의하면 용감성과 대담성은 바로 전우애에서 비롯된다. 우리는 구성원들이 서로를 열렬히 사랑하는 감정에 기초해 하나로 융합한 일심동체의 집단이다. 우리의 수준이 높으면 높을수록 사랑의 순결성과 뜨거움도 커진다. 전쟁에 참가하는 군인 집단들은 비록 일시적일지라도 수준 높은 우리 집단이 되기도 한다. 그렇게 되면 우리 안에 뜨거운 전우애가 흐르게 되어 용감성과 대담성을 낳게 된다. 이것은 우리가 용감성이나 대담성의 원천임을 의미한다.

어떤 이들은 힘이 센 사람을 용감한 사람이라고 착각하기도 한다. 그러나 가장 용감한 사람은 우리를 사랑하는 사람, 우리성이 강한 사람이다. 사람들이 자식을 뜨겁게 사랑하는 어머니가 세상에서 가장 용감하다고 말하는 것은 이러한 이유 때문이다.

‖ 근면성 ‖

넷째, 우리는 근면성 혹은 부지런함을 가지게 해준다. 한국은 일본의 식민지에서 벗어나자마자 동족상잔의 한국전쟁으로 폐허가 되었다. 남이든 북이든 마찬가지였다. 그러나 한국인은 결코 좌절하거나 포기하지 않고 세계인들을 놀라게 하는 기적을 창조했다.

한국인이 악착스럽기로 유명한 유대인을 능가할 정도로 근면하고 부지런하다는 것은 잘 알려져 있다. 어떤 이들은 한국인이 근면하고 부지런한 이유를 1년에 한 번 농사를 지어 1년을 먹고 살아야 하는 농경 사회의 특징에서 찾기도 한다. 물론 그것도 한국인의 근면성에 영향을 미쳤겠지만 결정적인 원인은 우리성이다.

『역동적 한국인의 탄생』의 저자들은 한국인이 근면하고 부지런한 원인을 가족에서 찾는다. 이들은 한국인 특유의 근면성의 내적인 동력이 두말할 나위도 없이 가족의 안녕과 복리를 위한 헌신과 열정이었다면서 과거 한국인이 이룩한 경제성장을 "지금의 40~60대들이 지난 30년 동안 해온 가족을 위한 희생의 산물"로 볼 수 있다고 말했다.[29]

한국인의 근면함, 부지런함의 원인이 기본적으로 가족이라는 주장은 옳다. 그런데 이 말은 한국인의 근면성의 원인이 우리라는 의미로 해석될 수 있다. 가족은 우리의 원형이자 가장 작은 우리이기 때문이다. 한국인에게 가족의 의미는 상실된 큰 우리를 대체하는 현실적인 집단이다.

작은 우리라고 할 수 있는 가족은 근면성의 중요한 원인이 분명하지만 그렇다고 유일한 원인은 아니다. 민족적 자존심이나 자부심이 높은 한국인이 일본에 의해 식민 지배를 당했다는 사실에 분함과 치욕을 느껴 이를 악물고 분발했던 것도 중요한 원인 중의 하나다. 과거에는 우리성이 지금에 비해 상대적으로 강했기 때문에 과거의 한국인은 단지 가족만을 위해서가 아니라 우리 민족을 위해 열심히 일했다. 즉 분명한 것은 가족이라는 작은 우리이든 아니면 민족이라는 큰 우리이든 간에 한국인의 근면함과 부지런함의 원인이 우리라는 것이다.

‖ 집단치료 효과 ‖

다섯째, 우리는 강력한 집단치료 효과를 제공한다. 직장에서 직장 상사에게 갑질을 당해 엄청 화가 나고 괴로운 직장인은 마음의 상처를 어떻게 치유하면 좋을까? 가장 효과적이고 좋은 치유는 그날 저녁에 직장동료들과 직장 상사를 안주 삼아 술을 한잔하면서 동료들로부터 진심 어린 위로와 격려를 받는 것이다. 이것이 바로 집단치료 효과의 본질을 보여주는 대표적인 예시다.

집단치료 효과란 동병상련의 처지에 있는 집단 혹은 우리가 발휘하는 치료 효과다. 물론 후자에서 발휘하는 치료 효과가 더 크다. 갑질을 당한 직장인이 CEO들의 모임이나 군인들의 모임에 가서 자기 문제를 하소연하면 치료 효과를 볼 수 없다. 그들의 처지가 자신과 다르기 때문이다. 동병상련의 처지는 비록 일시적이고 제한적이지만 우리화를 가능하게 해준다. 우리는 마음의 상처를 가장 잘 치료해준다. 즉 집단치료 효과가 우리에서 비롯되는 것이며, 집단치료 효과가 곧 우리에서 발휘되는 치료 효과임을 의미한다.

과거 한국인은 항상 크고 작은 우리 집단 안에서 살아왔다. 과거 한국인도 마찬가지로 험난한 세상에서 살면서 슬픔이나 고통, 스트레스 등을 겪었을 것이다. 그러나 그런 마음의 상처를 우리가 제공해주는 집단치료로 효과적으로 치료하고 극복할 수 있었기에 우리 안에서 정신적으로 안정된 삶을 살 수 있었다. 과거 한국인의 정신건강이 세계적으로 양호했던 것은 이러한 이유 때문이다.

예를 들면 일제 강점기 이전까지 한국에서 자살은 극히 드문 일이었다. 예전의 한국인은 심각한 명예 훼손, 전쟁에서의 패배, 망국 같은 특수한 경우를 제외한다면 자살을 하지 않았다. 다시 말해 오늘날처럼 불안이나 우울 같은 정신건강 문제로 자살을 하는 일은 없었다. 우리의 상실로 인해 오늘날의 한국인은 강력할 뿐만 아니라 일상적이기도 한 집단치료 효과를 더 이상 누리지 못하고 있다. 우리의 상실이 한국인의 정신건강을 급속히 악화시키는 가장 중요한 원인이다.

우리성의 원인

한국인은 어떤 이유로 한국인만의 우리성을 가지게 되었을까? 어떤 이들은 혈연 중심의 대가족주의를 그 원인으로 지목한다. 그러나 혈연 중심의 대가족주의가 우리성의 원인이라는 주장은 혈연을 중시하고 대가족 형태로 살아가는 소수의 양반 가족에게나 적용 가능한 주장일 뿐이지, 경제적 문제로 인해 평민들은 핵가족 형태로 살아왔다는 사실로 해당 주장은 설득력을 잃는다.

또 다른 이들은 유교 문화를 우리성의 원인으로 시목한다. 그러나 이런 주장은 유교 문화권에 포함된 나라 중에서 왜 한국인만 우리성을 가지게 되었는지를 설명하지 못한다. 게다가 한반도에 유교가 전파되기 이전부터 한국인이 강한 우리성을 가지고 있었다는 점을 설명하지 못한다.

마지막으로 어떤 이들은 농경 사회를 우리성의 원인이라고 주장한다. 이들은 남부 이탈리아, 폴란드 등 유교 문화와 무관한 세계 여러 곳에서도 한국의 가족주의와 유사한 형태의 가족주의가 존재한다[30]는 것을 근거로 제시한다. 그러나 가족주의와 우리주의는 동일하지 않다. 설사 가족주의와 우리주의를 동일한 것으로 인정하더라도 문제는 남는다. 다수의 연구자가 지적했듯이 한국의 가족주의는 다른 나라에서 발견되는 가족주의와 크게 다르기 때문이다.

우리성의 가장 결정적인 원인은 바로 한국인이 먼 옛날부터 평등하고 화목한 공동체에서 살아왔다는 점이다. 물론 신분제에 의해 양반, 평민, 천민 등으로 계급을 고정하는 계급 사회는 엄밀한 의미에서 평등하고 화목한 공동체가 아니다. 그러나 계급 사회에서도 절대다수의 평민들이 평등하고 화목한 공동체를 이루고 살아왔다면 우리성이 형성, 발전할 수 있다.

품앗이(힘든 일을 서로 거들며 품을 지고 갚고 하는 것), 두레(중남부지방 논농사 지대에서 한 마을의 성인 남자들이 협력하며 농사를 짓거나, 부녀자들이 서로 협력하던 공동노동조직), 향약 등이 보여주듯 우리 민족이 한반도에 정착해 국가를 건설했던 고조선 시대부터 적어도 평민들은 평등하고 화목한 공동체를 이루고 살아왔다. 아마 평민들은 평등하고 화목한 공동체라는 객관적 조건 속에서 살아오면서 운명공동체라는 자각에 기초해 우리주의 의식을 가지게 되었고, 우리 생활과 경험을 기반으로 서서히 일심동체가 되면서 우리성을 가지게 되었을 것이다.

‖ 중국과 일본에 우리성이 없는 이유 ‖

그렇다면 중국인이나 일본인은 왜 한국인과 같은 우리성을 획득하지 못한 것일까? 중국이나 일본의 평민들은 역사적으로 불평등하고 불화하는 집단생활을 해왔기 때문일까? 그렇지는 않다. 대부분의 중국인이나 일본인도 마을 같은 작은 단위에서는 평등하고 화목한 공동체 생활을 해왔다. 그러나 문제는 중국이나 일본이 끊임없는 내전에 시달렸다는 데 있다.

중국인은 거의 2년에 한 번마다 전쟁이나 난을 경험했고 전체 역사 중에서 반 이상을 이민족의 지배를 받았다. 그리고 일본인은 메이지유신 (19세기 후반 일본이 중앙집권통일 국가를 이루며 자본주의 변혁이 이루어진 시점) 이전 시기까지 끊임없는 내전에 시달렸고, 일본 땅에서는 무수히 많은 전쟁, 전투가 발발했었다. 즉 메이지유신 이전까지의 일본의 상황은 각자의 땅을 차지하고 있던 봉건영주들인 번주가 절대권을 쥐었고, 사무라이라는 군인 집단을 앞세워 무수한 내전을 벌여왔다. 한마디로 중국과 일본의 평민들도 마을 같은 작은 단위에서는 평등하고 화목한 공동체 생활을 해왔지만 국가적, 민족적 범위의 공동체에 대한 경험은 빈약하다.

반면에 한국인은 적어도 고려 시대 이후부터 중앙집권제에 기반한 통일국가를 이루고 살아왔다. 한국인은 경상도와 전라도 사이의 내전, 평안도와 경기도 사이의 내전 따위를 경험한 적이 없다. 이것은 평민들 속에서 단순히 마을 단위가 아닌 국가적, 민족적 범위의 공동체에 대한 자각을 불러일으킴으로써 한국인의 우리주의를 넓게 확장시키고 크게 강화했다. 즉 긴 세월 동안 평민들끼리 죽고 죽이는 일 없이 평화로웠던 한국의 역사는 한국인이 단순한 가족주의나 마을 공동체 의식을 넘어 민족적, 국가적 차원의 우리주의 의식을 가질 수 있게 해주었다.

정리하면 우리 민족은 먼 옛날부터 하나의 통일국가를 이루고 평등하고 화목한 공동체에서 대대손손 살아왔고, 적어도 평민들끼리 서로 싸울 일이 없었기에 우리가 단지 마을 범위가 아니라 국가적, 민족적 범위에서 만들어질 수 있었다는 것이다.

여기에 더해 한국인은 5,000년 역사 동안 주변 이민족으로부터 거의 1,000여 회에 달하는 크고 작은 침략을 당했다. 그중에서 100여 회는 온 국토, 온 민족을 전란의 참화에 빠뜨렸던 전면전쟁이었다.[31] 이런 무수한 침략과 그것을 막아내기 위한 거족적인 항쟁은 당연히 한국인의 우리성을 민족적 범위로 확장시키고 크게 강화했을 것이다.

‖ 지금까지 우리성이 유지되는 이유 ‖

평등하고 화목한 공동체 생활이 우리성의 기본 원인이라면 오늘날처럼 불평등하고 불화하는 한국 사회에서는 우리성이 크게 약화될 것이라는 추론이 가능하다. 실제로 한국인의 우리성은 과거에 비해 크게 약화되었다. 특히 우리 문화를 접해본 경험이 적고, 개인주의 문화를 일상적으로 접하며 성장한 젊은 세대는 더 약한 우리성을 가졌다.

그러나 비록 과거에 비해서 우리성이 크게 약화되었지만 한국인의 우리성은 외국인의 우리성과 비교해보면 금방 티가 날 정도로 강력하다. 이러한 이유 때문에 나는 이전부터 한국인의 우리성(과거에는 집단주의라는 표현을 사용했다)이 완전히 사라진 게 아니라 여전히 한국인의 마음속에 잠재되어 있으므로 특정한 조건과 계기만 주어지면 항상 우리성이 터져 나왔고 앞으로도 그럴 것이라고 주장해왔다.

오늘날의 한국인, 특히 젊은 세대는 평등하고 화목한 공동체 경험을 거의 하지 못했지만 어떻게 우리성을 가지게 되는 것일까? 우리성은 유전이 아니라 역사적으로 형성, 발전되어온 것이고 역사, 언어, 문화 등으로 후세에 전달되기 때문에 한순간에 생기지 않고 한순간에 사라지지도 않는다. 먼 옛날부터 형성, 발전해온 한국인의 우리성은 한국의 역사, 언어, 문화(정신문화, 규범이나 관습 등) 등에 체현되어 있다. 즉 한국의 역사, 언어, 문화 등을 습득하며 사회화된 한국인은 저절로 우리성을 체득한다.

그러나 사회화, 문화화 과정으로 체득한 우리성에는 한계가 있을 수밖에 없다. 즉 평등하고 화목한 공동체 경험이나 생활이 없는 조건에서 오직 사회화, 문화화로 본연의 우리성을 가지기란 어렵다. 사람이 선하다는 성선설을 책이나 교육 등으로 많이 접해도 착한 사람을 단 한 번도 경험하지 못하면 성선설을 진심으로 받아들이기 어렵다. 마찬가지로 제아무리 우리성을 체현하는 것들을 많이 접하더라도 자기 자신의 실제적인 체험이 없으면 우리성을 가지기 어렵다.

비록 예전에 비해서 우리성이 많이 약해졌지만 여전히 한국인이 강한 우리성을 가지고 있다는 사실은 한국인이 그런 우리성을 가질 수 있도록 도와주는 우리 생활이나 경험(설사 그것이 온전치는 않다고 하더라도 우리성 강화에 기여하는 생활과 경험)을 하면서 성장한다는 것을 의미한다. 다시 말해 이제 한국에는 평등하고 화목한 공동체가 거의 없지만 진짜 우리가 어떤 것이고 얼마나 좋은 것인지를 느끼고 상상할 수 있게 해줄 수 있는 대체물이 있고, 한국인은 성장 과정이나 생활에서 그것을 맛보거나 경험하기 때문에 여전히 강한 우리성을 가지게 된다는 것이다.

단맛을 한 번이라도 경험한 적이 있는 사람은 케이크의 맛을 상상할 수 있고 먹기를 갈망할 수 있다. 그러나 단맛을 단 한번도 경험한 적이 없는 사람은 절대로 케이크의 맛을 상상할 수 없다. 따라서 그것을 바라지도 않으며 바랄 수도 없다. 극히 미약한 것이라 할지라도 한국인에게 단맛을 경험하게 해주는 '유사 우리'는 무엇일까? 바로 가족이다.

2장

가족과 우리

크고 작은 우리가 소멸된 오늘날의 한국에서 우리의 원형을 간직하고 있으며 한국인에게 우리 생활과 경험을 제공하는 가장 중요한 집단은 가족이다.

최상진은 한국인의 가족관계의 특징을 "나와 타인 간의 경계가 불분명하며 경계심이 불필요할 정도의 밀착관계로 규정하고 그것이 두말할 필요 없이 오랜 기간의 접촉으로 관계가 이루어진다"[32]라고 강조했다. 그의 말처럼 운명공동체인 가족은 오랜 공동생활에 의해 가족 구성원들 간에 경계가 없다고 말할 수 있을 정도의 정서적 밀착관계를 형성한다. 즉 가족은 가족 구성원들이 하나로 융합된 관계라는 뜻이다.

가족은 운명공동체다. 가족이 흥하면 가족 구성원들도 흥하고, 가족이 망하면 가족 구성원들도 망한다. 가족은 감정정서적으로 융합된 일심동체의 집단이다. 이러한 사실은 가족이 비록 규모가 아주 작지만 우리라는 집단의 전형적인 특징을 가지고 있음을 의미한다.

가족은 결혼과 가장 가까운 혈연관계에 기초해 일정한 사회관계를 맺은 사람들로 구성된 집단이다. 가족을 이룰 수 있게 해주는 출발점이자 기초는 결혼이다. 가족의 기본 구성원을 이루는 것은 부부다. 부모와 자녀, 조부모와 손자 등 직계혈족은 물론이며 같은 선조에서 출생한 방계혈족들도 가족에 포함할 수 있다. 그러나 일반적으로 가족은 가장 가까운 혈연관계에 속한 사람들만 포함한다는 점에서 혈연적 연계가 비교적 먼 사람들의 집단인 친인척과 구별된다.

가족은 우리의 최소 단위이자 우리의 원형이다. 물론 여기에서 말하는 가족에는 건강하지 않은 가족, 병든 가족을 제외한다. 그러나 안타깝지만 오늘날 한국 사회에서는 화목한 가족의 수가 빠르게 감소하고, 병든 가족의 수는 가파르게 증가하고 있다.

‖ 애정 ‖

가족은 다른 소집단과 구별되는 독특한 심리를 가진다. 가족심리 중에서 가장 중요한 감정은 가족 구성원들 사이에 존재하는 강한 애정과 육친적 사랑이다. 애정은 가족 구성원들 사이의 밀접한 교제와 접촉으로 형성, 발전하는 감정, 정서다. 애정은 다양한 영역에서 여러 방식으로 표현된다.

애정은 우선 가족 구성원들 상호 간에 세심한 관심을 보이도록 하면서 조화, 융합을 이루는 것에서 표현된다. 다정하고 세심한 관심은 가족 구성원들의 신상에서 나타나는 사소한 변화와 언행에 대해서 예리하고 민감한 반응을 불러일으킨다. 예를 들면 어머니가 항상 자식들에게 눈높이를 맞추고 세심하게 대하며, 자식의 얼굴 표정에서 사소한 변화라도 있으면 "애야, 무슨 일이야?"라고 물어볼 정도로 민감하게 반응하는 것을 애정이라고 볼 수 있다.

가족 구성원들 사이에서는 공감과 동조가 쉽게 이루어지며 그 결과 가족 구성원들은 하나로 조화, 융합된다. 가족 안에서는 긴밀한 상호작용으로 금방 자신의 생각이 상대방의 생각과 비슷해지며(일심), 상대방의 내면 세계를 파악하고, 상대방의 입장을 생각하고, 상대방과 동일한 정서를 체험(동체)한다(이를 '일심동체'라고 표현할 수 있다). 이것이야말로 일심동체로 표현 가능한 우리 집단의 특징이다.

가족 구성원들은 서로에 대한 이해를 계속 심화시키면서 사심 없는 지지와 도움주기 행동을 한다. 즉 가족 구성원들은 성경의 가르침처럼 또는 자기 몸을 대하는 것처럼 상대방을 사랑하게 된다. 가족 구성원들은 이렇게 서로 간에 손익을 따지지 않는 비계산적인 관계를 맺는다. 나아가 가족 구성원들은 나와 너를 구분하지 않아서 내가 너이고 네가 나라고 인식한다. 즉 가족을 우리로 인식한다.

또한 애정은 화목하고 단란한 분위기 속에서 표현된다. 가족 구성원들은 자기 속을 가족에게 다 털어놓고 허물없는 교제를 하며 자기의 의견과 감정을 솔직하게 또 적극적으로 표현함으로써 가족과 동일한 견해와 판단을 가지게 된다. 이 과정을 지나면 가족 내에 화목하고 단란한 분위기가 조성된다. 이로부터 가족 구성원들은 안정감과 보호감(자신이 보호받고 있고 안전하다는 감정)을 강하게 느낀다.

일반적으로 안정감과 보호감은 사람들을 열정에 넘쳐 적극적인 활동으로 나아가도록 고무하는 동기로 작용한다. 원숭이를 대상으로 하는 연구들에 의하면 부모 원숭이와 애착을 잘 형성한 원숭이는 먼 곳까지 탐색을 나갈 수 있지만, 그렇지 않은 원숭이는 부모 원숭이 곁을 떠나자마자 불안에 빠져 먼 곳으로 나가지 못한다. 이러한 연구 결과로 유추해보자면 '우리'가 제공하는 안정감과 보호감은 활력, 적극성, 모험심 등의 중요한 전제조건이다.

‖ 응집심 ‖

추가로 가족심리 중에서 중요한 것은 강한 응집심이다. 응집심은 자기 집단에 매력을 느끼고 서로 사랑하며 밀접히 단합하고 보조를 맞추어 행동하게 하는 심리다.

가족의 응집심은 다양하게 표현된다. 가족의 응집심은 우선 가족 구성원들이 생활에서 제기되는 모든 문제를 진심과 성의를 가지고 합심해 풀어나갈 때 표현된다. 예를 들면 가족 중에 누군가가 고민을 하고 있으면 그 고민을 가족에게 털어놓는다. 그러면 온 가족이 힘을 합쳐 그의 고민을 해결해주기 위해 노력한다. 또는 가족 중에 누군가가 큰 병에 걸리면 온 가족이 힘을 합쳐 그를 도와주는 것을 예로 들 수 있다.

가족의 응집심은 또한 가족 구성원들을 지키고 자랑스러워하는 지향을 가지는 것에서 표현된다. 응집심은 각각의 가족 구성원들이 단지 자기만이 아니라 모든 가족 구성원들의 인격을 보호하고 존중하며 가족의 이익과 번영을 위해 헌신하도록 만든다. 이러한 이유로 한국 사회에서 가족 구성원인 아버지, 어머니는 물론이고 오빠나 누나, 동생의 인격을 모독하는 발언에는 심한 분노가 따를 수밖에 없다.

응집심은 가족을 남이 아니라 우리로 여기게 해준다. 그러나 이러한 응집심은 잘못되면 공정한 사회적 의견을 무시하고 그것과 충돌하는 부작용을 낳을 수도 있다. 즉 가족심리가 가족이기주의와 결합되면 그 가족은 반사회적 행동을 할 수도 있다는 뜻이다.

‖ 독보적인 한국의 가족 ‖

지금까지 살펴본 모든 가족심리가 전 세계의 모든 가족에게 체현된 것은 아니다. 물론 전 세계의 가족이 가족심리 중에서 상당 부분을 공통적으로 가지고 있다. 그러나 이 모든 것들을 높은 수준에서 가지고 있는 가족은 한국의 가족이 유일하다. 최상진은 한국의 가족과 서양의 가족이 크게 다르다고 강조한다. 즉 서양인과 달리 한국인은 부모와 자식을 '하나'로 인식하는 경향이 두드러진다. 이로 인해 한국에서는 자식이 부모의 고통을 자신의 고통으로 느끼고, 부모 역시 자식의 고통을 자신의 고통으로 느낀다는 것이다.[33] 그의 주장처럼 가족 구성원들이 서로를 동일시하는 것을 넘어서서 동일체로 느끼는 가족은 한국의 가족이 유일하다.

예를 들면 한국의 운동선수들은 시합에서 이기면 감격의 눈물을 흘리면서 아버지나 어머니를 찾는다. 토크쇼에 나오는 요즘의 K팝 아이돌 스타들도 종종 부모님 이야기를 하면서 눈물을 흘린다. 한국의 운동선수들이나 아이돌 스타들이 기쁨에 겨운 순간이나 부모님 이야기를 하는 순간에 눈물을 흘리는 이유는 자기의 기쁨을 곧 부모의 기쁨이라고 여겨 이 기쁨을 부모와 함께하고 싶기 때문이다. 최상진은 이것은 서구의 심리학자들이 말하는 대리만족과 다르다면서 그것을 '부모-자식 기쁨 동일체감'이라고 표현하기도 했다.[34]

이렇게 전 세계적으로 유례를 찾아볼 수 없을 정도로 한국의 가족이 특이한 이유는 한국의 가족이 우리의 축소판이자 원형이기 때문이다. 다시 말해 외국에는 집단주의는 있지만 우리주의가 없고, 우리라고 부를 수 있는 집단도 없으므로 외국의 가족은 우리의 특징을 가질 수 없다. 그러나 우리주의가 지배하는 한국에서의 가족은 우리의 전형적인 특징을 가질 수밖에 없다.

우리성과 관련해서 '가족이 먼저냐 아니면 사회가 먼저냐' 하는 질문은 '닭이 먼저냐 아니면 달걀이 먼저냐'라는 질문처럼 답을 내는 게 무의미하다. 분명한 것은 그 최초의 출발점이 무엇이든 간에 사회의 우리성은 반드시 가족에 영향을 미치고, 가족의 우리성 역시 필연적으로 사회에 영향을 미치는 식으로 상호작용한다. 물론 요즘에는 사회에서 우리를 찾아보기 힘들기 때문에 가족이 한국인의 우리성에 영향을 미치는 정도가 더 커졌다고 말할 수 있을 것이다.

한국의 가족이 다른 나라의 가족과 크게 다르다는 점은 개인주의적인 서양인만이 아니라 일본인도 인정한다. 한 일본인은 한국의 드라마에 등장하는 '가족, 친척 간의 밀착된 인간관계는 한국 사회의 큰 특색'이라고 주장했다. 그는 일본에서도 당연히 가족이나 친척 간의 애정이 있지만 표현방식이나 친척끼리 모이는 빈도를 보면 한국은 일본과 비교도 안 될 정도로 밀착된 인간관계를 유지하고 있다고 말하며, 특히 어머니와 아들 간의 직접적 애정표현이나 너무나 강한 결합은 일본에서 보기 힘들다고 말했다.[35]

‖ 가족 내부의 분배 ‖

병든 가족을 제외한다면, 자본주의 사회일지라도 가족은 투자의 결과에 비례하는 공평equity의 원리를 따르지 않고 평등이나 필요의 원리에 따라 가족의 부를 분배한다. 여기서 공평의 원리에 의한 분배란 돈을 제일 많이 벌어오는 아버지가 전체 가족 구성원 중에서 제일 많은 돈을 가져가고, 돈을 못 버는 막내 자식은 돈을 가져가지 못하는 식으로 분배하는 것이다. 물론 아주 병적인 가족이 아니고서야 이런 식으로 분배하지 않는다.

평등의 원리에 의한 분배란 전체 가족의 돈을 모든 가족 구성원들에게 공정하고 평등하게 나누어주는 것이고, 필요의 원리에 의한 분배란 누가 얼마나 벌어왔는지를 따지지 않고 전체 가족 구성원 중에서 돈을 더 필요한 사람에게 더 많이 분배하는 것이다.

필요의 원리에 의한 분배는 칼 마르크스Karl Marx의 마르크스주의 이론에서 말하는 공산주의 사회의 분배 원리다. 마르크스는 공산주의 사회를 사람들이 일하고 싶은 만큼 능력에 따라 일하고 필요한 만큼 가져가는 이상 사회라고 말했다.

가족은 늙으신 할머니가 돈을 벌어오지 못한다 할지라도 할머니가 아프시면 다른 가족 구성원들이 빚을 내서라도 할머니의 치료에 들어가는 돈을 조달한다. 화목한 가족의 구성원들은 필요의 원리에 의한 분배에 불만을 가지기보다는 그것을 너무나 당연하다고 생각하며 그렇게 분배할 때 오히려 기뻐한다. 할머니는 남이 아니라 우리이기 때문이다. 이것은 가족이 단지 심리적인 면에서만 우리와 닮은꼴인 것이 아니라 분배 원리까지도 우리와 똑같다는 것을 의미한다.

평등하고 화목한 우리를 상실한 한국 사회이지만, 한국인은 가족과 살아가며 우리 경험과 생활을 직접 체험하고 우리성을 키워나간다. 그리고 이 우리성은 가족생활과 사회생활 과정에서의 사회화, 문화화와 결합되면서 한층 더 강해진다. 비록 한국인의 우리성이 예전만은 못할지라도 여전히 강고한 것은 이러한 이유 때문이다. 이런 점에서 우리성을 약화시킬 것이 분명한 화목한 가족의 감소와 병든 가족의 증가 추세는 매우 우려스러운 일이 아닐 수 없다.

가족주의와 우리

‖ 가족주의와 가족이기주의 ‖

한 개인이 좋은 사람인지 아니면 나쁜 사람인지의 판단은 그와 사회와의 관계에 의해 결정된다. 누군가가 혼자 무인도에서 살아간다면 그가 좋은 사람인가 나쁜 사람인가를 따질 수도 없고 따질 필요도 없다. 누군가가 좋은 사람인가 아니면 나쁜 사람인가는 그가 친사회적이냐 아니면 반사회적이냐에 의해 결정되기 때문이다. 그가 이웃과 사회에 도움이 되는 생활을 하면 그는 좋은 사람이지만 그 반대라면 나쁜 사람이다.

가족도 마찬가지다. 가족도 사회와의 관계에 의해 좋고 나쁨이 평가되어야 한다. 어떤 가족 구성원들이 서로를 지극정성으로 보살피지만 그 가족 구성원들이 똘똘 뭉쳐 은행을 털면서 살아간다면 그 가족은 나쁜 가족이다. 이런 점에서 가족을 사회보다 우선시하는 가족주의는 본질적으로 가족이기주의이기 때문에 좋다고 평가할 수 없다.

가족주의는 주로 두 가지 의미로 사용된다. 우선 가족주의는 가족 구성원보다 전체 가족을 더 중시하는 것을 의미한다. 이러한 해석은 집단을 개인보다 중시하는 집단주의의 축소판이라고 볼 수 있다. 따라서 이런 가족주의도 앞에서 살펴보았던 것처럼 진짜 가족주의와 가짜 가족주의로 구분할 수 있다. 만일 화목한 가족의 구성원들이 가족주의 성향을 가진다면 그것은 자연스러운 일이지만 병든 가족의 가족주의는 가짜 가족주의라고 해야 할 것이다.

그런데 만일 가족주의가 진짜이든 가짜이든 간에 사회보다 가족을 더 우선시하는 것을 의미한다면 그런 가족주의는 반사회적 성격을 가질 수밖에 없다. 오늘날의 신자유주의적 자본주의 사회는 개인이기주의 심리의 체현자인 개인들이 약육강식의 경쟁을 하는 잔인한 사회다. 개인이기주의자들은 당연히 집단, 사회보다 개인을 우선시한다. 이런 점에서 그들은 반사회적이다.

가족도 마찬가지다. 사회보다 자신이 속한 가족을 더 우선시하는 가족주의는 가족이기주의다. 그것은 단지 개인 단위가 아니라 가족을 단위로 약육강식의 이전투구泥田鬪狗를 할 뿐이며 그 본질은 개인이기주의와 똑같기 때문이다. 이런 가족주의는 우리주의와 관련이 없다. 원칙적으로 우리주의는 국가나 민족 나아가 인류의 우리화를 지향한다. 일부 집단만 우리가 되어 끼리끼리 잘살려는 사상은 우리주의가 아니라는 뜻이다.

이러한 이유로 우리주의는 현실적 한계에 막혀 큰 단위의 우리를 만들지 못하더라도 더 큰 우리에 대한 지향을 잃지 않는다. 즉 우리주의는 그 근본에서부터 친사회적이고 친인류적이다. 만일 어떤 가족주의가 사해동포주의(인종에 대한 편견을 버리고 인류 전체의 복지 증진을 위해 평등하게 사랑하는 주의)를 지향한다면 그런 가족주의는 본질적으로 우리주의와 같다. 그러나 가족주의가 단지 가족만을 포괄하면서 사회보다 가족을 우선시한 다면 그것은 가족이기주의로서 우리주의의 대척점에 있다고 해야 한다.

‖ 왜 가족이기주의가 판치게 되었을까 ‖

원래 가족은 우리를 이루는 최소 단위일 뿐이지 가족이기주의의 온상이 아니다. 그런데 왜 요즘의 가족은 빈번히 가족이기주의에 매몰되는 것일 까? 큰 우리, 심지어는 마을 단위의 작은 우리조차 사라진 비극적인 사회 에서 살아야 하는 상당수의 한국인은 더 이상 세상과 이웃에 대한 희망을 가질 수 없게 되었다. 그리고 이러한 우리의 상실로 인한 슬픔과 고통에 서 벗어나기 위해 가족에 매달리고 집착하게 되었다.

이런 맥락에서 미국의 역사학자이자 사회비평가인 크리스토퍼 라쉬 Christopher Lasch는 가족을 "비정한 세상 속의 안식처"라고 말하기도 했다. "가족은 생존을 위해 이 시대에 적응하며 살아가야 하는 한국인의 존재 이유였으며, 가족주의는 그들을 지켜준 신념이었다"[36]라는 말도 이를 잘 보여준다.

만일 가족이라는 마지막 우리 집단까지 상실하면 한국인은 삶의 의미 를 도무지 찾을 수가 없게 된다. 과거 대부분의 한국인이 정말 징그러울 정도로 열심히 일했던 이유는 자기 자신을 위해서가 아니라 가족을 위해 서였다. 단지 자기만을 위한 것이었다면 한국인은 그렇게까지 열심히 일 을 해야만 할 이유를 찾을 수 없었을 것이다.

대부분의 한국인이 죽음의 순간을 맞이하면서 그나마 자기의 삶이 의미 있었고, 가치 있었다고 평가할 수 있었던 이유는 그들이 자기 자신이 아닌 가족을 위해 헌신하고 희생하는 삶을 살아왔기 때문이다. 만일 자신만을 위해 자신의 개인이기주의적 욕망을 충족시켜온 인생을 살아왔다면 한국인은 참으로 쓸쓸하고 허무하게 죽어갔을 것이다.

우리를 상실한 시대를 살아가는 한국인은 어쩔 수 없이 큰 우리에 대한 희망을 포기하고 가족이라는 최후의 우리에 만족하는 쪽으로 후퇴할 수밖에 없었다. 가족이기주의는 사회적 차원에서의 우리의 상실이 초래한 부작용이다. 한국인이 사회에 등을 돌리고 가족에만 집착하게 된 이유는 국가와 사회의 책임 부재와 같은 열악한 사회적 조건과 정신건강 악화 때문이다. 우리가 사라진 저복지사회, 불화사회에서 가족은 최후의 복지기관이자 치료기관이다. 가족은 치열한 경쟁사회에서 입은 고통과 상처를 치유해주는 병원이자 생존 불안이나 존중 불안의 고통을 완화해주는 역할을 한다.

또한 가족은 사회생활에서 상처받은 사람들이 분노를 순화할 수 있도록 해주는 사회질서 유지의 안전판 역할을 하기도 한다.[37] 그러나 한국의 더 큰 우리에 대한 꿈의 포기는 필연적으로 가족을 가족이기주의에 물들게 하고 궁극적으로는 가족이 우리성을 상실하게 만든다.

가족이기주의는 본질적으로 가족을 단위로 하는 개인이기주의여서 가족 구성원들을 개인이기주의자로 만들고 가족 구성원들의 관계를 병적인 관계(예: 주체성을 상실한 가족 구성원들 간의 극단적인 상호의존 관계)로 전락시킨다. 오늘날 한국의 많은 가족이 가족 구성원들의 우리성을 강화하기보다는 그것을 파괴하고 그 결과 현실은 병들어 붕괴되는 중이다.

‖ 가족 확장성의 본질은 큰 우리에 대한 열망 ‖

가족주의는 가족적 인간관계를 가족 이외의 사회관계까지 의제적^{擬制的}으로 확대 적용하려는 사상을 의미하기도 한다. 허태균은 이를 가족 확장성이라고 불렀는데, 이것이 초래하는 결과는 사회 모습이 어떤지에 따라 달라진다. 집단의 이익과 개인의 이익이 일치하는 평등하고 화목한 사회에서 우리 관계의 특징을 가지고 있는 가족적 인간관계의 사회적 확장은 기본적으로 긍정적인 작용을 한다. 즉 가족적 인간관계의 확장은 사회적, 국가적 차원에서 모두를 일심동체의 집단(국가적 차원의 대가족)으로 만드는 데 기여한다.

반대로 집단의 이익과 개인의 이익이 불일치하는 불평등하고 불화하는 사회에서 가족적 인간관계의 확장은 부정적인 작용을 할 가능성이 높다. 예를 들면 불평등의 다층적 위계가 있거나 부정부패가 심한 사회에서 가족적 인간관계의 사회적 확장은 객관적 조건과 동떨어진 가짜 우리주의를 발흥시켜 끼리끼리 싸고돌기, 이중잣대, 뇌물과 부정부패, 정실인사 등의 원인으로 작용할 수 있다.

가족주의를 연구해온 상당수의 심리학자나 연구자는 가족주의를 나쁜 것으로 바라보는 경향이 있다. 즉 가족주의가 끼리끼리 문화나 외집단에 대한 배타성 그리고 이중잣대, 내로남불의 온상 역할을 한다는 것이다. 그러나 이런 가족주의는 우리주의의 축소판으로서의 가족주의가 아닌 가족이기주의이거나 불평등하고 불화하는 사회에서의 가족적 인간관계의 사회적 확장이 초래하는 부작용일 뿐이다. 사실 오늘날의 현실에서 대부분의 한국인은 '가족처럼 끈끈한 운명공동체가 되든지, 아니면 나와 상관없는 존재가 되는 것이다. 우리가 아니면 남이다'[38]라고 외치면서 살아간다. 그러나 이것은 가족이기주의 혹은 가짜 집단주의이며 우리주의나 우리주의적 가족주의와 아무 관련이 없다.

한국인은 가족이라는 작은 우리에 만족하지 못한다. 더 큰 우리를 간절히 바란다. 그러나 오늘날의 한국은 큰 우리가 존재할 수 없는 사회다. 한국은 평등하고 화목한 사회가 아니기 때문이다. 가족이라는 작은 우리만으로는 절대로 만족할 수 없는 한국인은 우리주의의 객관적 조건이 부재하지만 끊임없이 주관적 우리 혹은 가짜 우리를 만들어 나가고, 그것을 진짜 우리라고 착각하면서 살아간다.

이를테면 상대방에게서 혈연, 학연, 지연 따위의 사소한 공통점이라도 찾아내면 흥분해 "너와 나는 우리야"라고 외치며 그 관계에 몰두한다. 그런 가짜 우리는 금방 가짜임이 드러나게 되고, 관계가 오래 가지도 않으므로 다시 한국인은 우리의 상실이라는 마음의 큰 상처를 떠안은 채 새로운 우리를 찾아 정처 없이 길을 떠난다. 이것이 오늘날 한국인의 현주소다.

가족이기주의 그리고 집단이기주의와 같은 가짜 우리주의는 병적인 한국 사회가 초래한 부작용이다. 가짜 우리주의인 가족이기주의 혹은 병든 사회에서의 가족적 인간관계의 사회적 확장이 초래한 가짜 우리주의를 붙들고 있으면 우리의 상실이라는 고통을 이겨낼 수 없으며 가족의 반우리화(가족이 집단이기주의의 온상이 됨으로써 병들거나 붕괴하는 것)도 막아낼 수 없다. 그리고 이 우리의 상실이라는 커다란 고통은 오직 진짜 우리, 특히 사회적 차원에서의 우리만이 해결해줄 수 있다.

‖ 한국에서 밥이 중요한 이유 ‖

한국에는 확장된 가족주의, 우리주의에서 비롯된 특별한 인사말이 있다. 바로 '밥' 관련 인사말이다. 한국인은 조금 안면을 트면 "다음에 식사 한번 같이 해요" "내가 밥 한번 살게"라고 인사한다. 또 한국인은 "식사는 하셨어요?"라든가 "밥 잘 챙겨 먹고"라는 인사를 하면서 상대방에 대한 관심과 애정을 표현한다.

'식구食口'라는 말에서 알 수 있듯이 밥을 같이 먹는 사람은 가족관계라고 해석할 수 있다. 한국에서는 가족을 '한솥밥을 먹는 사이'라고 말하기도 한다. 이것은 과거 한국의 가족이 하나의 솥에 밥을 해서 같이 나누어먹는 생활을 했던 것에서 유래한 말이다. 한국 사회에서 밥을 같이 먹는다는 것은 가족관계, 즉 우리 관계를 의미한다.

상대방에게 밥을 먹었는지를 물어보는 인사 혹은 밥을 잘 챙겨 먹으라는 인사는 상대방에 대한 나의 관심과 사랑의 표현이다. 다시 말해 상대방을 향한 큰 관심과 애정을 인사말로 전달하는 것이다. 밥 먹는 것을 챙겨줄 정도로 서로에게 관심과 애정을 기울이는 관계는 우리 관계다. 한마디로 한국인의 밥 관련 인사말은 한국인의 우리 문화에서 유래한 인사말이며 우리 혹은 우리 관계를 확인시켜주는 역할을 한다. 즉 한국의 밥 관련 인사말은 주제넘은 사생활 침해나 경계 침범이 아니라 우리 관계를 확인하고 강화하는 데 기여하는 아름다운 인사말이다.

밥 관련 인사말은 한국 가족주의의 본질이 가족이기주의가 아니라 우리주의라는 사실을 뚜렷이 보여준다. 만일 한국인이 단지 자기 가족만을 위해 살아가는 사람들이었다면 가족들 사이에서만 밥을 챙겨주면 되므로 밥 관련 인사말이 생겨나지도 않았을 것이고, 한국 사회에 대중적으로 정착하지도 못했을 것이다. 밥 관련 인사말이 한국인이 널리 사용하고 애용하는 인사말이라는 점은 한국의 가족주의가 본질적으로 우리주의라는 것, 한국인의 우리에 대한 열망이 가족이 아니라 더 큰 범위와 관련되어 있는 열망임을 보여준다.

가족 확장성인가, 아니면 우리성인가

지금도 이런 사람이 많이 있지만, 예전에 한국인은 친구의 어머니를 '어머니'라고 불렀다. 나아가 처음 보는 여성일지라도 자기 어머니와 같은 연배면 스스럼없이 어머니라고 불렀다. 이런 관습은 지금까지도 이어지고 있다. 최근 드라마에서도 등장인물이 처음 보는 중·노년 여성에게 '어머니'라고 부르는 장면이 자주 나온다. 지난 대선 시기에 재래시장을 방문했던 한 대선 후보가 그곳에서 장사를 하고 있는 아주머니에게 "어머니, 이건 얼마예요?"라고 묻는 장면이 유튜브에 공개되기도 했다. 요즘 한국에서는 손님들이 식당에서 서빙을 하는 여성을 '이모'나 '언니'라고 부르는 모습을 쉽게 관찰할 수 있다.

외국인은 이런 한국인의 언어 사용을 이해하지 못한다. 가족주의가 강한 것으로 정평이 있는 남미 사람들조차 자신의 친어머니가 아닌 사람을 '어머니'라고 부르지 않는다. 허태균은 이런 현상을 확장된 가족주의의 표현이라고 말한다. 그는 한국에서의 가족 개념은 사회적으로 확장되는 것이 특징이라면서 한국인은 가족을 유달리 사랑하는 수준을 넘어 혈연으로 묶인 가족의 범위를 뛰어넘는 다양한 사회적 관계와 체계까지도 가족 개념으로 이해한다고 주장했다. 예를 들면 다양한 인간관계를 손쉽게 혈연관계로 환원해버린다는 것이다.[39]

현상적으로만 보면 한국인이 가족 개념 혹은 가족관계를 사회적으로 확장해 그것을 기준으로 사회를 바라본다는 것은 사실이다. 가족 확장성은 가족을 기준으로 세상을 대하는 습관 혹은 가족을 세상에 투사하는 경향이라고 할 수 있다. 그런데 중요한 것은 외국인과 달리 한국인은 왜 가족을 기준으로 세상을 대하는 습관을 가지고 있는가 혹은 왜 가족을 세상에까지 투사하는가의 문제다. 단지 가족이 좋아서라면 한국인도 남미인의 가족주의처럼 자기 가족끼리만 오순도순 살아가면 되기에 남의 어머니를 '어머니'라고 부르지 않았을 것이다.

한국인이 가족을 사회적 차원으로까지 확장시켰던 이유는 사회를 가족, 즉 우리라고 생각해왔기 때문이다. 더 정확히 말하자면 한국인은 먼 옛날부터 국가적, 민족적, 사회적 범위의 우리주의를 가지고 살아왔기에 타인들을 모두 다 가족, 우리로 간주했던 것이다. 가족은 우리의 최소 단위 혹은 우리의 원형이다. 그렇기 때문에 한국인은 가족 따로, 우리 따로 식의 구별을 하지 않았다. 즉 한국인에게 가족은 곧 우리고, 우리는 곧 가족을 의미한다. 이러한 이유로 한국인은 구태여 우리 관계를 지칭하기 위한 별도의 호칭을 만들지 않았고, 가족 호칭을 그대로 사회적 관계에서도 사용했던 것이다.

반복해 강조하지만 전통적으로 한국인은 혈연적 가족을 사회로까지 확장하려고 한 적이 없었고 그럴 의사도 없었다. 한국인이 먼 옛날부터 진정으로 원했었고 지금도 간절히 원하는 것은 온 사회가 하나의 가족이 된 세상, 즉 '모두가 우리가 된 세상'이다.

오늘날 한국의 가족은 상실된 우리의 대체물로서 기능한다. 우리가 붕괴되어버린 잔혹한 경쟁사회에서 살아가며 심신이 지친 한국인이 그나마 우리 경험과 생활을 맛볼 수 있는 곳은 가족뿐이다. 오늘날의 한국인은 비록 의식적으로는 큰 우리에 대한 희망을 포기했을지 몰라도 무의식적으로는 여전히 모두가 하나의 가족이 된 큰 우리를 그리워하고 있다. 그것이 이모, 삼촌 등과 같은 가족 호칭으로 표현되고 있는 것이다.

타인들을 가족 호칭으로 부르고 사회를 가족의 틀로 이해하는 한국인의 성향은 얼핏 보면 가족을 사회적 차원으로 확장하는 것처럼 보인다. 그러나 그것은 본질적으로 '가족=우리'로 보는 한국인의 전통적인 신념 그리고 큰 우리로 살아왔던 역사적 경험과 여전히 간직하고 있는 큰 우리에 대한 열망에서 비롯된 것이다. 따라서 한국인이 '가족 확장성'을 가지고 있다는 말은 옳지 않다. 한국인이 가지고 있는 것은 가족 확장성이 아니라 우리성이다.

허태균은 "한국인은 가족이 그렇게 중요하다면서, 주변 아무하고나 가족을 만든다"[40]라고 말했다. 한국인이 단지 자기 가족에 그치지 않고 '아무하고나' 가족을 만들려고 하는 이유는 한국인이 진정으로 바라는 것이 모두가 가족처럼 화목하게 지내는 사회, 즉 사회적 범위의 큰 우리 혹은 모두가 우리가 된 세상이기 때문이다. 친어머니가 아닌 사람을 어머니라고 부르는 언어 사용과 세계적으로 유례가 없는 한국의 독특한 관습이 생긴 이유는 한국인이 먼 옛날부터 가족의 범위를 훨씬 넘어서는 큰 우리를 이루고 살아왔기 때문이고 그런 우리를 갈망해왔기 때문이다.

서열주의

어떤 이들은 한국의 집단주의 혹은 우리주의가 서열주의라는 문제점을 포함한다고 주장한다. 그리고 서열주의의 원인을 한국적인 가족주의에서 찾기도 하고 한국의 존댓말 문화에서 찾기도 한다. 이런 주장의 옳고 그름을 논하기 전에 먼저 강조하고 싶은 것은 서열주의는 나쁜 것이지만, 서열 그 자체를 나쁜 것으로 볼 수 없다는 점이다.

늑대 무리에 늘 대장 늑대가 있는 사실에서 알 수 있듯이 늑대 무리에는 서열이 있다. 늑대가 본능적으로 서열 관계를 맺도록 진화한 것은 그것이 무리 지어 사냥을 하는 데 도움이 되어서다. 군대에도 계급이라는 서열이 있다. 군대에서 계급, 즉 서열을 없애버리면 그 군대는 전쟁을 수행할 수 없는 오합지졸로 전락해버린다.

가족 내에도 '조부모' '부모' '형' '동생' 식의 서열이 있다. 가족 내의 서열을 없애버리면 가족의 공동체 생활은 큰 혼란에 빠진다. 물론 계급이나 나이 같은 서열 관계를 악용해 아래 서열의 사람을 괴롭히거나 착취하는 것은 용납될 수 없는 나쁜 짓이다. 그러나 그런 병적인 현상이 나타나는 근본적인 원인은 집단 내에 서열 혹은 지위와 역할 차이의 존재가 아니라 집단 내에 진정한 평등이 보장되지 않는 것에 있다. 서열과 평등은 양립할 수 있으며 또 반드시 양립해야만 한다. 가장 좋은 것은 평등 관계에 기초해 업무를 추진하거나 공동체 생활을 꾸려가는 데 필요한 서열이나 지위의 체계가 만들어지는 것이다.

지금까지의 논의는 한국의 서열주의나 서열을 악용한 갑질 등은 서열 그 자체에서 초래된 문제가 아니라 불평등의 부작용에서 초래된 문제라는 것을 말해준다. 한국의 서열주의, 통속적으로 말해 '지배-복종' 관계를 확정하기 위해 위아래를 따지거나 서열을 악용한 갑질 등은 일제 강점기 시절부터 내려온 권위주의적 문화(일본의 가짜 집단주의와 밀접한 관련이 있다)와 다층적 위계에 기초하는 심각한 불평등 사회가 만들어낸 병적인 현상일 뿐이다.

중국을 자주 방문했던 상당수의 한국인은 중국 회사의 CEO와 그의 차를 운전하는 운전사가 맞담배를 피우면서 마치 친구처럼 평등하게 대화를 나누는 장면을 보고 충격을 받았다고 말한다. 비록 지금의 중국을 정통 사회주의라고 말하기 어려울 수도 있겠지만, 그래도 중국은 사회주의 혁명 시기를 거쳤기 때문에 평등주의가 대중화되어 있다. 즉 대부분의 중국인이 대놓고 위아래를 구분하고 그에 따라 사람을 차별하거나 지위가 높은 사람 앞에서 지위가 낮은 사람이 머리를 조아리는 식의 불평등은 용인하지 않을 정도로 평등 의식이 정착되었다.

한국에서 오래 거주했고 한국 남자와 결혼해서 한국에 정착한 중국인 추이진단崔金丹은 『한국인은 왜 까치밥을 남길까』라는 저서에서 중국인은 사회주의 혁명 이후부터 수평적 인간관계에 익숙해져 있기 때문에 직급이 제아무리 높은 상관이라고 할지라도 부하 직원을 훈계할 때 절대로 모욕적인 언행을 하지 않는다고 말했다.[41] 이런 사례는 서열주의가 한국인의 고질적인 민족성이 아니라는 것을 시사해준다. 다시 말해 만일 한국도 중국처럼 사회주의 혁명을 경험했다면 한국의 서열주의는 사라졌을 가능성이 높다는 것이다.

어떤 이들은 비록 중국도 유교 문화권에 속하기는 하지만 한국이 중국보다 유교의 영향을 훨씬 더 크게 받았다면서 서열주의가 유교 문화에 의해 생겨났다고 주장하기도 한다. 즉 중국에서 서열주의가 심하지 않은 이유는 사회주의 혁명의 경험 때문이 아니라 유교 문화의 영향을 덜 받았기 때문이다. 그러나 이런 주장은 설득력이 없다. 왜냐하면 중국인만이 아니라 중국의 연변延邊에 살고 있는 한국 동포에게서도 서열주의를 발견할 수 없기 때문이다.

한국, 중국을 두루 경험했던 한 일본인은 연변대학에서 근무한 경험을 근거로 한국은 선후배 간의 위계질서가 아주 엄격하지만 연변은 그렇지 않다고 주장했다. 그는 연변의 선후배 학생들을 자주 관찰해보았지만, 그들에게서는 한국 학생들처럼 선배가 후배에게 함부로 일을 시키거나 욕을 하는 장면을 볼 수 없었다고 말했다.[42]

서열주의는 단지 불평등한 관계와 서열 관계가 접촉한다고 해서 발생하지 않는다. 마음이 건강한 사람은 불평등 관계나 서열 관계에서 유리한 위치에 있다고 해서 학대나 갑질을 하지 않는다. 불평등 관계에 기초한 서열 관계는 학대나 갑질의 객관적 조건이다. 이런 객관적 조건에 자기과시 욕망, 권력 욕망, 학대 욕망, 보복 욕망과 같은 주관적 조건(병든 마음)이 결합할 때 비로소 학대나 갑질이 발생한다. 이것은 한국의 서열주의가 한국인의 정신건강 악화(이것의 근본 원인은 불평등한 불화 사회인 한국 사회다)와도 밀접한 관련이 있음을 의미한다.

결론적으로 서열주의는 불평등하고 불화하는 병적인 사회에서 살아가는 병든 사람들에게서 나타나는 것이지, 한국인의 민족성과 아무 관련이 없다.

3장

우리 관계

한국인은 혼자 생활하는 걸 유독 힘들어한다. 예전에 우리 어머니는 "다른 것은 다 적응이 되는데, 아직도 혼자서 밥을 먹는 것에는 적응이 안 된다"라고 말씀하시기도 했다. 물론 요즘의 한국 사회에서는 인간관계 악화와 공동체 붕괴로 인해 대인관계를 꺼리거나 포기하는 사람이 늘어남에 따라 '혼밥' '혼술' 등이 흔해졌다.

그러나 이것은 어디까지나 인간관계에서 상처 받고, 그 결과 관계에 대한 기대를 접어서 나타나는 현상일 뿐이다. 여전히 대부분의 한국인은 혼자서 생활하는 것을 힘들어하며, 여럿이서 함께 밥을 먹거나 술을 먹으며 생활하는 것을 훨씬 더 좋아한다. 정작 우리는 잘 모를 수도 있지만, 외국인은 우르르 함께 몰려다니는 한국인의 모습과 그런 생활을 너무나 좋아하는 한국인을 아주 신기하게 생각한다.

개인 간 경쟁의 심화와 인간관계 악화로 개인주의적인 생활에 익숙해져 있는 한국인 중에서 젊은이들은 우리에 대한 열망을 게임으로 충족하려고 한다. 한민은 한국인이 게임을 하는 중요한 이유로 '여럿이 어울리고 싶다'라는 욕망을 꼽았다. 그에 의하면 한국인은 주로 친구들과 어울려서 피시방에 가며 대개는 같은 게임, 같은 서버에 접속해서 게임을 즐긴다. 나아가 한국인은 혼자서 게임을 할 때조차 많은 사람이 즐기는 게임을 선호하는 경향이 있다.[43]

한국인이 다양한 게임 장르 중에서 타인들과의 다채로운 상호작용이 가능한 MMORPG(멀티 유저 다중 접속 롤플레잉 게임) 장르를 선호하는 것도 같은 맥락이다. 나는 처음에 아들이 이런 게임을 할 때 시끄럽게 괴성을 지르기도 하고, 사람들과 대화하는 소리도 내기에 아들의 친구들이 집에 놀러 와서 같이 놀고 있다고 착각한 적도 있다. 이렇게 요즘의 한국인은 게임으로 우리에 대한 열망을 충족시키려고 한다. 참고로 한국인과 달리 일본인은 혼자서 게임기와 일대일 플레이를 하는 게임 방식을 더 선호한다.[44]

한국인은 왜 혼자가 되는 걸 유독 싫어하고 타인들과 어울리려고 할까? 그것은 한국인이 우리 집단 안에서 살아갈 때 가장 행복하며 우리를 만들려는 지향을 가지고 있어서다. 한국인의 우리성은 무엇보다 우리 집단 안에서 살아갈 때 가장 즐겁고 행복해지는 감정반응 그리고 우리에 대한 강한 욕망과 지향으로 표현된다. 한국인의 대인관계의 특징은 이 우리성으로 좌우되는 욕망이나 감정에 의해 규정된다. 이것은 한국인이 단순히 남들과 함께하는 것을 좋아한다는 의미가 아니라 인간관계 속에서 억척스럽게 우리를 욕망하고 추구한다는 것을 의미한다.

최상진은 부부 관계를 예로 들면서 한국인이 "하나 됨을 이상으로 추구하기 때문에 한국인이 바라는 인간관계는 일심동체의 일체감 또는 정으로 엉겨 붙은 한마음의 관계"[45]라고 주장했다. 쉽게 말해 한국인의 인간관계의 특징은 우리 관계의 추구다.

그렇다면 우리 관계란 어떤 것일까? 최상진은 "한국인의 '우리성' 인간관계와 소위 '인간적인' 교류는 마음의 관계를 맺는 데 그 종착역이 있다"[46]라고 주장했다. 우리 관계는 마음의 관계다. 더 정확하게 말하자면 마음이 통하는 한마음(일심) 관계다. 우리 집단은 단순한 집단주의적 집단이 아니라 일심동체의 집단이다. 일심동체가 되려면 무엇보다 모두의 마음이 통해서 한마음이 되어야 한다. 이와 관련해 심리학자 한성열은 한국인의 우리 관계를 다음과 같이 설명했다.

우리라고 이야기하기 위해서는 집단 내에서 구성원 간에 서로의 마음이 통해야 한다. … 그래서 우리는 다른 사람과 마음이 열려 있는 관계를 맺을 준비를 항상 하고 있다고 이야기할 수 있다. 마음의 문을 닫는 것은 우리 문화권의 인간관계에서 가장 바람직하지 못한 것이다. '마음의 문을 열고 다른 사람과 하나가 되는 것(일심동체)'이 곧 한국 문화에서 가장 바람직한 사람과 사람 사이를 잘 설명해주는 말이다.[47]

지금까지 살펴보았듯이 우리 관계의 본질은 모두의 마음이 통하는 한마음(일심) 관계다. 즉 네 마음이 곧 내 마음이고, 내 마음이 곧 네 마음인 관계인 것이다. 뒤에서 우리 관계의 특징을 살펴보고자 한다.

비계산적 관계

서구 심리학자들은 인간관계를 사회교환 이론으로 설명해왔다. 사회교환에 기초하는 관계는 내가 상대방에게 만 원을 주면 상대방도 나에게 만 원을 주는 식으로 서로 손익계산을 하면서 맺는 계산적인 관계다. 그야말로 장사꾼들 간의 비즈니스 관계라고 말할 만한데, 인간관계의 본질이 바로 이것이라고 주장하는 이론이 사회교환 이론이다.

미국의 영화나 드라마에서는 다음과 같은 장면을 흔하게 볼 수 있다. 아버지와 어린 아들이 자신의 요구를 내세우며 서로 밀고 당기기를 하다가 어린 아들이 일부 양보하며 "그러면 제가 A를 할 테니까 아버지는 B라도 해주세요"라고 말한다. 그리고는 아버지를 향해 조그만 주먹을 내밀면서 이렇게 말한다. "Deal?" 영어에서 deal은 원래 '거래'라는 뜻이다. 그런데 이 deal은 '합의'라는 의미도 있다. 이것은 서구 사회에서의 합의가 개인 간의 거래 관계에서 유래된 말임을 의미한다. 어린 아들이 아버지에게 주먹을 내밀면서 "Deal?"이라고 말하면 아버지도 웃으면서 주먹을 맞대며

"Deal!"이라고 대답한다.

한국인인 나는 지금도 이런 장면을 볼 때면 '어떻게 아들과 아버지가 거래deal를 할 수 있지?'라는 생각에 어리둥절하거나 꺼씸한 느낌을 참지 못한다. 하지만 개인주의적인 서양인에게 'deal' 관계(거래 관계, 계산적 관계)는 아주 익숙할 뿐만 아니라 합리적인 관계로 받아들여진다.

한국에서는 아버지와 어린 아들이 밀고 당기기를 하다가 서로 타협이나 합의에 이르면 어린 아들은 아버지를 껴안으며 "아빠, 고마워요!"라고 말하거나 "아빠, 사랑해요!"라고 말한다. 그러면 아버지는 어린 아들의 볼을 어루만지거나 아들의 머리를 쓰다듬으며 "에구, 요 귀여운 놈"이라고 말하며 좋아한다.

한국인도 자본주의 사회에서 살아가고 있기에 사회생활에서는 거래 관계로 타인을 대하기도 하지만 마음속에서는 그런 관계를 불편해한다. 강사를 초빙하는 일을 맡은 사람들은 강사를 섭외할 때 대부분의 강사가 강사비를 얼마 받을 수 있는지를 물어보는 것을 대단히 힘들어한다고 말한다. 사실 나도 강의 요청을 받았을 때 먼저 강사비가 얼마인지 물어보는 걸 힘들어한다. 물론 다른 이유도 있겠지만, 한국인이 설사 사업 관계라 할지라도 돈 이야기 꺼내기를 매우 불편해하는 것은 거래 관계를 아주 싫어하기 때문이다.

한국인은 가까운 관계라고 믿고 있는데 상대방이 거래 관계로 자기를 대하면 화를 내기도 한다. 돈을 받고 심리상담을 해주는 것을 당연하게 여기는 상담가들조차 친한 친구가 자기 자식을 한번 상담해달라고 요청하면서 돈을 내겠다고 하면 질색하거나 화를 내기도 한다. 가까운 관계(우리 관계라고 믿는 관계)만큼은 거래 관계로 전락하는 것을 절대로 허용하지 않으려 하는 사람이 바로 한국인이다. 우리성이 강한 한국인은 계산적인 거래 관계를 체질적으로 싫어할 수밖에 없다.

개인주의적인 서양인은 상대방에게 10달러짜리 식사 대접을 받으면 거의 정확하게 상대방에게 10달러짜리 식사를 대접한다. 그래야 마음이 불편하지 않으며 만족스럽다. 그러나 한국인은 상대방이 자신에게 만 원짜리 식사를 대접했다고 해서 그에게 꼭 만 원짜리 식사를 대접해야 한다고 생각하지 않는다. 만 원이 넘어가는 식사를 대접할 때 오히려 마음이 더 편하고 흡족해하는 게 한국인이다.

최상진은 한국인의 인간관계가 "보상이나 이해관계를 중심으로 하는 교환 관계나 합리성(서구적 의미)을 강조하는 서구의 인간관계와 질적으로 다르기에 한국인은 받은 대로 돌려주며 준 만큼 갚는 거래성 교환관계를 남남의 관계로 인식한다"라고 주장했다.[48] 한국인이 바라는 관계는 개인 대 개인의 관계, 남남의 관계가 아닌 우리 관계다. 우리 관계는 서로 손익계산을 하지 않는 관계다.

마음을 주고받는 관계

우리 관계에서 한국인이 상대방에게 바라는 것은 돈이 아니라 마음 혹은 마음 씀씀이다. 자기를 우리로 대하는 상대방의 마음이 느껴지지 않으면 한국인은 "너와 내가 우리인 줄 알았는데, 아니었냐?"라는 생각에 섭섭해하거나 화를 낸다. 한국인은 상대방이 아무리 큰 금전적 이익을 주더라도 마음 씀씀이를 느낄 수 없다면 섭섭해하지만, 상대방이 돈 한 푼 주지 않더라도 자기를 위해 마음을 써주면 고마워하고 행복해한다.

한국의 독특한 장례식 문화는 이러한 특징을 잘 보여준다. 상주喪主는 사업상 알고 지내는 부유한 사람(우리 관계로 인식되지 않는 사람)이 장례식에 오면, 물론 반가워하고 고마워한다. 그러나 그가 밥도 먹지 않은 채 부조금만 내고 곧바로 돌아간다고 하더라도 별로 개의치 않는다. 나아가 혹시라도 그가 부조금을 너무 조금 내면 "그 인간, 돈 엄청 많으면서 완전 짠돌이네"라고 툴툴대기도 한다. 그와 우리 관계가 아니기 때문이다.

반면에 우리 관계라고 굳게 믿는 가난한 친구가 장례식에 오면 엄청 반가워하고 고마워한다. 그가 자리에 눌러앉아 밥도 먹고 술도 먹으면서 밤을 꼬박 같이 새워주면 크게 감격한다. 나아가 그 친구가 부조금을 아주 조금만 냈다고 하더라도 '어휴! 자식, 형편도 어려운데 무슨 부조금까지…. 와준 것만 해도 고마운데'라고 생각하면서 여전히 고마워한다. 가난한 친구는 부조금을 조금만 내도 괜찮고, 그가 어떤 일도 도와주지 않고 줄창 자리에 앉아서 술만 먹어도 괜찮다. 그가 장례식에 와준 것만으로도 충분하다. 그는 나와 우리 관계에 있는 사람이고, 나의 슬픔과 고통을 그가 알고 있으며, 그가 나에게 마음을 주고 있음을 내가 알고 있기 때문이다.

한국인은 우리 관계에 있는 사람의 안부 전화(예: "그동안 잘 지냈니?" "이번에 딸이 시험 본다며?" 등)나 자기를 걱정해주는 전화(예: "아픈 데 없이 건강하게 잘 지내지?" "저번에 수술받은 상처는 어때?" 등)를 받으면 아주 좋아하고 고마워한다. 물론 전화를 건 상대방이 나를 실제로 도와주는 건 아니지만, 한국인이 고마워하고 기뻐하는 이유는 전화를 걸어준 상대방의 행동과 말에서 자기를 아껴주고 걱정하는 마음을 느끼기 때문이다.

한국인의 우리 관계는 서구의 사회교환 이론으로 절대로 설명할 수 없다. 굳이 '교환'이라는 표현을 사용한다면 한국인의 관계는 '마음 교환'의 관계라고 해야 할 것이다. 한성열은 "한국인은 상대가 자신에 대해 행한 행동을 그 자체로 평가하는 차원을 넘어서 그 행동에 실려 있는 따스한 마음의 크기나 양으로 전환하고 해석해 상대의 행동을 평가하며, 그런 맥락에서 한국인의 우리성 관계의 주 화폐는 행위 교환이 아니라 마음 주고받기다"[49]라고 말했다.

우리 관계는 행동 대 행동의 관계가 아닌 마음 대 마음의 관계다. 한국인은 상대방이 어떤 말과 행동을 했을 때 그의 말과 행동 그 자체보다 그것을 유발한 마음을 읽으려고 하고, 그 마음에 대한 판단에 기초해 자기의 말과 행동을 조정한다.

통속적으로 말해 서양인은 상대방이 주먹을 날리면, 자신도 조건반사적으로 주먹을 날리는 반면에 한국인은 상대방이 주먹을 날리면, 그가 주먹을 날린 이유나 의도(왜 주먹을 날렸나?)를 판단한 다음에 그것에 따라 반응을 달리한다는 것이다. 예를 들면 주먹질을 한 상대방의 마음이 나에 대한 미움이거나 상대방의 공격성이라고 판단하면 나도 주먹질을 하지만 상대방의 마음이 나에 대한 섭섭함이나 서운함이라고 판단하면 주먹질을 하는 대신 그를 꼭 껴안아준다.

상대방의 마음에 대한 판단에서 가장 중요한 것은 상대방의 동기에 대한 판단이다. 한국인은 상대방의 행동 혹은 결과보다 동기를 더 중요시하며 동기가 무엇이냐에 따라 달리 반응한다. 한국인은 붐비는 전철에서 누군가가 가볍게 내 발을 밟고 나서 웃음 띤 얼굴로 고개를 끄덕하면 고의가 아니었다고 판단해 그 잘못을 너그럽게 이해해준다.

이렇게 한국에서는 발을 밟은 사람이 굳이 자기 입으로 사과의 말을 하지 않으며 인사를 하지도 않는 경우가 많다. 한국인은 얼굴 표정이나 고갯짓으로 자신의 행동이 고의가 아님을 표현하면 상대방이 너그럽게 양해해줄 것이라고 예상하기 때문에 굳이 사과의 말을 하거나 인사를 하지 않는다. 그렇지만 다른 나라에서는 이렇게 행동하면 안 된다. 서양이나 일본에서는 고의이든 아니든 간에 상대방의 발을 밟으면 즉각 사과의 말과 행동을 해야만 한다.

한국인은 누군가 살인을 했다는 뉴스를 접하면 살인자의 살인 동기에 따라 반응을 달리한다. 살인 동기가 정의롭거나 충분히 납득할 만하면 강력한 처벌보다는 선처를 해야 한다고 생각하지만 그 동기가 사악하면 법에서 정한 것 이상의 가혹한 처벌을 해야 한다고 생각한다.

한국인이 동기를 얼마나 중시하는지를 확인하려면 법원에서 동기가 판결에 어떤 영향을 미쳤는지를 확인해보면 된다. 수사물 드라마를 보면 수사관들이 범인의 동기를 알 수 없어서 고민하는 장면이 자주 나온다. "정황으로 보나 증거로 보나 이놈이 범인이 확실한데 말이야. 그런데 도대체 이놈한테는 동기가 없잖아, 동기가! 이래서야 기소가 되겠어?"라고 말하는 장면은 설사 증거가 있더라도 동기를 증명하지 못하면 판사가 유죄로 판결하지 않을 수도 있음을 수사관들이 우려한다는 것을 보여준다.

실제로 국가 간 비교연구들에 의하면 한국은 다른 나라들에 비해 동기나 도덕적 평가가 사법판단에 영향을 미치는 정도가 가장 높다. 한국은 누군가 죄를 지었더라도 그의 범죄에서 검사를 감동시킬 만한 선한 동기가 확인되면 판사가 최대한으로 선처를 해주는 나라다. 이처럼 한국인은 행동이나 결과보다는 마음, 특히 동기를 더 중요시한다.

마음 알아주기

일반적으로 서양인이 동양인보다 더 솔직하다고 알려져 있다. 서양인은 개인주의적인 문화권에서 살아가기 때문에 굳이 자기의 속마음을 숨길 필요가 없다. 그러나 이것은 개인간의 관계가 아주 좋을 때 가능한 이야기다. 서양인은 기본적으로 힘의 역사(궁금한 사람은 바이킹 소재의 드라마를 한번 보라) 속에서 살아왔다. 즉 약육강식의 역사 속에서 살아왔다.

또한 서양인도 집단을 이루고 살아야만 하기에 일본만큼은 아니지만 서양인도 집단주의를 강요당한다. 이러한 이유 때문에 서양인은 사회적으로 바람직한 가짜 마음, 가면을 쓰고 이중생활을 하기도 한다. 이를 반영하는 소설이 바로 『지킬 박사와 하이드 씨』다. 이 소설의 주인공이며 자기의 개인주의적 욕망에만 충실하고 싶은 하이드는 사회적 평판이나 처벌이 무서워 어쩔 수 없이 지킬 박사로 살아가고, 그로 인해 정신적 고통을 겪는다. 심리학자 지그문트 프로이트Sigmund Freud의 이론 역시 '개인주의적인 나(이드)'와 '집단의 처벌을 두려워하는 나(초자아)' 사이의 균열에 시달렸던 서양인의 심리를 배경으로 만들어졌다고 할 수 있다.

일본인에게서 나타나는 개인주의적인 '진짜 나'와 집단주의적이어야만 하는 '가짜 나' 사이의 균열과 갈등이 서양인보다 더 심각하다. 일본인은 가짜 집단주의 혹은 강요된 집단주의로 인해 실제로는 개인주의 심리를 가졌지만 (공포로 인해) 집단주의적으로 살아간다. 그 결과 심리적 균열과 모순이 생기고, 그것으로 인해 일본인은 이중의 마음을 가지게 되었다.

일본인에게는 '혼네本音'와 '다테마에建前'라는 2개의 마음이 있다. 혼네는 본심을 의미하고 '앞에 세운다'라는 뜻인 다테마에는 대인관계용 마음 (가면)을 의미한다. 일본인이 사회관계에서 예의 바르고 친절한 모습을 보이며 타인들에게 민폐를 끼치지 않도록 만드는 것이 다테마에의 역할이다. 일본인은 겉마음인 다테마에에 기초해 대인관계를 맺기 때문에 겉보기에는 얌전하고 예의 발라 보인다. 반면에 혼네를 남들에게 드러내지 않기 때문에 일본인의 본심을 파악하는 것은 대단히 어렵다.

한민은 일본에서는 오랫동안 관계를 맺어왔던 사람들도 서로의 본심 (혼네)을 알지 못하며 심지어는 수십 년이나 살을 맞대고 살아온 부부도 서로의 본심을 알지 못한다고 말한다. 평소에 억제, 억압되었던 일본인의 본심의 병적인 부분은 과거 군국주의적인 침략전쟁과 지금의 각종 문화 상품, 성인물 등으로 그 가학성과 잔인성을 드러내기도 한다.

한국인은 이중의 마음(겉마음과 속마음) 혹은 사회적 가면이라는 말을 잘 이해하지 못한다. 서양인이나 일본인과 달리 자발적인 집단주의자, 우리주의자인 한국인에게 마음의 균열이 발생하지 않기 때문이다. 쉽게 말해 한국인은 겉마음과 속마음이 다르지 않다. 한국인은 전통적으로 겉과 속이 다른 사람을 표리부동하다고 여기며 몹시 싫어한다.

물론 요즘에는 불평등과 불화, 우리의 상실로 인해 한국인도 자기 속마음을 숨긴다. 그럼에도 불구하고 여전히 한국인은 외국인에 비하면 자기 마음을 솔직하게 드러내고 표현하는 것을 주저하지 않는 편이어서 마음의 균열, 이중적인 마음을 품지 않는다. 이와 관련해 한 일본인은 한국인이 서로 속마음을 주고받으며 끝까지 대화하려고 하는 자세가 강하다는 인상을 받았다고 했다. 그러면서 한국인은 싸우고 나면 서로 속마음을 터놓으며 화해하려고 적극적으로 노력하는 반면, 일본인은 시간을 두고 천천히 해결(사실상 아무것도 하지 않는 것이다)하려고 한다[50]고 말했다. 즉 한국인은 일본인과 달리 솔직하고 과감하게 자기의 속마음을 드러내며 갈등이 생기면 그것을 적극적으로 해결하려고 노력한다는 말이다.

한국인이 자기 마음을 솔직하게 또 적극적으로 표현하는 이유는 한국인은 언행에 감추어진 자기 마음을 드러내거나 표현하지 못하면 몹시 괴로워하고 답답해하기 때문이다. 한국인은 자기 마음을 드러내거나 표현하지 못하면 화병에 걸릴 정도로 힘들어한다. 한국 문화권의 고유한 병으로 알려져 있는 화병은 자기 마음을 드러내거나 표현하지 못하는 상황이 지속되었을 때 앓는 병이다.

한국인은 왜 자기 마음을 드러내는 걸 좋아할까? 그 이유는 자기 마음을 드러낼 때 우리 관계를 유지하고 발전할 수 있기 때문이다. 우리 관계는 내 마음을 상대방에게 전달하고 상대방이 그것을 알아주는 것 이상을 요구한다. 한마음(일심)으로 하나(동체)가 되어 있는 우리 집단의 우리 관계는 내가 굳이 말하지 않아도 상대방이 나의 마음을 알고, 상대방이 굳이 말하지 않아도 내가 그의 마음을 아는 관계다. 나와 너는 한마음이고 하나인데 서로의 마음을 모른다는 건 바람직하지 않은 관계다.

물론 현실에서 이런 관계는 아주 드물다. 하지만 중요한 것은 한국인이 '굳이 말하지 않아도 내 마음을 네가 알아주고, 네 마음을 내가 알아주는' 이심전심以心傳心의 관계나 '내 마음이 네 마음이고, 네 마음이 내 마음'인 일심동체의 관계를 이상적인 우리 관계로 이해하고 있다는 점이다.

이러한 이유 때문에 한국인은 당연히 자기 마음을 솔직하게 드러내고 표현해야 한다고 생각하며 마음을 숨기는 것을 죄악시한다. 예를 들면 친한 친구 사이에서 사소한 것이라도 숨긴 일을 들키면 '너는 나를 친구로 생각하지 않는구나'라며 섭섭해한다.

한국인은 자기 마음을 숨기지 않는 것을 넘어서 굳이 말을 하지 않더라도 서로가 서로의 마음을 알아주는 관계를 바람직하다고 생각한다. 내가 굳이 내 마음을 상대방에게 설명해야 하는 관계는 우리 관계가 아니다. 이러한 이유 때문에 한국인은 상대방이 내 마음을 알아주지 않는 순간을 우리 관계가 아니라는 위험신호로 간주한다. 한국인이 우리 관계에 있다고 인식하거나 우리 관계여야 마땅하다고 인식하는 사람이 자기 마음을 몰라주면 섭섭해하고 화를 내기도 한다. 한성열은 다음과 같이 말했다.

> 일심동체 … 이런 관계에서는 이미 하나이기 때문에 새삼스럽게 나의 생각이나 감정을 상대방에게 전달할 필요를 느끼지 못한다. 구태여 나의 마음을 알려야 하는 관계는 이미 바람직한 관계가 아니다. 나의 마음을 상대방이 알아주지 못하면 한국 사람들은 먼저 섭섭함을 느낀다.[51]

한국의 아내들이 남편들에게 가지는 가장 큰 불만 중의 하나는 남편이 자기 마음을 알아주지 못한다는 것이다. 남편은 토라진 아내에게 "당신이 말로 표현을 하지 않는데, 어떻게 내가 당신의 마음을 알 수 있겠냐?"라는 나름의 합리적 반론을 제기해보지만 그런 말은 아내를 더 화나게 할 뿐이다. 남편이 내 마음을 알아채지 못한다는 사실은 그와 나의 관계가 우리 관계가 아니라는 것을 의미하기 때문에 아내는 이미 그 자체로 인해 서운하고 화가 날 수밖에 없다.

한국의 아이들도 부모가 자기 마음을 알아주지 않으면 삐져서 말을 안 한다. 부모가 "도대체 왜 그러는지 말을 한번 해보라"라고 말해도 아이는 입을 꾹 다문 채 좀처럼 화를 풀지 않는다. 아이의 입장에서 부모는 당연히 우리 관계에 있는 사람이므로 아이는 자신이 말하지 않아도 부모가 자기 마음을 알아야 마땅하다고 기대한다. 만약 아이가 삐져서 입을 꾹 다물거나 밥을 안 먹는 것은 그런 기대가 좌절되었기 때문일지도 모른다.

우리 관계를 좋아하고 바라는 한국인은 내가 가벼운 눈짓만 해도 상대방이 끄덕끄덕하는 관계를 바람직한 우리 관계라고 생각하며 그런 관계를 바란다. 이런 맥락에서 심리학자 오세철은 우회적인 표현이 한국인의 의사소통의 특징이라면서 그 이유를 '남이 스스로 알아차리게 하도록 하려는 것'에서 찾기도 했다.[52]

만일 상대방이 내 마음을 계속 몰라주거나 모르는 체하면 한국인은 어떻게 반응할까? 한국인은 그와 내가 우리 관계가 아니라고 판단해 마음을 접거나 어떻게든 우리 관계를 회복하기 위해 푸념이나 하소연을 한다. 최상진은 "푸념의 일차적 목적이 문제의 해결보다는 자신의 심정을 상대나 제삼자에게 전하는 것"이라고 말하며 푸념을 '자신의 억울한 심정에 대한 공감을 얻기 위한 담론 양식'이라고 규정했다.[53] 간단히 말해 푸념이나 하소연의 기본 목적이 반드시 문제를 해결하는 것이나 내가 옳다는 것을 증명하려는 게 아니라 내 마음을 우리 관계에 있는 사람들에게 알려주어 그들로부터 공감과 지지를 받는 데 있다는 것이다.

상대방이 내 마음을 몰라주면 한국인은 한동안 삐져서 입을 꾹 다문다. 그러나 삐진 상태를 언제까지나 지속할 수는 없다. 무엇보다 자기 자신이 너무 괴롭기 때문이다. 따라서 어느 순간 눈물을 펑펑 쏟으며 넋두리를 한다. 그리고 상대방이 넋두리를 다 받아주고 공감과 지지를 표현하면 한국인은 우리 관계가 복원되었다는 안도감에 평정심을 회복한다.

우리 관계를 지향하는 한국인은 자기 마음을 스스럼없이 잘 드러내기도 하고 상대방의 마음을 잘 알아채기도 한다. 한국인의 마음 드러내기와 알아채기는 평등하고 화목한 우리 관계에서 이루어진다. 즉 간신이나 아부꾼, 약자 등이 상대방을 무서워하거나 자신이 피해를 입을까 봐 타인들의 속마음을 추측하는 행동과 인연이 없다. 한국인의 속마음 알아채는 능력은 아마 세계 최고 수준일 것이다.

한국인이 상황 중심 언어를 사용하는 것도 이와 관련이 있다. "나는 너를 사랑해I love you"라는 문장에서 알 수 있듯이 서양인은 아주 정확하게 자신의 마음과 의도를 상대방에게 전달한다. 반면에 한국인은 빈번하게 주어나 목적어를 다 생략한 채 "사랑해" "왔어?" "갔어?"라고 말하고는 한다. 그러나 한국인은 "갔어?"와 같은 외마디 말만 듣고도 누가 언제 어디로 어떻게 갔는지 육하원칙에 따라 대답할 수 있다.[54] 이것은 한국인이 아주 작은 단서만으로도 금방 상황을 파악하거나 상대방의 마음을 알아채는 능력을 가지고 있는 사람들이라는 것을 보여준다. 요즘 말로 하면 한국인은 그야말로 사회성이 대단히 우수한 사람들이다.

경계란 없다

일본에서 배를 타고 부산에 도착한 한 일본인이 어느 식당에 들어가 비빔밥을 주문했다. 비빔밥을 처음 먹어보는 그는 계란프라이와 나물, 밥을 번갈아 집어먹으면서 생각에 잠겼다. 그런 일본인을 유심히 지켜보고 있던 식당의 주인아주머니가 갑자기 그에게 다가가더니 그의 손에서 숟가락을 빼앗았다. 주인아주머니의 갑작스러운 행동에 당황하는 그를 아랑곳하지 않고 그녀는 계란프라이, 나물, 밥 고추장을 마구 비벼버렸다. 그 일본인은 주인아주머니가 자기의 밥을 졸지에 '개밥'으로 만들어버리자 마음속으로 '아니, 이럴 수가!'라고 외치며 망연자실했다. 그러거나 말거나 주인아주머니는 그에게 숟가락을 돌려주고는 싱긋 웃었다. 주인아주머니가 계속 웃는 표정으로 그를 쳐다보고 있었기에 그 일본인은 어쩔 수 없이 밥을 먹기 시작했다. 그리고 그는 비빔밥의 색다른 맛에 감탄하며 마음속으로 주인아주머니에게 고맙다는 인사를 드렸다.

이것은 『한국인 조센징 조선족』의 저자가 한국에서 경험했던 일화 중

하나다. 이 일화에서 일본인을 깜짝 놀라고 당황하게 만들었던 것은 경계를 무시하는 주인아주머니의 행동이었다. 만일 일본의 식당이었다면 백이면 백 주인아주머니는 먼저 손님에게 친절하게 인사부터 하고 비빔밥 먹는 방법을 설명한 다음 손님이 요청하는 경우에 한해 손수 밥을 비벼서 주었을 것이다.

그러나 한국의 식당 주인은 처음 보는 외국인임에도 그의 경계를 아무렇지 않게 침범했다. 물리적 경계이든 아니면 심리적 경계이든 간에 서양인은 물론이고 일본인 같은 외국인에게 사람 사이의 경계는 대단히 중요하다. 외국인은 자기의 경계를 철저히 지키며 누군가가 그것을 침범하는 걸 아주 싫어한다. 권수영은 "미국인은 자기의 경계에 다른 사람들이 접근하는 것을 아주 꺼린다면서 한국인은 아이가 귀엽다고 쓰다듬기만 해도 '경계'를 침입했다고 느끼는 미국인의 지나친 경계의식을 이해하기 힘들다"[55]라고 말했다.

서부 개척 시대를 그린 미국의 서부극을 보면 미국인은 자기 땅을 표시하는 울타리를 치고 누군가가 자신의 땅으로 들어오려고 하면 총을 들고 나가 그에게 총을 겨누며 경계 밖으로 나가지 않으면 쏘겠다고 억박지른다. 상대방이 잠깐 이야기만 하고 가겠다고 말하더라도 주인은 경계 밖으로 나가서 이야기하라고 요구한다.

전통적으로 한국인은 누군가가 자기 집 마당으로 들어서면 "누구시오?"라고 물어볼 뿐 그에게 창을 겨누거나 쫓아내려고 하지 않았다. 상대방이 잠깐 이야기할 것이 있다고 하면 가까이 다가와서 말하라거나 마루에 앉아서 편하게 말하라고 권한다. 나아가 주인은 그에게 물을 떠다 주거나 음식을 대접하기까지 한다. 개인주의 문화권 사람들은 사람과 사람 사이의 경계, 나를 지켜주는 경계를 매우 중시한다. 반면에 우리 문화 속에서 살아가는 한국인은 경계를 중요하게 생각하지 않으며 가까운 관계, 즉 우리 관계를 형성했다면 경계 관념을 무시하거나 그것을 나쁜 것으로 여긴다.

서구의 정신의학자들이나 심리학자들은 한국의 인간관계, 특히 가족관계를 개인 간의 경계가 모호하게 얽힌 병리적인 관계라고 평가절하하기도 한다. 각각의 개인들이 각자도생하는 개인주의 사회에서 살아가는 서양인에게는 자기 이익, 자기 경계를 지키는 것이 가장 중요하다. 이로부터 서양인은 자기 경계를 지켜내지 못해 상대방의 침범을 허용할 경우 타인으로부터 통제를 당한다고 느끼거나 자기 이익을 빼앗기거나 침탈당했다고 느낀다. 각자도생의 개인주의 사회에서 개인 간의 경계는 자신의 권리와 세력권을 구획하고 지키며 자신의 의지로 통제할 수 있는 중요한 역할을 한다.

즉 서양인은 인간관계에서도 자신이 통제하지 못하는 상황을 곧 자신이 통제당하는 상황으로 이해한다. 이런 이해를 바탕으로 하는 서양인이기에 한국의 가족이 '우리'로 결속되어 있는 것을 통제감이나 자율성의 상실로 이해하는 것은 당연할지도 모른다.

우리성, 우리 관계가 거의 없는 서양인은 한국인의 우리성, 우리 관계를 이해하는 것이 대단히 힘들 수밖에 없다. 서양인은 경계를 고려하지 않는 말이나 행동을 아주 싫어하지만 한국인은 경계를 형성한 관계를 꺼리고 싫어한다.

‖ 한국인이 호구조사를 하는 이유 ‖

외국인이 한국인을 만났을 때 크게 당황하거나 기분 나빠 하는 것 중의 하나가 유명한 '호구조사'다. 한국인은 누군가를 만나면 상대방의 사생활에 대한 사적이고 민감한 질문을 아무렇지도 않게 쏟아낸다. 예를 들면 한국인은 외국인을 처음 만났을 때조차 그에게 "어느 나라 출신인가?" "형제는 몇 명인가?" "부모님은 어떤 일을 하고 계시냐?" 등의 사적인 질문을 쉴 새 없이 물어본다.

만약 상대방이 결혼 적령기의 나이로 보이면 결혼했는지 물어보고, 안 했다는 대답을 들으면 또 왜 아직 결혼을 안 했냐고 물어본다. 나아가 한국인은 일반적으로 외국인이 밝히기를 꺼리는 나이도 아무렇지 않게 물어본다.

한국인의 호구조사 습관은 한국인이 타인들을 대할 때 무의식적으로 그들을 우리로 간주하는 습관과 관련이 있다. 즉 한국인은 누군가와 접촉하거나 교제할 때 상대방을 일단 우리로 간주한다. 한국인은 상대방에게서 우리가 아니라는 명확한 이유를 찾을 수 없다면 상대방을 무의식적으로 우리로 간주한다. 앞의 일화에서 식당의 주인아주머니가 처음 보는 일본인의 숟가락을 빼앗은 것은 이러한 이유 때문이다.

우리 문화에서 살아왔고 인간을 호의적으로 대하며 사랑하는 한국인(이 주제에 대해서는 뒤에서 자세히 살펴볼 것이다)은 타인들을 거의 경계하지 않는 것은 물론이고 열린 태도로 대한다. 더 정확히 말하자면 한국인은 일단은 암묵적으로 타인들을 다 우리로 간주하고 대한다.

다시 말해 한국인은 세상 사람 모두를 우리가 아니라고 간주했다가 그

중에서 괜찮은 사람을 하나둘씩 우리 목록에 추가하는 방식이 아니라, 일단은 세상 사람 모두를 우리로 간주했다가 그중에서 이상한 사람을 하나둘씩 우리 목록에서 제외시키는 방식으로 타인들과 세상을 대한다. 물론 한국인도 그럴 만한 이유가 있으면 타인들을 경계하며 일정한 거리를 유지하기도 한다. 그러나 한국인은 그럴 만한 특별한 이유가 없다면 우선 타인들을 우리 혹은 우리 후보로 대한다. 그렇기 때문에 한국인은 누군가를 처음 만났을 때도 '우리 사이인데 혹은 곧 우리 사이가 될 건데 숨길 게 있어?'라고 생각하며 호구조사를 시도한다.

이러한 모습에서 한국인의 우리에 대한 열망이 얼마나 강렬한지를 확인할 수 있다. 처음 보는 사람일지라도 한국인은 그가 우리가 될 수 있는 잠재력을 가진 사람이기를 바라면서 특별한 결격사유가 있지 않은 한 우리로 간주한다. 그래야 일단 자기 마음이 편하고 좋으며 작은 우리를 점점 더 큰 우리로 키워나갈 수도 있기 때문이다. 결론적으로 한국인의 호구조사 습관은 타인들을 무의식적으로 우리로 대하는 것, 우리 관계에 대한 열망에서 비롯된다고 말할 수 있다.

한국인은 우리 관계가 아니라고 느껴지는 인간관계 혹은 우리 관계로 나아가기 어려운 인간관계를 불편해하기 때문에 자기도 모르게 호구조사를 함으로써 그런 상황에서 벗어나려고 한다. 더욱이 호구조사 과정에서 운 좋게도 자신과의 공통점을 하나라도 발견하면 그것을 적극적으로 활용해 빠르게 우리 관계로 나아갈 수 있기 때문에 호구조사는 일석이조의 효과를 보인다. "어, 너 그 학교 나왔어? 나랑 동창이네" "와! 저와 고향이 같네요. 너무 반가워요" "나랑 띠동갑이네. 우리 인연인가 보군?" "저랑 취미가 같네요!" 등의 주제 중에서 어떤 내용이라도 공통점을 발견하면 해당 주제로 수다를 떨 수 있고, 경계도 허물 수 있고 마침내 너와 나는 우리가 될 수 있다. 바로 이것이 한국인의 호구조사 밑에 숨어 있는 진실된 마음이다.

나는 대학교 1학년 때(1984년) 고등학교 친구들과 함께 기차를 타고 전국 여행을 떠난 적이 있다. 작은 테이블을 두고 서로 마주 보는 자리에 앉아서 가고 있는데, 양복을 입은 한 중년 아저씨가 우리들 사이에 앉았다. 서먹함도 달랠 겸 서로 간단한 호구조사를 하던 중 그 아저씨가 ○○대학을 졸업했음을 알게 되자 곧바로 동창생 중의 하나가 "저 지금 그 대학 다녀요. 와, 선배님이시네요!"라고 외쳤다.

서먹함을 달래는 데 그것만으로도 충분했다. 같은 대학 선후배라는 사실은 그 중년 아저씨와 내 친구를 우리로 만들었고, 나아가 우리 모두가 같은 고등학교 친구라는 사실은 그 자리에 앉아 있던 모두를 우리로 묶어버렸다. 양복을 입은 중년 아저씨는 기분이 급격히 좋아져서 술과 안주를 푸짐하게 주문해주었고 우리들은 신이 나서 즐겁게 떠들고 놀았다. 그 아저씨는 대전역에 도착하자 우리에게 밥을 먹으라고 용돈까지 주며 기차에서 내렸다. 이런 우리를 과연 누가 싫어하겠는가?

한국 사회가 병들어 감에 따라 최근에 호구조사 습관이 나쁜 쪽으로 작용할 때가 많아졌다. '직업이 뭐예요?' '집은 몇 평인가요?' '어느 아파트에 사세요?' '무슨 차 타고 다니세요?' '남편은 무슨 회사 다니세요?' '자녀들은 무슨 대학 다녀요?'와 같은 질문을 하는 호구조사는 상대방이 얼마나 많은 돈을 가졌는지 혹은 사회적 지위가 어느 정도인지를 판단해 그에 상응한 태도를 결정하기 위한 도구로 사용된다. 심지어 상대방의 흠이나 약점을 잡아 그를 무시하거나 괴롭히기 위한 도구로 악용되기도 한다.

그러나 그렇다고 해서 호구조사 습관의 근본 원인이 우리 관계에 대한 열망이라는 사실은 달라지지 않는다. 정상적인 관계에서의 호구조사는 여전히 한국인이 우리 만들기의 기회를 호시탐탐 노리고 있는 것에서 비롯된다.

‖ 한국인의 오지랖 ‖

한국인은 예전부터 남 일에 호기심이 많았고 남 일에 참견하기 좋아하는 것으로 유명했다. 한국인이 이웃집 숟가락 개수까지 알려고 하고 남의 일에 참견하는 근본 이유는 남을 자신과 아무런 관련 없는 남이 아니라 우리로 느끼기 때문이다. 실제로 한국인은 친한 사이라면 서로에 대해서 별 시시콜콜한 것들까지 다 알고 지낸다. "너와 나 사이, 우리 사이에 무슨 경계가 필요해?"라는 의식은 한국인으로 하여금 경계를 거침없이 넘어가게 만든다.

이것의 부작용이 바로 오지랖이라고 할 수 있다. 서양인은 물론이고 일본인도 남의 일에 거의 참견하지 않는다. 정확하게 말하자면 참견하기를 극도로 꺼린다. 그것을 민폐라고 생각하기 때문이다. 이러한 이유 때문에 서양인은 물론이고 일본인만 해도 서로 오랫동안 사귀었어도 개인적인 것을 모를 때가 많다.

경계를 거의 고려하지 않는 한국인의 '우리 관계'는 사람 간의 물리적 거리가 일본인에 비해 상대적으로 더 가깝다는 사실에서도 드러난다. 일본인은 한국인이 대화할 때의 거리가 너무 가깝다고 말한다. 『일본인의 눈으로 본 한일문화비교 70』의 한 일본인 저자에 말에 의하면 한국인이 대화할 때의 사람 간의 거리가 일본에 비해서 아주 가깝다. 그는 일본인들은 상대방과 일정한 (물리적) 거리를 두고 대화하는 반면 한국인과 대화하다 보면 상대방이 점점 가까이 다가오는 바람에 마음속으로 '그렇게 가까이 오지 마!'라고 소리치면서 뒤로 물러나고 싶었던 적이 있었다고 토로했다.[56]

‖ 경계 없는 다양한 문화 ‖

경계가 없는 우리 관계는 한국의 식문화에서도 잘 드러난다. 지금은 다소 퇴색한 면이 있지만 한국에는 여럿이 찌개나 국물을 공유하는 식문화가 있다. 지금도 가족이나 친한 친구들은 찌개를 가운데 놓고 모두가 자기 숟가락으로 그 찌개의 국물을 맛있게 떠먹는다. 자기가 먹던 밥을 배불러서 다 못 먹겠다면서 자기 숟가락으로 퍼서 상대방 밥그릇에다 옮겨주는 경우도 있다.

예전에는 자기가 마시던 술잔을 상대방에게 건네주면서 술을 따라주기도 했고, 담배를 자기 입에다 물고 불을 붙여서 상대방에게 건네주기도 했다. '내 것' '네 것'의 경계가 없는 한국의 식문화를 처음 경험했던 한 중국인은 "한국인의 '우리' 문화를 잘 이해하려면 우선 이들의 식문화부터 먼저 익혀야 한다"라고 조언하면서 다음과 같은 경험담을 소개했다.

갈비 회식을 하고 있는데 작은 뚝배기의 된장찌개가 나왔다. 그는 된장찌개가 자기 쪽에 가깝게 놓였고, 양도 1인분 같아서 자기것으로 알고는 숟가락을 들고 먹으려 했다. 그 순간 옆 사람이 밥알이 묻어 있는 숟가락을 그 뚝배기에 집어넣어 국물을 떠먹었다. 그는 이를 다소 불결하게 생각해 된장찌개를 자기 쪽으로 슬며시 끌어당겨 놓았다. 그러나 옆 사람은 계속 손을 뻗어서 된장찌개를 떠먹었다. 그는 이런 당혹스러웠던 일화를 소개하면서 '함께 나누어 먹는 것, 다른 사람이 남긴 음식이라도 개의치 않고 기꺼이 먹어주는 것으로 정이 쌓이는 한국의 식문화를 진작 알았더라면' 좋았을 것이라고 말했다.[57]

한국인은 가까운 이들에게 자주 속옷 선물을 한다. 첫 월급을 타면 부모님께 속옷을 선물하는 것이 거의 관례화되어 있고, 친한 친구나 동료, 친척 사이에서도 속옷을 선물한다. 이때 혹시라도 상대방의 몸 치수를 모르면 스스럼없이 물어보기도 한다.

반면에 일본에서는 사이즈가 있는 것은 선물로 피하는 경향이 있고, 더욱이 속옷은 정말로 특별한 사이의 사람에게만 선물한다.[58] 서양인이나 일본인에게 내가 당신의 몸 치수를 알고 있다는 것을 선물을 이용해 알리거나, 가장 은밀한 몸의 부위를 감싸는 속옷을 선물하는 것은 경계를 침범하는 행위로 간주할 수 있다. 그러나 한국의 우리 관계에서 속옷을 선물하는 것은 친밀감의 표현으로 간주한다.

한국인은 공중목욕탕에서 옷을 몽땅 벗고는 실오라기 하나 걸치지 않은 채로 목욕탕 안을 잘도 돌아다닌다. 반면에 서양인은 자신의 벗은 몸을 의식해서 무언가로 늘 자신의 몸을 가리려고 한다.[59] 이러한 이유 때문에 서양인은 공중목욕탕에서 알몸으로 돌아다니는 한국인을 보면 아주 신기해한다.

한국인에게 공중목욕탕은 비록 일시적이고 주관적이라도 우리를 경험할 수 있는 공간이다. 단지 계급장 정도가 아니라 모두가 옷을 모두 벗어버린 '알몸으로서의 평등'이라는 조건이 한국인의 우리주의 심리를 촉발하기 때문이다. "우리 사이에 벗은 몸이 뭐 어때서?"라고 생각하는 우리 관계는 알몸으로 같이 목욕하는, 경계가 없는 관계이므로 알몸으로 돌아다니는 것을 꺼릴 이유가 없다.

　요즘에는 거의 찾아보기 힘들어졌지만 얼마 전까지만 해도 공중목욕탕에서는 처음 보는 사람들이 상대방에게 등을 밀어달라고 부탁하거나 때수건으로 서로의 등을 번갈아 밀어주는 장면을 흔하게 볼 수 있었다. 한국인의 이런 우리 목욕문화는 옛 기록에서도 발견할 수 있다. 예를 들면 중국 남북조 시대의 『주서周書』고구려조高句麗條에는 "친하거나 소원함에 구애받지 않고 같은 냇물에 들어가 목욕을 하거나 같은 방에서 잠을 잔다"[60]라는 기록이 나온다.

　경계가 없는 우리 관계는 한국의 전통적 공연문화에서도 확인할 수 있다. 한국의 전통공연은 무대와 관객의 구별, 경계가 명확하지 않은 것이 특징이다. 서양이나 일본의 공연에는 공연자와 관객 사이에 무대라는 경계가 있고 서로는 그것을 침범하지 않는다. 반면에 한국의 마당극은 무대라는 경계가 없어서 공연자가 관객 사이로 들어가기도 하고 관객을 공연자 옆으로 불러내기도 한다. 그리고 마지막에는 모든 관객이 다 쏟아져나와 공연자와 관객이 하나로 어우러져 흥겨운 춤판을 벌이는 것으로 공연을 화려하게 마치고는 한다.

　한국의 전통공연에서는 심지어 판소리와 같은 전문 음악인의 공연에서조차 가수와 관객들의 경계가 유동적이다. 가수가 판소리를 하면 관객들은 수시로 '얼씨구' '잘한다' '그렇지' '그래서' 등의 추임새를 하면서 함께 어우러진다. 이 외에도 경계가 없는 우리 관계를 확인할 수 있는 한국인의 언행이나 문화는 대단히 다양하다.

스킨십의 원조

요즘에는 한국에서도 연인들이 길에서 과감하게 스킨십을 하는 장면을 빈번하게 목격할 수 있지만 예전에는 그런 장면을 보기 힘들었다. 그러다 보니 서양 영화나 드라마에서 연인들이 공공장소에서 스킨십을 하는 장면을 본 한국인은 서양은 스킨십 문화가 일상화된 반면 한국은 그렇지 않다고 착각하기도 했다. 그러나 전통적으로 한국은 공공장소에서의 남녀 간의 애정과 관련된 스킨십을 꺼려했을 뿐이지, 일반적으로 한국의 스킨십은 세계 최고 수준이었다.

외국인은 한국의 여성들이 다정하게 서로 손을 잡고 다니는 장면을 보면 매우 낯설어하며 혹시 동성애자가 아니냐는 의심을 한다. 외국인은 잘 모르겠지만 한국인은 손을 잡고 다니는 걸 아주 좋아한다. 여성들에 비해 감정 표현을 억제하는 편인 한국 남성들도 기분이 좋아지면 동성끼리 손을 잡기도 하고 팔짱을 끼기도 하며 술이 거나해지면 어깨동무를 하고 돌아다니기도 한다.

한국 여성들은 어떤 행사 같은 데서 좋아하는 인물(예: 연예인, 정치인 등)을 만나면 비록 초면일지라도 그(혹은 그녀)와 사진을 찍을 때 스스럼없이 팔짱을 끼기도 한다. 또한 한국인은 귀여운 아이를 보면 자기도 모르게 아이의 볼을 만지거나 뽀뽀를 하고 아이를 껴안아주거나 두 팔로 안아서 하늘로 번쩍 들어올리기도 한다(외국에서 한국에서의 관습대로 아이에게 이런 스킨십을 하면 아이 부모에게 고소당할 수 있다).

한국인은 아주 어렸을 때도 스킨십에 익숙했다. 서양의 부부는 아이를 낳으면 아기방에다 따로 재운다. 아이를 안아주는 경우도 제한적이다. 반면에 한국의 부부는 아이를 낳으면 엄마가 아기를 옆에 데리고 잔다. 만일 그것에 방해가 되거나 불만을 품으면 남편은 아기를 위해서 방에서 쫓겨나기도 한다.

엄마는 아기를 등에 업고 돌아다니는 등으로 아기에게 대단히 긴 시간 동안의 스킨십 경험을 제공한다. 과거에 한국 엄마들은 아이를 등에 업고 밭일을 하기도 했다. 이렇게 한국인에게 서로 살을 맞대거나 접촉하며 비비대는 경험은 태어난 후 엄마와의 관계에서부터 시작된다. 한국인에게 스킨십은 너무나도 익숙하고 친근하며 기분 좋고 황홀한 경험이다.

『그래서 한국인』의 저자 이상현은 한국인이 스킨십을 좋아하는 원인 중의 하나로 한국의 온돌문화와 그것에 기초하는 살 비비기 생활을 지목했다. 그에 의하면 한국인은 전통적으로 방바닥이 따뜻한 온돌에서 살아왔기에 따뜻함을 선호한다. 이때 한국인이 선호하는 따뜻함은 구들의 따뜻함, 즉 표면에 밀착된 느낌의 따뜻함이다. 이로부터 한국인은 촉감을 선호하고 즐기는 습성도 가지게 되었다.

이와 관련해 이규태는 한국인이 서양인에 비해 촉각으로 사물을 파악하는 데 익숙하다면서 한국인은 어떤 물건을 구입할 때 반드시 물건을 손으로 만져보고 사는 촉각 구매를 하며, 관광을 하면서도 눈으로 보는 것만으로 성이 차지 않아 어떤 것이든 반드시 손으로 만져본다고 말하기도 했다.[61] 여러 사람이 공통적으로 지적했듯이 한국인 관광객들은 물건을 그냥 눈으로 지켜만 보는 다른 나라 관광객들과 달리 기어이 손으로 만져야 직성이 풀리는데, 이것이 바로 촉감을 중시하는 한국인의 습성 때문이다.

본론으로 돌아와서 온돌은 한국인이 항상 따뜻한 밥, 따뜻한 음식을 먹을 수 있게 해주었다. 예를 들면 솥에다 밥을 하고 시간이 꽤 지나더라도 밥을 밥그릇에 담아 온돌방 아랫목의 이불 밑에 넣어놓으면 밥의 온기가 다시 생겨서 한국인은 항상 따뜻한 밥을 먹을 수 있었다. 이로부터 한국인은 따뜻함에 익숙해졌고 따뜻함을 선호하게 되었는데 그것이 한국의 스킨십 문화에 영향을 미쳤다는 것이다.

이상현은 온돌문화에 익숙한 한국인이 전통적으로 몸을 접촉하는 생활(예: 겨울에 방의 아랫목에 몰려서 서로 몸을 맞대고 잠을 자는 것)을 해왔는데, 그것 역시 스킨십 문화에 영향을 미쳤다고 주장한다. 즉 한국인은 전통적으로 좁은 집, 특히 아랫목에서 끊임없이 서로를 어루만지고 복닥거리면서 체온을 나누고 살았기에 서로의 살을 비비는 데 관대하고 익숙하다는 것이다.[62]

한국인은 전통적으로 집에서 가족끼리 몸을 비비며 생활했고, 객주客主 집 같은 곳에 모르는 사람들끼리 몸을 맞댄 채 동침하고는 했다. 지금까지 살펴보았듯이 한국인은 예전부터 일상적으로 스킨십을 해왔고 스킨십을 좋아한다. 백번 양보하더라도 한국인이 최소한 서로의 몸을 접촉하거나 비비는 스킨십을 싫어하지 않다는 점은 분명한 것 같다.

한국인의 스킨십을 좋아하는 특성은 여러 가지 요인이 영향을 미친 결과물이다. 그러나 이 모든 것보다 훨씬 더 중요한 요인은 한국인의 우리 관계에 대한 열망이다. 한국인이 어머니 등에 업혀서 어린 시절을 보냈고 바닥난방 방식의 집에서 살아오면서 몸을 부대끼는 생활양식에 익숙해져 있다고 하더라도, 서로를 우리 관계로 이해하지 않았거나 우리 관계를 바라지 않았다면 한국이 스킨십의 종주국이 되기는 어려웠을 것이다. 한국인에게 허물없이 몸을 부대끼며 생활하는 관계는 화목한 가족관계이며 우리 관계를 의미한다. 서로의 밥을 챙겨주며 하는 인사말처럼 한국인은 서로 스킨십을 하면서 우리 관계를 확인한다.

오늘날 한국인은 우리의 상실로 인해 크나큰 고통 속에서 살아가고 있다. 이런 한국인이 가장 바라는 관계는 당연히 우리 관계다. 그러나 우리를 상실한 사회에서 우리 관계를 맺기란 너무 어렵다. 그러나 한국인은 우리 관계를 포기할 수가 없다. 우리 관계가 없는 삶을 도저히 견뎌낼 수가 없기 때문이다. 한국인이 타인과의 아주 사소한 공통점만 보여도 우리 관계를 만들려고 시도하는 것은 이러한 이유 때문이다.

한국의 영화나 드라마에서 회사나 경찰 같은 공적인 조직에서 공적인 관계를 맺고 있는 사람들이 서로를 형, 동생으로 부르는 장면이 자주 나온다. 어떤 이들은 이러한 장면을 보고 한국인이 공적인 조직 내에서까지 악착같이 사적인 관계를 만든다며 비판하는데, 이 장면에 녹아 있는 본질은 우리 관계를 상실한 한국인이 공적인 조직 내에서까지도 우리 관계(비록 진짜 우리 관계가 아니라 할지라도)를 만들려는 몸부림이다.

만일 공적인 조직이 진짜 우리 관계와 합치될 수 있는 주관적·객관적 조건을 가지고 있는 집단이라면 공적인 조직 내에서의 우리 관계는 긍정적으로 작용할 것이다. 반면에 그렇지 않다면 공적인 조직 내의 우리 관계, 즉 가짜 우리 관계는 부정적으로 작용할 것이다. 결국 문제는 한국인의 우리 만들기에 대한 열망이나 노력이 아니라 우리 관계를 가능하게 해주는 객관적 조건의 결여에 있다.

오늘날의 한국 사회에서 우리 관계 만들기는 성공하기 힘들 뿐만 아니라 한국인의 마음에 상처를 남기는 주요한 원인이다. 한국인은 늘 우리 관계 만들기를 시도하지만, 그런 시도는 대부분 실패로 돌아간다. 그리고 한국인은 마음의 상처를 떠안게 된다. 오늘날 한국인이 겪는 가장 큰 고통과 불행은 바로 우리 관계에 대한 열망, 즉 인간관계에 대한 높은 기대 수준을 배반하는 잔혹한 현실 간의 괴리에서 비롯된다. 한국 사회에서 우리가 복원되기 전까지 이 고통은 끝나지 않을 것이다.

4장

우리에 대한 열망

신자유주의적 자본주의 사회인 오늘날의 한국은 국가, 민족 단위의 우리는 물론이고 직장이나 학교, 마을 같은 작은 단위의 우리도 상실했다. 마지막 남은 우리라고 할 수 있는 가족도 빠르게 붕괴(우리성을 상실했다는 의미에서의 붕괴)되고 있다. 그 결과 오늘날 대부분의 한국인은 개인 혹은 가족 단위로 고립되어 각자도생의 길을 걸어가고 있다.

그러나 이를 두고 한국인의 마음속에서 큰 우리에 대한 열망이 완전히 사라졌다고 단정할 수 없다. 오늘날의 한국인은 여전히 큰 우리에 대한 열망을 간직하고 있다. 한국의 역사가 그것을 잘 보여주고 있다.

과거 한국에서는 국가와 민족이 위기에 처했을 때마다 어김없이 의병들이 등장했고, 일제 강점기에는 전 민족이 국채보상운동과 3·1운동, 무장투쟁 등으로 일제의 식민지 통치에 항거했다. 비록 일시적이고 제한적이지만 이런 큰 단위의 우리 집단을 최근의 역사에서도 발견할 수 있다. 1997년 외환위기 때 사람들은 금 모으기 운동을 전개했고, 서해안 기름 유출 사고 때 사람들은 자원봉사활동에 나섰다. 2002년 월드컵 때는 열띤 거리 응원이 펼쳐졌으며, 당시 정권을 반대하는 2016년의 촛불항쟁이 승리한 이후 크고 작은 촛불항쟁이 지금까지도 이어지고 있다. 코로나 사태가 발생했을 때도 한국인은 국가적 위기를 극복하기 위해 하나로 뭉치는 모습을 보여주었다.

이런 역사적 사례들을 두고 『역동적 한국인의 탄생』의 저자들은 "한국인은 그토록 개별화되어 있고 공격적이면서도 항시 집단을 형성하고 또 그 속에 있으려고 하는 집단 소속의 욕망을 강하게 보여왔다"[63]라고 평가했다. 통속적으로 말하자면 평소의 한국인은 매우 개인주의적이고 서로에 대해 적대적이지만, 특정한 조건만 형성되면 우리가 되려는 욕망을 뜨겁게 분출해왔다는 것이다.

한국 사회의 큰 우리

그렇다면 한국인의 큰 단위 집단화, 우리화는 어떤 조건에서 만들어질까? 최상진은 그 조건을 '집단의식 촉발'로 보았다. 즉 운명공동체라는 자각 혹은 공동의 요구에 대한 자각이 큰 우리를 가능하게 해준다는 말이다. 비슷한 맥락에서 이규태는 조건으로 '집단주의 감정'을 강조했다. 그에 의하면 다수의 국민이 집단의 운명을 자기 자신의 운명으로 받아들이게 해주는 운명공동체의 감정을 가지는 것[64]이 우리화의 조건이다. 한국인은 개인적 문제에는 지독할 정도로 개인주의적 대응을 하지만 집단적 문제(모두의 문제, 공동의 문제)에는 집단주의적 대응을 하는 경향을 보인다.

한국 사회에서 큰 우리가 만들어지는 조건과 과정을 지금까지의 논의에 기초해 요약해보면 다음과 같다. 첫째, 이런저런 조건과 이유로 인해 절대다수가 공동의 요구를 하거나 집단의 운명(이익)과 개인의 운명(이익)이 일치하면 운명공동체 상황이 조성된다. 예를 들면 외적의 침략으로 인해 '국가가 망하면 나도 망한다'라는 실존적인 운명공동체 상황이 조성되고, 월드컵으로 인해 '축구 국가대표팀이 이겨야 우리 모두가 즐겁고 행복하다'라는 정신심리적인 운명공동체(요구의 일치) 상황이 조성된다.

둘째, 운명공동체 상황 혹은 운명공동체라는 자각이 한국인의 마음속에 있는 우리주의 의식(국가적 혹은 민족적 차원의 우리주의 의식)에 불을 지른다. 즉 불이 붙은 우리주의는 운명공동체를 강화한다. 우리주의와 운명공동체는 서로를 강화하는 선순환 관계에 있다.

셋째, 우리주의 의식에 기초해 다수의 국민이 우리주의 심리, 즉 동일한 집단 의견(우리 의견)을 형성하고 동일한 우리주의 감정을 체험한다. 예를 들면 다수의 국민이 운명공동체의 유지와 번영을 방해하는 대상을 한마음으로 증오하게 되면, 이전에는 이런저런 차이로 인해 서로를 껄끄러워했던 사람들 사이에서도 애정과 친밀감이 생겨난다.

넷째, 우리주의 심리에 기초해 다수의 국민이 한마음 한뜻이 되어 적극적인 공동행동을 한다. 예를 들면 다수의 국민이 독재정권을 타도하기 위한 촛불항쟁에 궐기한다.

다섯째, 집단과 개인의 운명을 일치시키는 조건이나 이유(목적 실현 혹은 좌절)가 사라져 운명공동체 상황이 종결됨에 따라 국민의 마음속에서 전면화되었던 우리주의가 다시 잠복하고 개인주의가 되살아나고 전면화된다.

오늘날의 한국 현실에서는 불평등 같은 문제들로 인해 큰 단위의 우리를 만들기가 불가능하기 때문에 대부분의 한국인은 개인주의적 삶을 살아간다. 그러나 일시적이고 제한적이라 할지라도 큰 우리가 만들어질 수 있는 상황만 조성되면 한국인은 언제 그랬냐는 것처럼 우리가 되어 분연히 일어선다. 이런 모습은 한국인이 단지 과거에만 국가적, 민족적 단위의 큰 우리를 바랐던 것이 아니라 지금까지도 여전히 그것을 간절히 바라고 있음을 잘 보여준다.

과거 미국의 정보기관은 친지들이 모이는 명절날에도 한국인은 정치 이야기를 한다고 불평하면서 한국인을 세계적으로 유례를 찾기 어려운 정치적인 민족이라고 말하기도 했다. 한국인이 예전부터 사회적인 문제들, 특히 정치에 대한 관심이 뜨겁다는 것은 세계적으로 널리 알려져 있다. 한국인이 사회나 정치에 관심이 많은 가장 큰 이유는 한국인이 여전히 큰 우리에 대한 열망을 간직하고 있기 때문이다.

뒤에서 자세히 살펴보겠지만 한국인은 여전히 이상사회에 대한 꿈을 포기하지 않고 있다. 한국인에게 이상사회는 곧 모두가 우리가 된 사회다. 그리고 한국인은 모두가 우리가 되어 살아가는 이상사회를 포기하지 못한다. 이상사회를 포기하는 것은 우리에 대한 열망을 버린다는 것을 의미하기 때문이다. 우리에 대한 열망을 포기한 한국인, 우리성을 상실한 한국인은 한국인이 아니다. 우리에 대한 열망과 우리성이야말로 한국인을 한국인으로서 살아갈 수 있게 해주는 가장 중요한 심리이고 특성이기 때문이다.

한국 사회에서 크고 작은 공동체, 우리 집단이 빠르게 소멸됨에 따라 오늘날 한국인의 우리성은 과거에 비해 크게 약해졌다. 그러나 "급격한 도시화로 농촌 인구가 마을을 떠남으로써 마을 단위로 형성된 집단의식마저 사라졌다고 볼 수 있다. 그러나 완전히 소멸된 것이 아니라 언젠가 마을 같은 그런 '장'이 형성될 때까지 유보되었다고 보는 편이 옳을 것이다"[65]라는 이규태의 말처럼 한국인의 우리성은 아직 죽지 않았다. 한국인의 우리주의, 우리성은 그것이 활짝 펼쳐질 수 있는 때를 기다리면서 여전히 한국인에게 큰 영향을 미치고 있다.

2부

인간중심

누가 물에 빠지면 중국인은 그냥 한 번 쳐다보고 지나가고, 일본인은 너무나 안타깝고 슬프다는 표정을 지으면서 발만 동동거리지만, 한국인은 앞뒤 안 가리고 물에 뛰어든다는 말이 있다.[1]

위의 이야기는 『한국인의 문화유전자』에 나오는 한·중·일 사람들을 비교했을 때의 이야기다. 이것이 단순한 농담이나 빈말이 아니라는 것은 2001년 일본에서 이수현이라는 한국인 유학생이 자기 몸을 던져 지하철 철로에 떨어진 사람을 구하고 대신 사망하는 안타까운 사건이 발생해 일본인들을 크게 감동하게 만들었던 일화만 보더라도 알 수 있다. 위험에 처한 사람을 보면 앞뒤 재지 않고 자기 몸을 던지는 이유 중의 하나는 인간을 가장 귀중하게 여기는 한국인의 심리 때문이다.

한국의 전통적인 구조 신호는 '사람 살려!'다. 반면에 영어권에서의 구조 신호는 'Help me!(나를 도와줘)'이고 일본의 구조 신호는 '다스케테 구레(たすけてくれ, 도와줘)'다. 영어와 일본어로 표현한 구조 신호는 말 그대로 나를 '도와주세요'라는 뜻을 담았다. 그런데 왜 한국인은 '도와주세요'가 아니라 '사람 살려'라는 특이한 구조 신호를 사용하는 것일까?

길을 가다가 어디선가 '사람 살려!'라고 외치는 소리가 들리면 이를 환청이라고 생각하는 사람은 아무도 없을 것이다. 그럼에도 불구하고 한국인이 굳이 '사람'이라는 말을 구조 신호에 포함시킨 이유는 그 '사람'이라는 단어가 한국인에게 강력한 반응을 유발하는 효과를 보이기 때문이다.

앞으로 자세히 살펴보겠지만 한국인은 그 무엇보다 사람이 세상에서 가장 귀중한 존재라는 믿음을 가지고 있다. 한국의 구조 신호에 '사람'이라는 단어가 들어간 이유가 이 때문일 것이다. 나아가 한국인은 사람만이 아닌 모든 생명을 귀중하게 여기는 믿음, 심리도 가지고 있다. 한국의 구조 신호에 '살려'라는 단어가 들어간 이유가 이 때문일 것이다. '살려'는 '생명을 지니고 있다'라는 뜻을 지닌 '살다'라는 동사에서 나왔으며, 생명이 죽을 위험에 처해 있으니 살려내라는 의미가 있다.

따라서 '사람 살려!'라는 구조 신호는 '이 세상에서 가장 귀중한 사람의 생명이 죽을 위험에 처해 있으니 만사를 제치고 달려와 살려내라'라는 뜻이다. 결론적으로 '사람 살려!'라는 말은 한국인의 마음 깊은 곳에 뿌리박은 인간중심주의를 직통으로 타격하는 강력한 효과를 가지고 있기 때문에 한국인의 구조 신호로 정착되었을 것이다.

한국인의 인간중심성은 어떤 교리나 규칙 등에 얽매이지 않는 성향에서도 확인할 수 있다. 한국인은 인간을 가장 중요시하기 때문에 사람을 위해서라면 규칙을 엄격하게 적용하지 않아도 괜찮다고 생각한다. 반면에 일본인은 그 무엇보다 규칙을 가장 중요시하기 때문에 엄격하게 규칙을 지키는 편이다. 예를 들면 일본에서는 6시 정각에 출발하는 고속버스의 운전기사는 5시 59분에 버스 시동을 걸고, 5시 59분 50초에 문을 닫으며, 시계가 6시를 가리키는 순간 바로 출발한다. 이와 달리 한국에서는 버스 승객들이 제시간에 다 왔으면 예정 시간보다 일찍 출발하고, 만약 늦는다면 승객을 기다려주기도 한다.

예전에 나는 실수로 오전 6시 표를 끊어놓고는 그걸 들고 오후 6시 버스에 탄 적이 있었다. 나중이 되어서야 내가 표를 잘못 끊었다는 사실을 알고 크게 당황했다. 그러자 운전기사 아저씨는 "매표소로 빨리 뛰어가서 사정을 이야기하고 오후 표로 바꾸어오세요. 기다리고 있을게요"라고 말씀하셨다. 나는 총알같이 달려가 매표원에게 사정을 말하면서 표를 바꾸어주면 고맙고, 여의치 않으면 돈을 지불하겠다고 말했다. 매표원은 웃으면서 그냥 표를 바꾸어주었고, 버스 놓치지 않게 빨리 달려가시라고 격려까지 해주었다.

혹시 버스가 떠나지 않았을까 하는 마음에 바꾼 표를 들고 버스 타는 곳으로 달려갔다. 다행히 버스는 여전히 출발하지 않은 채 나를 기다리고 있었다. 운전기사 아저씨에게 감사 인사를 드리고 버스의 승객들에게도 머리를 숙여 고마움을 표시했다. 버스의 승객들은 짜증이나 화를 내지 않고 대부분 웃는 표정이었고 일부 승객들은 "잘 됐네" "고생했어요"라고 말하기도 했다. 새로 받은 자리에 앉고 나서 시계를 보니 출발 예정 시간보다 거의 7~8분이나 지나 있었다.

'사람 있고 법 있지, 법 있고 사람 있냐?'라는 말처럼 한국에서는 사람을 위해서라면 법이나 규칙을 슬쩍 위반하는 것이 때로는 좋은 일로 받아들여진다. 이는 일본이라면 있을 수 없는 일이다.

한국인의 인간중심성은 한국인의 언어 사용에서도 뚜렷이 드러난다. 한국인에게 '인간성 좋다.' '인간적이다.' '인간미가 있어'라는 말은 최고의 찬사다. 한국인은 이상적인 인간관계를 흔히 '인간적인 관계'로, 이상적인 삶 혹은 바람직한 삶에 대한 지향을 '사람답게 살고 싶다.' '인간답게 살고 싶다'라고 표현한다.

반면에 한국인은 흔히 잘못을 범했거나 부도덕한 누군가를 비난할 때 '사람부터 되어라' '인간 같지도 않은 놈' '네가 사람이냐?'라고 말한다. 이런 맥락에서 지난 정부의 국가인권위원회는 홍보물에 국가인권위원회가 만들고 싶은 세상을 '사람이 사람답게 사는 세상'이라고 표현하기도 했다.

한국어에서 사람이나 인간이라는 단어는 가장 좋은 뜻과 관련되어 사용되지 나쁜 의미로 사용되지 않는다. 이런 한국인의 언어 사용은 인간이 최고이자 가장 좋은 존재인 반면 비인간 혹은 반인간은 나쁜 존재라는 인간중심주의 사상을 포함하고 있다.

한국인의 인간중심성은 한국 문화에서도 확인할 수 있다. 그 대표적인 예가 과학보다 인본을 우선시하는 건축물, 인간을 중심에 놓은 건축물[2]이라는 평가를 받는 한국의 전통가옥인 '한옥'이다. 한옥은 서구의 대성당처럼 인간의 몸을 압도하는 위용을 보이지 않으며, 대체로 소박하고 검소한 규모로 인간의 몸을 배려한 느낌을 잘 살리고 있기 때문에 편안하고 아늑한 느낌을 자아낸다.[3] 이 외에도 한국인의 인간중심성을 보여주는 것은 아주 많다.

1장

인간중심성

인간중심성은 인간을 가장 귀중하게 여기고 사랑하며 인간을 중심으로 세상을 대하는 한국인의 민족성이다. 한국인은 왜 인간중심성을 가지게 되었을까? 한국의 건국신화인 단군신화에는 인간이 되고 싶어서 쑥과 마늘만 먹으면서 동굴 안에서 100일 동안의 자가격리를 시도했던 호랑이와 곰이 등장한다. 단군신화의 핵심 주제는 '사람이 되고 싶다'라는 요구다. 이 사람이 되고 싶다는 요구는 단군신화만이 아니라 전통적인 한국의 변신 이야기들의 핵심 주제다. '사람이 되고 싶다'라는 주제는『삼국유사三國遺事』에 나오는 호랑이, 우렁각시, 지네여인, 구미호, 손톱 먹은 쥐 등의 변신 이야기들로 담겨 있다.

사실 인간의 힘이 미약했던 고조선 시대만 해도 사람보다 훨씬 더 힘이 세고 싸움도 잘 하는 호랑이나 곰 같은 동물을 숭배하는 부족들이 많았다. 쉽게 말해 야수의 왕인 호랑이나 곰이 굳이 사람이 되려고 애쓸 이유가 없는 시대였다. 그럼에도 불구하고 호랑이와 곰이 사람이 되기 위해 모진 어려움까지 무릅썼다는 점은 우리 민족이 먼 옛날부터 사람을 최고로 여겨왔음을 암시한다. 사람이 최고이기 때문에 사람이 되려는 이야기들을 계속 상상했을 것이다.

우리 민족의 시조인 단군의 건국이념은 널리 인간을 이롭게 한다는 '홍익인간' 사상이다. 인간을 가장 중시하는 인간중심 사상은 긴 세월 동안 그 맥을 이어오면서 조선왕조 말기의 '인간이 곧 하늘이다'라는 동학의 인내천人乃天 사상, 21세기에 등장한 '사람이 먼저다'라는 대선 구호로까지 되풀이되고 있다.

한국인의 개방성

제아무리 단군신화가 인간을 귀중히 여기고 중시하는 훌륭한 인간중심주의 사상을 창시했어도 그 이후 한반도에서 살아왔던 우리 조상님들이 끊임없이 피터지는 내전이나 싸움을 벌여왔다면 한국인이 인간을 가장 귀중히 여기는 사상이나 심리를 가지기 힘들었을 것이다. 인간끼리의 싸움이 반복되면 자연스레 인간은 믿을 수 없는 존재로 여겨지기 때문이다. 그러나 한국인은 긴 세월 동안 민족 구성원들끼리 화목하게 살아왔기에 다른 사람을 두려워하거나 경계하지 않았다. 여기에서 발생, 발전한 특성이 바로 한국인의 개방성이다.

세상을 대하는 태도는 크게 개방적인 태도(열린 태도 혹은 긍정적인 태도)와 폐쇄적인 태도(방어적 태도 혹은 부정적인 태도)로 구분된다. 세상에 대한 태도를 결정하는 데 영향을 미치는 요인은 크게 두 가지다. 바로 세상에 대한 두려움과 자기 자신(특히 내면세계)에 대한 자신감이다.

‖ 개방적인 한옥 구조 ‖

집 밖에 강도와 도적이 들끓어서 문을 열어두면 자신이 피해를 입을 거라고 믿는 사람은 대문을 닫고 살아갈 것이다. 다시 말해 강도와 도적이 무서워서 대문을 열어두지 못한다. 반면에 집 밖의 사람들이 다 착하고 친절해서 그들이 집 안으로 들어와도 괜찮다고 믿는 사람은 대문을 활짝 열어놓고 살아갈 것이다. 세상이나 사람을 경계하거나 두려워할 필요가 없으므로 대문을 닫을 필요가 없는 것이다. 이것이 개방적인 태도와 폐쇄적인 태도를 결정하는 첫 번째 요인이다.

집 안이 너무 지저분하고 어수선해서 남들에게 보여주기 부끄럽고 민망하다면 대문을 열어놓고 살 수 없을 것이다. 대문 너머에서 집 안을 들여다본 사람들에게서 비난이나 손가락질을 받을 위험이 있기 때문이다. 마음속에 사악한 욕망이 있거나 자신을 초라한 존재라고 여기는 자존감 낮은 사람이 세상에 대한 개방적인 태도를 가질 수 없는 것은 이러한 이유 때문이다. 반면에 집 안이 아주 깨끗하고 정갈하다면 남들에게 집 안을 보여주는 것을 꺼릴 이유가 없다. 이것이 개방적인 태도와 폐쇄적인 태도를 결정하는 두 번째 요인이다.

전통적으로 우리 그리고 우리 문화 속에서 살아온 한국인은 사람을 경계하거나 두려워하지 않았다. 또한 뒤에서 다시 언급하겠지만 한국인은 자기 민족과 역사, 문화에 대한 강한 자부심을 가지고 있다. 이로부터 한국인은 타인, 세상을 개방적인 태도로 대하게 되었고 그 결과 개방성을 가지게 되었다.

한국인의 개방성은 한옥 구조에서 명확하게 드러난다. 유럽의 집은 마당이 없고 문이 하나만 있으며 문을 제외하고 모두 벽이라서 안과 밖을 확실하게 구분한다. 일본과 중국의 집도 마당이 발달하지 않았고 담장이 높으며, 유럽의 집처럼 문 하나만 남겨놓고 완벽하게 실내와 실외를 구분해놓는다. 마당이 있다고 하더라도 마당에 잔디를 심어서 정원으로 꾸미거나 해서 결국 마당은 사람이 실제로 생활하지는 못하는 보조적인 여유 공간의 역할만 한다. 반면에 한옥은 개방성으로는 세계 최고다. 담장이 낮아서 안이 훤하게 보이는 데다, 마당을 두어 완충지대를 만들어 놓았다. 한옥에서 길보다 더 넓은 마당을 흔히 찾아볼 수 있을 정도로 마당에 할애한 면적이 넓다.[4]

한국이 아닌 다른 나라들의 집은 대부분 폐쇄적인 구조로 되어 있다. 즉 외부인이 쉽게 집으로 들어올 수 없는 구조다. 이런 폐쇄적인 집 구조는 좀비 세상이 왔을 때 가족들의 목숨을 지키는 데 유리하겠지만 타인들과 교류하고 어울리기 어렵다. 반면에 한국의 개방적인 집 구조는 외부인 방어는 취약하지만 타인들과 교류하고 어울리는 데 적합하다. 특히 한국의 집에서 마당은 결혼식 같은 크고 작은 행사나 잔치가 벌어지는 공간, 즉 아무나 들어올 수 있으며 타인들과 어울리는 열린 공간이었다.

‖ 신보다는 인간 ‖

한국인의 개방성은 인간중심성과 밀접한 관련이 있다. 인간을 가장 중시하는 사상은 인간 위에 군림하는 교조나 절대자를 거부하게 만든다. 인간이 아닌 어떤 이념이나 교리 나아가 절대자인 신을 인간보다 더 중시한다면 그것에 헌신하거나 맹목적 숭배가 가장 중요해진다. 그 결과 인간은 이념이나 교리, 신을 위한 도구로 전락하고 그것을 위협하거나 방해하는 것을 일체 거부하는 폐쇄적인 태도를 가지게 된다. 자기 교파의 경전과 교주를 떠받드는 광신도들이 외부 세계로 향하는 문을 걸어 닫고 살아가는 것은 이러한 이유 때문이다.

사실 인류 역사를 보면 인간중심성을 방해하는 중요한 요인 중의 하나는 종교였다. 철학자 탁석산은 "신을 중심으로 하는 사회는 결코 인간중심 사회가 될 수 없고, 인간중심이 아니라면 인생주의도 생겨날 수 없다"[5]라고 말했다. '서양은 오랫동안 신 중심에서 벗어나기 위해 싸웠다'[6]라는 말에서도 알 수 있듯이 서양인이 자랑하는 르네상스나 계몽주의는 본질적으로 인간을 신으로부터 해방시키려는 운동이었다고 할 수 있다. 이것은 적어도 서양에서는 종교가 인간중심성을 방해하는 주요한 원인이었다는 것을 의미한다.

물론 한국인도 먼 옛날부터 종교를 믿었다. 그러나 한국의 종교는 그야말로 인간중심적 종교로서 서양의 종교와는 크게 다르다. 한국인이 종교를 믿더라도 인간중심적 종교를 믿은 것은 한국인의 인간중심성이 종교가 인간 위에 군림하는 것을 허용하지 않았기 때문이다. 결론적으로 한국인이 인간중심성을 가지게 된 것에는 한국인이 서양인과는 달리 종교로부터 자유로웠다는 것 혹은 한국인이 인간중심적 종교를 믿어왔다는 것도 영향을 미쳤다.

인간을 가장 귀중하게 여기는 사상은 인간에게 도움이 된다면 무엇이든지 받아들일 수 있지만, 인간에게 도움이 되지 않으면 그것이 무엇이든 과감하게 버리게끔 만든다. 어디까지나 가장 귀중하고 중요한 존재는 인간이기 때문이다. 한국인은 전통적으로 외부에서 새로운 이념이나 사상

등이 전파되었을 때, 그것이 기존 것과 다르다고 해서 무조건 배척하지 않았다. 개방적인 태도로 그것을 대하고 연구해서 인간에게 도움이 된다 싶으면 과감하게 받아들여 기존의 것들과 비빔밥처럼 섞어버렸다.

‖ 한국적 실용주의 ‖

이런 한국인의 모습을 근거로 상당수의 연구자가 한국인의 주요한 민족성으로 '실용주의'를 꼽기도 한다. 예를 들면 탁석산은 "한국이 역동적이라면 그 이유는 무엇일까요?"라고 묻고는 "저는 실용주의라고 생각합니다"[7]라고 대답했다. 한국인이 개방성과 밀접하게 관련 있는 적응력, 포용력, 임기응변 능력 등이 우수하다는 것은 사실이다. 그러나 이러한 한국인의 특성을 지칭하기 위해 미국에서 유래한 실용주의라는 용어를 사용하는 것은 옳지 않다. 실용주의는 개인주의 문화권에 속하는 미국을 대표하는 가장 미국적인 철학이다. 실용주의란 유용성을 곧 진리로 보는 장사꾼의 철학이다. 더 적나라하게 말하자면 '나에게 돈 되는 것이 장땡'이라고 주장하는 철학이 실용주의다.

철두철미하게 개인의 이익 혹은 개인에게 유용한 것을 추구한다는 점에서 실용주의가 미국인의 정신과 인생을 지배하고 있다는 것에는 이론異論이 있을 수 없다. 비록 노골적으로 개인이라고 말하지는 않지만 미국의 실용주의에서 유용하냐 아니냐를 판단하는 주체 혹은 기준은 개인이다. 즉 나에게 유용하면 좋고 나에게 유용하지 않으면 나쁘다는 것이다. 이것은 미국의 실용주의가 인간중심 철학이 아닌 개인주의 철학임을 의미한다.

반면에 한국인에게 유용성의 판단 주체나 기준은 개인이 아니라 우리 혹은 인간 일반(유적 존재로서의 인간, 집단 혹은 우리로서의 인간)이다. 전통적으로 한국인은 서양인과 달리 어느 한 개인이 아니라 인간에게 유용하면 좋고, 인간에게 유용하지 않으면 나쁘다고 판단한다. 한국인이 개인이 아닌 우리 혹은 인간 일반을 기준으로 유용성을 판단해온 이유는 한국인이 먼 옛날부터 우리를 이루고 우리 문화 속에서 살아왔기 때문이다.

한국인은 어떤 것이 설사 나(개인)에게 유용하거나 이익이 되더라도 그것이 우리(집단)에게 해가 되면 그것을 나쁘게 생각한다. 반대로 어떤 것이 나에게 해가 되더라도 그것이 우리에게 유용하거나 이익을 주면 그것을 좋게 생각한다. 한마디로 한국인은 개인주의 문화권의 미국인과 달리 개인이 아닌 집단 혹은 우리를 기준으로 좋음과 싫음을 판단한다.

한국인의 의식을 지배하는 생각은 개인주의적인 미국의 실용주의 철학이 아니므로 실용주의라는 용어로 한국인의 마음이나 민족성을 설명하는 것은 옳지 않다. 한국인이 실용성을 추구하는 이유는 개인이 아니라 우리로서의 인간을 가장 귀중하게 여기기 때문이다. 그래서 어떤 교조敎條나 도식 등에 얽매이지 않고 개방적인 태도로 세상을 대하고, 인간에게 유용하면 여타의 것들에 구애받지 않는다. 한국인의 실용성은 인간중심성에 바탕을 두고 있는 개방성과 밀접한 관련이 있는 특성이다. 따라서 그것을 굳이 실용주의라고 부르고 싶다면 미국의 실용주의와 구별하는 의미에서 한국적 실용주의 혹은 인간중심적 실용주의라고 불러야 할 것이다.

인간에 대한 믿음

인간을 믿는다는 것은 무엇을 의미할까? 인간에 대한 믿음에서 중요한 두 가지는 인간의 선함과 인간의 힘에 대한 믿음이다.

아이는 엄마를 착한 존재라고 생각해서 믿는다. 아이는 엄마가 자기 밥을 빼앗아 먹고 자기를 괴롭히는 못된 존재가 아니라 자신에게 밥을 주고 자기를 안아주고 보호해주는 선한 존재여서 믿는 것이다. 아이는 엄마가 힘이 있어서 믿는다. 아이는 엄마가 자기를 지켜주지 못하는 허약한 존재기 이니라 자기를 위해 용감하게 자기를 괴롭히는 존재와 싸워 자기를 지켜주는 힘센 존재여서 믿는 것이다. 이와 마찬가지로 인간을 믿는다는 것은 선한 존재인 인간을 믿는 것이고 힘센 존재인 인간을 믿는 것이다.

‖ 성선설과 성악설 ‖

나는 예전부터 사람들이 성선설과 성악설을 받아들이는 것에 삶의 경험이 결정적인 영향을 미친다고 주장해왔고, 이 믿음은 지금도 변하지 않았다. 어릴 적에 아버지로부터 매를 맞고 어머니로부터 욕을 먹거나 형의 강압에 못 이겨 심부름을 하면서 성장한 아이가 과연 인간은 본래 선하다는 성선설을 받아들일 수 있을까? 심각한 학교폭력을 경험한 청소년이 성선설을 과연 믿을 수 있을까? 설사 머리로는 성선설이 옳다고 인정하더라도 감정적으로는 받아들이기 힘들 것이다.

반면에 어린 시절에 착한 어른을 경험했던 사람, 성장 과정에서 착한 사람을 경험했던 사람은 성악설을 받아들이기 힘들 것이다. 사람은 의외로 낙천적인 존재여서 단순히 악한 사람을 경험한 것보다 상대적으로 선한 사람을 양적으로 더 많이 경험해야만 성선설을 믿게 되는 것이 아니다. 사람은 설사 한두 번에 불과하더라도 선한 사람을 경험하는 것, 심지어는 선한 사람을 인상 깊게 관찰한 것만으로도 인간의 선함을 믿을 수 있다.

소설 『레 미제라블Les Miserables』의 주인공 장발장은 거의 중년이 될 때까지 양적으로 선한 사람을 거의 만나지 못했고 악한 사람만 잔뜩 만났다. 그래서 그는 사람을 믿지 않았고 세상을 증오했다. 그런 장발장도 선한 신부를 경험한 뒤로 인간은 선하다는 믿음, 즉 인간에 대한 믿음을 가지게 되었고 인간을 사랑할 줄 아는 사람이 되었다. 그의 긴 인생에 비추어 보면 선한 신부와의 만남은 찰나에 불과할 정도로 짧았지만 너무나 중요하고 의미 깊은 경험이었으며, 그 순간만으로도 인간에 대한 믿음을 회복하기에 충분했다.

사람에 대한 군건한 믿음은 저절로 생겨나지 않는다. 사람들 속에서 살아가는 것이 즐겁고 행복해야만 사람을 굳게 믿을 수 있게 된다. 사랑을 듬뿍 주는 부모 밑에서 자라난 아이는 아무리 사람이 악한 존재라는 말을 많이 들어도 그 말을 믿지 못한다. 마찬가지로 평등하고 화목한 우리 집단에서 서로를 사랑하고 위해주면서 살아가는 사람들도 사람이 본성적으로 악하다는 말을 도무지 이해하지 못한다.

앞에서도 지적했듯이 계급적 갈등과 불화를 제외한다면 평범한 한국인은 전통적으로 우리를 이루고 살아왔다. 아마 이런 역사적 경험으로 인해 한국인은 인간의 선함을 믿게 되었을 것이다. 여기에 더해 동양 문화는 전통적으로 인간을 선하다고 여겨왔는데, 이것도 한국인의 인간에 대한 믿음을 강화했을 것이다.

노자와 장자 그리고 주자학朱子學은 '자연은 근본적으로 선하며, 악덕이란 자연성의 일탈, 혹은 왜곡과 경화에서 온다'[8]라고 보았다. 같은 맥락에서 조선 시대의 대표적 지식인이었던 이황과 이이는 '사회적 덕성(인의예지)이 강제나 강요된 규범이 아니라 자기 속의 자연스러움을 회복시킨 결과'[9]라고 주장했다. 이렇게 동양 사상은 대체로 성선설을 지지하고 있다.

한국을 비롯한 동양과는 달리 서구 문화에서는 성악설이 더 우세했다고 할 수 있는데, 그것은 소설 『지킬 박사와 하이드 씨』 그리고 〈늑대인간〉이나 〈뱀파이어 이야기〉, 〈헐크〉와 같은 서양의 변신물 영화에서 인간이 변신한 모습이 대체로 추악한 것을 통해서도 짐작할 수 있다. 서양의 변신물에서 인간이 변신한 모습은 인간의 내면, 특히 어두운 면을 상징한다.[10] 인간의 내면에 잠재되어 있던 무언가를 현실 속의 자기 모습으로 드러냈는데, 그것이 추하다는 것은 결국 인간의 내면이나 본성이 추하다는 의미다.

같은 맥락에서 인간을 악하거나 동물과 다를 바 없다고 보았던 프로이트는 이상사회 따위를 꿈꾸지 않았고, 인간이 본성적으로 이기적이라고 믿었던 서구의 지식인들은 약육강식의 자본주의가 인간에게 가장 잘 어울리는 사회제도라고 떠들어댔다. 이것은 서양 문화가 성악설 쪽에 치우쳐 있었음을 보여준다.

전통적으로 한국인의 삶의 목적은 훌륭한 인간, 심리학자 에리히 프롬Erich Fromm의 표현을 빌리자면 '완전한 사회적 존재'가 되는 것이었다. 요즘에는 자식들에게 "커서 돈 많이 버는 사람이 되어라"라고 말하는 부모가 더 많지만 전통적으로 한국의 부모들은 자식들에게 "사람이 되어라!" "사람부터 되어라!"라고 훈계했다. 이 말에는 동양에서 훌륭한 인간, 완성된 인간의 표본으로 간주되던 성인군자가 되어야 한다는 뜻이 담겨 있다.

우리주의적인 한국인은 개인주의적인 서양인과 달리 남들과 달라지거나 우월해지는 것 혹은 내면의 자기self를 개발해 자아실현을 하는 것이 중요하다고 생각하지 않았다. 심리학자 최상진은 한국인의 이상적 자기가 '자기개성화 지향적인 자기'가 아니라 '사회가치 추구적인 자기'라고 말했다. 자기개성화 지향적인 자기란 조금 나쁘게 말하면 사회나 타인들이 어찌 되든 간에 자기의 잠재력을 극대화하는 것에 초점을 맞춘 개인주의적인 자기(특수한 자기)다.

반면에 사회가치 추구적 자기는 사회적으로 바람직하다고 인정되는 훌륭한 인간(보편적 자기, 과거의 성인군자)이 되는 것에 초점을 맞춘 자기라고 할 수 있다. '수신제가치국평천하修身齊家治國平天下'라는 말에서 알 수 있듯이 과거 한국인은 모두가 하나 되는 이상사회를 꿈꾸었고, 그것을 실현하기 위해서 개인들이 인격수양을 해야 한다고 생각했다. 즉 서양처럼 개인의 개성화나 자아실현 그 자체를 목적으로 여기지 않았고 더 나은 세상을 만들기 위해서 인격수양을 하고 가정을 안정화해야 한다고 생각했다. 쉽게 말해 한국인은 수신제가(몸과 마음을 수양하고 집안을 다스림)만 하고 치국평천하(나라를 잘 다스리고 백성을 평화롭게 함)를 하지 못한다면 수신이 아무 의미도 없다고 본 것이다.

　이러한 사상은 인간에 대한 믿음을 전제하지 않으면 나오기 어렵다. 즉 인간을 개조해서 성인군자를 만들고 그들이 앞장서서 능히 이상사회를 건설할 수 있다고 믿은 이유는 인간이 본성적으로 선하다고 믿었기 때문이다. 만약 한국인이 인간의 본성을 악하다고 보았다면 인간을 개조해서 완성된 인간을 만들 수 있다거나 이상사회를 건설할 수 있을 거라는 믿음을 가질 수 없었을 것이다. 결론적으로 한국인은 사람은 선하다고 믿었기에 사람을 믿을 수 있었다.

‖ 인간의 힘이 곧 우리의 힘 ‖

인간은 힘이 센 존재일까? 육체적 힘을 기준으로 보면 인간은 호랑이나 사자, 상어보다 힘이 약한 존재다. 그런 인간이 세상에서 가장 힘 있는 존재가 될 수 있었던 이유는 사회를 이루어 살아가는 특성 때문이다. 즉 개인은 무력하지만 집단으로서의 사람은 세상에서 가장 힘이 센 존재인 것이다.

　제아무리 강한 힘을 가지고 있다고 하더라도 개인이 자기의 힘으로 할 수 있는 것은 개인적 성공과 출세뿐이다(사실 이것도 순수한 개인의 힘은 아니다. 사회 속의 개인이 가진 힘과 능력은 개인의 육체가 아닌 사회역사 속에서 형성, 발전해온 인류의 창조적 지식과 능력이 개인화된 것이고 사회적 관계에 기반하고 그것의 도움을 받는 것이기 때문이다). 개인은 재난에 맞서 싸울 수도 없고,

사회를 변혁할 수도 없으며, 자기 운명을 스스로 개척(예: 개별적 노예의 힘으로는 노예제를 폐지할 수 없으므로 노예로 살아야 하는 운명을 바꿀 수 없다)할 수도 없다. 반면 집단화된 인간은 무궁무진한 힘을 가진다.

개인주의 문화권에서 살아가는 사람들에게 익숙한 등식은 '인간의 힘=개인의 힘=무력함=신에게 의존'이다. 반면 우리주의 문화권에서 살아온 한국인이 믿는 등식은 '인간의 힘=우리의 힘=위대함=주체성(비의존)'이다. 한국인은 사람의 힘, 곧 우리의 힘을 믿는다.

한국인은 먼 옛날부터 개인의 힘이 아닌 우리의 힘으로 엄혹한 자연조건과 맞서 싸우며 땅을 일구어왔고, 개인의 힘이 아닌 우리의 힘으로 끊임없는 외침을 막아내며 민족과 나라를 지켜왔다. 그리고 개인의 힘이 아닌 우리의 힘으로 찬란한 역사와 문화를 창조해왔으며, 개인의 힘이 아닌 우리의 힘으로 불의한 사회에 저항하며 사회를 개혁해왔다.

이런 역사가 있기에 한국인은 사람(우리)의 힘을 믿고 그런 위대한 힘을 가지고 있는 사람을 믿는다. 역으로 말하자면 기나긴 세월 동안 우리로서 살아온 한국인이 믿는 것은 오직 우리이고 사람이다. 한국인은 사람의 선함과 힘을 굳게 믿는 인간교 신자들이다.

‖ 사람에 대한 믿음의 부작용 ‖

안타깝게도 오늘날 한국인의 인간친화성, 사람에 대한 믿음은 사기 범죄의 한 원인으로 작용하기도 한다. 한국인이 사기를 잘 당한다는 사실은 세계적으로도 잘 알려져 있다. 실제로 한국은 사기 범죄 발생 건수가 세계 1위다. 2013년 한 해 동안만 해도 한국의 사기 범죄는 27만 4,086건이나 발생했다. 연평균 25만 건, 하루 60건 이상의 빈도다. 이에 비해 같은 기간 동안 일본에서 일어난 사기 범죄는 3만 8,302건에 불과했다.[11]

한국에 사기 범죄가 많이 발생하는 이유는 한국인이 사기 치는 걸 좋아하기 때문에 그러는 게 아니라 사기를 잘 당하기 때문이다. 제아무리 한국인이 사기 치는 걸 좋아한다고 하더라도 대부분의 한국인이 사기를 잘 당하지 않는다면 사기 범죄가 기승을 부리기 힘들다. 돈을 목적으로 하는 범죄자들은 그 사회에서 돈을 벌기 가장 수월한 종류의 범죄를 많이 저지르기 마련이다. 즉 사람들이 마약을 좋아하면 마약 범죄가 기승을 부리고, 사람을 쉽게 믿어서 사기를 잘 당하면 사기 범죄가 기승을 부린다는 것이다.

물론 요즘의 한국인은 범죄의 증가나 인간관계의 악화 등으로 인해 평소에 타인을 경계하는 경향이 있다. 그러나 한국인은 우리에 대한 열망이 워낙 강해서 일단 경계만 풀리면 사람을 너무 잘 믿는다. 쉽게 말해 사기꾼이 한국인에게 '당신과 나는 우리 관계'라는 믿음만 심어주면 범죄를 저지르기 쉽다는 것이다. 안타깝게도 한국인이 사기 범죄에 취약한 이유는 인간을 너무 좋아하고 잘 믿기 때문이다.

공식적인 조사자료들을 보면 신자유주의적 자본주의 사회에서 살아가는 한국인의 대인신뢰도는 아주 낮게 나온다. 이것은 한국 사회의 인간관계가 심각할 정도로 악화되었고 공동체가 붕괴된 현황을 반영한 당연한 결과다. 그러나 한국인은 마음 깊은 곳에서 여전히 인간을 믿고 있으며, 믿고 싶어 한다. 사기범들은 이런 한국인의 아름다운 심리를 교묘하게 이용하고 배신하는 악질적인 범죄자들이다.

조화(어울림)

한국인의 우리성과 인간중심성은 한국인을 조화(어울림)라는 가치를 중시하게끔 만들었다. 전통적으로 우리를 이루어 조화롭게 살아왔고 인간을 굳게 믿었던 한국인은 인간관계를 갈등과 투쟁이 아닌 조화의 관계로 이해했다. 일반적으로 개인주의 문화권 사람은 인간관계에서 경쟁이나 투쟁 등을 중시하는 반면 집단주의 문화권 사람은 조화나 협력을 중시한다.

비교문화심리학자의 연구들도 집단주의 문화권 사람들이 '집단 내에서의 조화를 우선시한다'라는 것을 확인해주고 있다. 그런데 앞에서도 지적했지만 동양, 특히 한국과 일본을 집단주의라는 틀로 묶었다는 이유로 두 나라를 똑같이 보아서는 안 된다. 즉 한국과 일본이 모두 조화를 중시하지만, 한국의 조화와 일본의 조화는 서로 다르다. 집단주의 문화권으로 분류되는 일본인도 조화를 중시한다. 그러나 일본인의 집단주의는 가짜 집단주의여서 일본의 조화는 전체를 위해 개인 혹은 부분을 희생시키는 경향이 있다.

한국의 전통문화에서 개개인이 소멸되지 않는 조화로운 전체를 상징하는 것 중의 하나가 바로 한국의 비빔밥이다. 한국인이 집단주의 혹은 우리주의가 매우 강함에도 주체성이 강하다는 점은 한국의 조화가 진짜 조화임을 잘 나타낸다. 조화를 추구하는 한국인의 심리는 세상 만물을 조화의 관계로 이해하는 세계관으로까지 확장되었다.

이와 달리 서양인의 심리는 세상 만물을 2개의 대립물로 구분해 바라보는 이분법적 혹은 이원론적 세계관으로 확장되었다. 예를 들면 플라톤 Platon은 이원론에 기초해 세계를 이데아 Idea의 세계와 그것의 그림자인 현실 세계로 구분하는 이원론적 세계관을 주장했다.

'기독교 문화가 시작된 이래 지금까지 서양은 악의 처리와 씨름해왔다'라는 말에서 알 수 있듯이 서양인의 이원론적 세계관은 세상을 선과 악으로 구분하는 기독교에서 뚜렷이 드러난다. 근대의 서양의 이원론적 세계관은 이성과 감성을 분리해 대립시켰으나, 심리학이 탄생한 후 동물적 본능 id(이드)과 인간적 이성(초자아, 인지 등)을 분리하는 식으로 바뀌고 이것이 지금까지 이어지고 있다. 한마디로 서양 문화는 이분법적 대립구도로 인간과 세상을 바라보는 문화다.

탁석산은 서양의 세계관은 이 세계와 저 세계, 선과 악, 이데아 세계와 그림자 세계, 논리의 참과 거짓, 이성과 감성, 인간과 자연의 이분법적 대립 구도에 기초한 문화라고 말하며 이러한 서양의 세계관에 가장 큰 영향을 끼친 것으로 기독교와 플라톤의 이분법을 꼽았다.[12] 태극기의 문양에서도 확인할 수 있듯이 전통적으로 한국인은 서양인과 달리 세상 만물이 조화를 이루고 있으며 음陰과 양陽이 역동적으로 균형과 조화를 이루며 세상이 운동한다는 세계관을 가지고 있다.

한편 서양 문화는 이원론적 세계관에 기초해 남성을 이성의 대변자로 본 반면, 여성을 동물성을 의미하는 감성의 대변자로 보았기 때문에 여성을 차별하고 혐오해왔다. 반면에 한국인은 남성과 여성이 음과 양처럼 서로 조화를 이루는 관계에 있다고 믿었기에, 조선 시대 후기에 들어서서 유교의 교조적인 영향이 강해지기 전까지는 여성을 차별하지 않았으며 남녀가 평등한 관계에서 살아왔다.

서양 철학에서는 세상 만물이 상호 연관되어 있고 끊임없이 변화, 발전한다고 보는 세계관을 변증법적인 세계관이라고 칭한다. 이런 맥락에서 심리학자 허태균은 "한국인은 서로 상충하는 가치들이 상존할 수 있고, 실제로 그 가치들이 본질적으로는 상충하지 않는다는 변증법적 사고를 하는 경향성을 보인다"라고 말했다. 그의 말처럼 한국인은 먼 옛날부터 변증법적 세계관에 기초해 세상을 바라보았다.

세계관은 당연히 인간과 자연의 관계에도 영향을 미친다. 서양인은 인간과 자연의 관계도 대립과 투쟁의 관계로 이해했다. 즉 자연을 인간이 정복하고 착취해야 할 대상으로 보았다. 반면에 한국인은 인간과 자연의 관계를 조화의 관계로 이해했다. 즉 인간은 자연의 덕을 보는 동시에 자연을 보살피면서 자연 속에서 자연과 함께 살아가야 한다고 생각했다.

인간과 자연의 관계를 조화의 관계로 보는 한국인의 견해는 한국인의 우리주의와 결합되어 우리에 인간이 아닌 자연까지 포함하는 경향을 낳았다. 전통적으로 한국인은 우리를 인간과 자연이 하나가 된 것으로 이해했고 인간과 자연이 하나가 되어 우리가 되기를 바랐다. 한국인의 독특한 자연사랑, 자연주의는 여기에서 비롯된다. 한국인의 자연주의는 언어 사용에서 '자연'이라는 단어가 많이 들어가는 것, 삶에 지치면 자연 속에서 살기를 바라거나 시골로 내려가려고 하는 것, 죽으면 자연과 하나가 된다고 여기는 것, 유독 자연미를 좋아하는 것 등에서 드러난다.

조화를 중시하고 조화를 추구하며 인간관계는 물론이고 세상 만물을 조화의 관계로 파악하는 특성은 단지 한국인만이 아니라 다른 동양인들도 가지고 있다. 그러나 한국인의 이런 특성은 다른 동양인들의 특성보다 강하다. 그 이유는 한국인이 전 세계를 통틀어 가장 강한 우리성과 인간 중심성을 가진 유일무이한 사람이기 때문이다.

인간사랑 그리고 정

한국인은 사람을 유독 잘 믿는다. 따라서 한국인은 사람을 사랑한다. 사람에 대한 사랑(인간사랑)이란 사람들이 서로 믿고 귀중히 여기며 서로 위하는 사랑이다.

인간사랑은 무엇보다 사람을 믿고 귀중한 존재로 여기는 사상, 감정이며 사람을 믿는 마음으로부터 출발한다. 즉 사람을 믿는 것이 인간사랑의 전제다. 믿을 수 없는 사람에게는 사랑을 줄 수 없으며 사람을 믿지 않으면서 그를 사랑한다고 말하는 것은 거짓이다. 아이가 엄마를 사랑할 수 있는 이유는 전적으로 아이가 엄마를 믿기 때문이다. 아이는 수시로 "아직도 내가 네 엄마로 보이니?"라고 말하는 엄마는 믿을 수 없고 사랑할 수도 없다. 인간을 믿는 사람은 인간을 가장 귀중한 존재로 여기는 사상, 감정을 가지게 된다. 이것은 한국인의 인간에 대한 믿음이 필연적으로 인간 중심 사상과 감정으로 이어진다는 것을 의미한다.

우리가 되었을 때 가장 행복한 한국인에게 이 세상에서 가장 귀중한 존재는 우리의 구성원들인 사람이다. 한국인에게 사람보다 더 귀중한 존재는 없다. 한국인은 사람을 믿고 사람을 가장 귀중한 존재로 여기기에 사람을 뜨겁게 사랑할 수 있고 실제로 사랑한다. 사람을 사랑하는 감정은 사람들을 서로를 위해주고 도와주게끔 만든다. 진심으로 위해주거나 돕지 않는 사람들 사이에는 참다운 사랑이 있을 수 없다. 서로를 진심으로 도와주는 한국의 아름다운 미풍양속은 한국인의 인간사랑을 보여주는 명백한 증거다.

한국인의 심리를 연구해온 연구자들은 공통적으로 한국인을 특징짓는 가장 중요한 징표로 정情을 꼽아왔다. 따라서 정에 대해서 잠깐이라도 살펴보고 넘어갈 필요가 있다.

사랑과 정은 의미적으로 같은 감정이다. 단지 감정의 체험 형태가 다를 뿐이다. 정은 사랑의 감정이 우리 관계에서 기분의 형태로 나타나는 것이다. 기쁨과 슬픔 같은 기분은 그 강도는 약하지만 해당 기분을 느끼는 시간이 긴 감정체험 형태다. 반면에 환희나 비통 같은 격정은 그 강도는 강하지만 해당 기분을 느끼는 시간이 짧은 감정체험 형태다.

사랑은 격정의 형태로 체험될 수도 있고 기분의 형태로 체험될 수도 있다. 연애 초반의 격렬한 사랑은 격정의 형태로 체험하는 사랑의 감정이다. 이런 격렬한, 즉 강도가 센 사랑은 느낄 수 있는 시간이 짧으며 그 발생 빈도도 적다. 결혼한 지 오래된 부부의 은은하고 잔잔한 정은 기분의 형태로 체험하는 사랑의 감정이다.

강도가 약한 사랑, 정은 비록 강도는 약하지만 느낄 수 있는 시간이 무제한에 가까울 정도로 길다. 사람들은 잠깐씩 격정의 형태로 사랑의 감정을 체험할 수 있지만, 일상에서는 기분의 형태로 사랑의 감정을 체험(정)

하면서 살아간다. 조금 도식적으로 표현하면 격정으로서의 사랑은 이따금 체험하지만 기분으로서의 사랑인 정은 일상적으로 체험하는 감정이라고 할 수 있다. 이렇게 정은 강도는 약하지만 지속기간은 긴 기분의 형태로 체험하고 표현되는 사랑의 감정이다.

정은 우리 구성원들을 하나로 이어주는 역할을 한다. 우리 관계는 서로를 친근하게 여기는 관계다. 예를 들면 가족 구성원들은 서로를 아주 친근하게 여긴다. 친근감은 정의 중요한 전제조건이다. 그리고 친근하다는 느낌은 상대방을 우리로 인식하게 해준다. 그 결과 상대방을 믿고 귀중하게 여기게 되어 사랑의 감정인 정이 싹튼다. 만일 상대방을 친근하다거나 가깝다고 느끼지 않으면 그를 우리로 인식하기 힘들어 사랑의 감정인 정이 자라나기 힘들다.

'정이 든다'라는 표현처럼, 정은 어느 날 갑자기 생기는 감정이 아니라 일정한 시간을 두고 서서히 생겨나는 감정이다. 정이 감정으로 싹트기 위한 시간을 필요로 하는 이유는 사람들이 서로에 대해 친근감을 느끼려면 어느 정도 시간이 걸리기 때문이다. 기숙사의 룸메이트에게 처음 만난 날부터 정을 주기란 쉽지 않다. 무엇보다 그에게서 친근감을 느낄 수 없다. 그러나 시간이 지나 룸메이트에게 친근감을 느끼기 시작(우리로 인식하기 시작하는 것)하면 저절로 정이 들기 시작한다.

그렇다고 친근감은 시간이 흐른다고 해서 저절로 생겨나지 않는다. 만일 룸메이트가 이상한 사람이라면 당연히 우리 관계를 형성할 수 없으므로 친근감을 느끼기 힘들고 그 결과 정이 들지도 않는다. 지금까지의 논의는 정이 시간을 필요로 하는 우리라는 주관적 인식에 기초해 발생하는 감정임을 보여준다. 최상진은 "한국인이 '오래-함께'라는 인지적 체험(긴 시간을 함께했다는 인식)만 가지고도 정을 느낄 수 있다"라고 말했다. 그리고 정은 서로가 상대를 아껴주는 '마음'에서 생기며 아껴주는 마음을 상대로부터 느꼈을 때 상대를 '남'이 아니라 '우리'로 경험한다고 말했다. 그는 가족과 같은 운명공동체에 기초하는 정이 계약 중심의 서구 사회, 나아가 이웃 나라인 중국이나 일본에서도 찾아보기 힘든 한국 특유의 정서라고 주장했다.[13]

최상진의 주장처럼 정은 우리와 아주 밀접한 감정이다. 한국인은 우리와 정이 불가분의 관계에 있다는 것을 잘 알고 있기 때문에 상대방으로부터 정을 느끼면 그와 나를 우리로 경험한다. 우리로 인식하면 정이 싹트고 정을 느끼면 우리로 간주하는 식으로 우리와 정은 서로를 강화한다. 우리 관계나 사랑의 감정이 비타산적인 만큼 정도 비타산적이다. 즉 정은 내가 원하고 좋아서 일방적으로 주는 것이지 대가를 바라고 주는 것이 아니다.

원칙적으로 정은 우리 관계에 있는 사람들이 서로에 대해 가지는 마음 혹은 감정이다. 그러나 앞에서도 말했듯이 한국인은 암묵적으로 세상 사람들을 다 우리로 간주하는 경향이 있어서 우리가 될 수 있는 자그마한 여지만 있어도 그것을 매개로 우리 관계를 만들려고 시도한다. 한국인이 진짜 우리 관계가 아닌 사람들에게 정을 주는 것은 이러한 이유 때문이다. 한국인은 처음 만난 외국인에게 정을 주기도 하고 심지어는 무생물이나 자연(앞에서 말했듯이 한국인은 자연도 우리에 포함하는 경향이 있다)에 대해서 정(정든 건물, 정든 산천)을 느끼기도 한다.

나의 주관적인 우리 인식에 기초해 누군가에게 정을 주는 것은 일정한 부작용을 초래하기도 한다. 그 대표적인 예가 상대방에게 일방적으로 정을 느끼거나 주었다가 상대방이 반응하지 않으면 서운해하는 것이다. 외국인과 사귀어본 경험이 있는 한국인은 외국인에게 정을 주더라도 대부분의 외국인은 자신에게 정을 돌려주지 않기 때문에 그들에게서 깊은 인간관계를 기대할 수 없다는 결론을 내리고는 한다.[14] 한국인은 외국인이든 한국인이든 간에 누군가와 친해져 친근감이 느껴지면 그를 일방적으로 우리에 포함한다. 그러나 외국인은 정을 주고 받는 우리 관계가 무엇인지 감조차 잡지 못한다. 그러니 외국인에게 정을 돌려받지 못하는 건 당연하다.

큰 우리와 친절

한국인 특유의 인간에 대한 애정적, 우호적 태도에 기초하는 친절성과 인류애는 큰 우리를 지향하는 우리성과 인간을 가장 귀중히 여기고 사랑하는 인간중심성의 합작품이다. 신자유주의의 파도가 한국을 강타한 이후부터 한국에서도 타인을 냉정하게 혹은 공격적으로 대하는 사람이 점점 더 많아지고 있다. 그러나 전통적으로 한국인은 지구촌에서 으뜸이라고 해도 무방할 정도로 친절한 사람이었다.

한국인은 아주 먼 옛날부터 친절한 사람으로 평가받았다. 『논어』에는 '동쪽에 사는 사람은 천성이 유순하다. 다른 세 방향에 사는 사람과는 다르다'[15]라는 기록이 있다. 이 외에도 여러 옛 문헌에는 우리 민족이 착하다거나 유순하다는 기록이 적혀 있다. 이것은 옛 한국인이 타인을 친절하게 대했다는 것을 시사해준다(최소한 공격적이거나 적대적으로 대하지는 않았기에 유순하다거나 착하다는 평가를 받았을 것이다).

1900년대 초반 한국에서 러시아 외교관으로 근무했던 미하일 알렉사

드로비치 포지오는 『한국개관』이라는 책을 내며 "가까운 사람들에게 도움을 주고자 하는 한국인의 의지는 천성적이다. … 그들은 대다수가 선량하고 정직하며 외국 사람들에게 쉽게 믿음과 정을 준다. 처음 만났을 때 한국인은 엄숙하고 절제하는 것처럼 보이지만, 시간이 조금만 지나면 유쾌하게 변한다"[16]라고 말했다.

비록 예전보다 못하지만 인간을 우호적으로 대하고 쉽게 믿으며 친절하게 대하는 한국인의 모습은 여전하다. 아리랑TV 채널의 〈코리아 투데이〉라는 프로그램의 진행자였던 벨기에 청년 줄리안 퀸타르트는 1년간의 교환학생 생활을 마치고 고국으로 돌아갔다. 그러나 그는 방송 중에 만났던 시골 할머니들의 구수한 '정'이 그리워 다시 한국으로 돌아왔다. 줄리안은 한국의 방방곡곡을 돌아다니면서 무엇이든 더 챙겨주고 나누고 싶어 하는 한국인의 따뜻한 마음을 느낄 수 있었고 한국인에게서 무한한 친근감을 느낀다고 말했다.[17]

한국인은 먼 옛날부터 큰 우리, 그야말로 우리 민족이 모두 하나 되는 우리를 갈망해왔고 지금도 갈망하고 있다. 여기에 더해 한국인은 인간을 가장 귀중하게 여기고 사랑했다. 그렇기 때문에 한국인의 인간사랑이 닿을 수 있는 범위가 무제한에 가깝다. 과거 한국인이 가난한 살림살이에도 배를 곯고 지나가는 나그네에게 기꺼이 밥을 대접하고 잠자리를 제공했던 것, 좋은 일이 있으면 마당에 잔치를 열어 이웃을 배불리 대접하고 지나가던 거지에게까지 음식을 나누어주었던 것, 식량에 여유가 있는 집들이 담장 한쪽에 작은 구멍(구휼구)을 뚫어 가난한 사람들에게 기꺼이 식량을 나누어주었던 것 등은 한국의 친절함과 나누려는 마음을 잘 보여준다.

옛 한국인의 인간사랑과 친절, 환대는 어떤 점에서는 다소 과도할 정도였다. 신미년에 강화도에 쳐들어온 미군은 광성포대를 포위하고 공격을 준비하고 있었다. 그런데 당시 미군에게 선전포고를 하러 갔던 한국 사신은 "풍파에 시달려 시장할 터이니 약소하나마 거세한 소 3마리와 닭 50마리, 그리고 달걀 1만 개를 주겠노라"[18]라고 말했다. 곧 우리 군인들을 죽이기 위해서 공격을 해올 적인데도 그들의 배고픔까지 헤아려 식사거리를 제공해준 것이다.

한국의 '까치밥'에 대한 이야기를 들은 외국인은 크게 감동하며 한국인을 침이 마르게 칭찬하고는 한다. 한국에는 감나무에서 감을 딸 때 까치를 위해서 맨 위쪽에 있는 감을 몇 개 남겨놓는 관습이 있는데, 이렇게 남겨놓은 감을 까치밥이라고 한다. 사람이 감을 다 따버리면 까치가 먹을 게 없으니까 감을 남겨놓는 것이다.

까치밥을 남겨놓는 한국인의 마음은 어디에서 오는 것일까? 자연까지 우리에 포함하는 한국인의 '우리성'은 한국인의 사랑과 친절의 범위를 자연까지 확장시킨다. 한국인은 자연을 파괴하고 착취해야 할 대상이 아니라 더불어 같이 살아야 할 우리로 간주했기에 까치의 식량까지 헤아리는 따뜻하고 친절한 사랑의 마음을 가질 수 있었던 것이다.

인간을 중심으로 세상을 대하는 한국인의 인간중심성은 자연에 인간을 투사하도록 함으로써 자연을 마치 인간처럼 대하도록 만든다. 자연 중에서도 생명체는 인간을 투사하기에 가장 알맞는 존재다. 이로부터 한국인은 까치를 마치 인간을 대하듯이 하면서 까치의 배고픔을 공감했기에 까치밥을 남겨두는 아름다운 마음을 가질 수 있었던 것이다. 한국인 특유의 우리성과 인간중심성의 산물인 까치밥은 한국인이 인간은 물론이고 세상만물을 모두 사랑할 수 있는 넓디넓은 마음을 가진 사람들이라는 것을 잘 보여준다.

사실 한국인은 워낙 우리를 좋아하고, 인간을 좋아해서 불평등으로 인한 심각한 갈등과 불화가 없었다면 모두를 친절하게 대하면서 행복하게 살았을 것이다. 그러나 오늘날에는 상대방을 친절하게 대하면 오히려 피해(예: 사기당하거나 이용당함)나 상처(예: 무시당함)를 입을 수도 있고, 상대방을 친절하게 대할 마음의 여유도 없다. 이러한 이유로 한국인의 친절함은 심각할 정도로 억제되고 있다. 과거에 비해 친절함이 크게 퇴색되었음에도 불구하고 여전히 한국인은 친절한 편이다. 이는 최근 시기에 한국을 경험했던 외국인들도 한국인이 다른 나라 사람들에 비해 훨씬 더 친절하고 따뜻하다고 평가하는 것으로 알 수 있다.

2장

인간은 존엄하다

인간을 가장 귀중하게 여기고 존중하는 사람은 인간의 존엄성이 짓밟히는 것을 묵과하지 않으며 인간의 권리를 적극 옹호하고 보호하기 위해 싸우기 마련이다. 반면에 인간을 귀중하게 여기지 않는 사람은 인간을 존중하지 않으며 인간의 존엄성이나 권리가 유린당하는 장면을 보더라고 대수롭지 않게 생각한다. 한국인이 전자에 해당한다. 일본인은 후자에 해당한다. 그리고 의외라고 생각할지도 모르겠지만 서양인도 후자에 해당한다. 물론 모든 인간은 인간답게 살아가려는 본성을 가지고 있다. 따라서 이것은 어디까지나 인간을 얼마나 존중하는지를 비교하는 상대적인 평가에 따랐을 뿐이라는 것을 염두에 두어야 할 것이다.

한국인이 인간의 존엄성을 중요하게 여기는 것은 무엇보다 한국인이 인간으로서의 존엄과 권리를 보장받는 생활을 해왔다는 역사적 경험과 관련이 있다. 예를 들면 계급 사회였던 조선 시대에서 지배층인 양반은 피지배층인 백성을 함부로 대하지 못했으며 노비의 주인이 노비를 죽이는 것이 법으로 금지되어 있었다.

주체적인 한국인

한국과 일본을 두루 여행했던 한 서양인은 두 나라가 이웃한 나라인데도 두 나라의 아이들이 너무나 다르다고 말했다. 일본 아이들은 어른들이 말하면 "네, 알았습니다"라고 대답하는데, 한국 아이들은 어른들이 말하면 대뜸 "왜요? 왜 그렇게 해야 되는데요?"라고 반문한다[19]는 것이다. 이런 한국 아이들의 모습은 나쁘게 말하자면 싸가지가 없는 것이고, 좋게 말하자면 주체성이 강한 것이라고 볼 수 있다.

물론 서양 아이들도 일본 아이들처럼 어른들에게 "네, 알았습니다"라고 대답하지 않는다. 서양은 개인주의적 문화권이니 충분히 그럴 수 있지만, 한국은 집단주의 문화권에 속하지만 한국 아이들이 일본 아이들처럼 "네"라고 대답하지를 않으니 이상하게 보일 것이다. 우리는 앞에서 일본의 집단주의가 강요된 집단주의, 가짜 집단주의임을 확인했다. 아주 단순하게 말하자면 일본인이 집단주의적이거나 체제순응적인 것은 따돌림을 두려워하기 때문이라고 말할 수 있다. 이런 가짜 집단주의는 필연적으로 개인의 주체성을 억압한다.

한국의 집단주의는 진짜 집단주의, 우리주의다. 진짜 집단주의, 우리주의는 개인의 주체성을 억압하지 않는다. 한국인이 강한 우리성과 함께 주체성을 가지고 있는 것은 이러한 이유 때문이다. 외국인은 한국인이 자기 표현과 주장이 강한 사람들이라고 말한다. 특히 일본인은 한국인이 '깜짝 놀랄 정도로 자기 생각을 마음대로 말해버리는 사람들'이라고 평가한다. 그 이유는 일본인은 다른 사람들의 기분을 상하게 할까 봐 절대 하지 않는 외모 품평 같은 민감한 주제의 이야기를 한국인은 쉽게 꺼내기 때문이다.[20]

한국인과 일본인을 비교 연구한 문화심리학자 이누미야 요시유키犬宮義行 교수는 한국인의 자기의식 특징을 '주체성 자기'로 규정했다. 그는 자기를 능동성과 피동성에 따라 '주체성 자기'와 '대상성 자기'로 구분했다. 이누미야에 의하면 주체성 자기란 '다른 사람에게 영향력을 미치려고 하는 나'이고 대상성 자기란 '다른 사람들의 영향력을 받아들이려고 하는 나'를 의미한다. 그는 한국인의 자기는 주체성 자기인 반면 일본인의 자기는 대상성 자기라고 주장했다. 즉 한국인은 일본인과는 달리 "자신을 드러내는 편이고, 자신의 판단을 강하게 주상하며, 특히 스스로 무엇인가를 결정 내리는 자율성이 강하다"[21]라는 것이다.

여기서 자기를 주체성 자기와 대상성 자기로 구분한 접근방식에는 개인 대 개인의 관계에만 초점을 맞춘 개인주의적 관점에 기초하고 있다는 결함이 있다. 그럼에도 불구하고 이누미야의 견해를 빌려 확인할 수 있는 사실은 한국인의 집단주의가 개인의 주체성을 짓밟는 가짜 집단주의가 아니라는 사실이다. 결론적으로 한국인과 일본인 간의 자기의식의 차이는 한국인의 집단주의가 자발성에 기초한 진짜 집단주의인 반면 일본인의 집단주의가 공포와 강요에 의한 가짜 집단주의라는 점에서 비롯된다.

어떤 이들은 개인주의 문화에서 살아가는 사람들이 가장 주체성이 강할 것이라고 예상한다. 그러나 개인의 주체성을 기준으로 말하자면 개인주의 문화가 가짜 집단주의 문화보다 나을 수 있어도 진짜 집단주의 문화에는 미치지 못한다. 다시 말해 진짜 집단주의 문화에서 살아가는 사람들의 주체성이 가장 강하다는 것이다. 진짜 집단주의, 특히 집단주의의 객관적 조건과 잘 조화를 이루는 집단주의는 개인의 주체성을 강화한다.

여기서 주체성은 개인 대 개인의 관계에서 힘 또는 영향력의 우열을 의미하지 않는다. 주체성이란 세계와 자기 운명(예: 식민지 백성으로 살아가는 운명)의 주인으로서 살아가려는 특성이다. 세계와 자기 운명의 주인은 개인이 아닌 집단만이 될 수 있다. 이것은 주체성이 개인의 특성이 아니라 집단의 특성임을 의미한다. 집단의 특성인 주체성이 개인에게 체현된 것이 개인적 주체성 혹은 개인의 주체성이다. 개인적 주체성은 자기의 존엄과 권리를 확고히 고수하며 자기의 인생을 자기의 힘으로 개척해나가는 것으로 표현된다.

한편 개인들이 세계와 자기 운명의 주인이 되려면 반드시 집단을 이루어야 한다. 개인은 무력하므로 단독으로 세계와 자기 운명의 주인이 되는 것은 불가능하다. 개인은 오직 집단을 이루어 세계와 자기 운명의 주인이 될 수 있다. 달리 말하자면 오직 집단화로 개인들이 주체성을 가질 수 있다는 뜻이다. 무력한 개인은 강한 힘 앞에 굴복하지만 강력한 힘을 지닌 집단은 그 어떤 힘에도 맞설 수 있다.

홀로 전투하는 병사와 부대원들과 하나 되어 전투하는 병사 중에 누가 더 주체성이 강할까? 혼자 축구하는 선수와 팀과 하나 되어 축구하는 선수 중에 누가 더 주체성이 강할까? 당연히 집단과 하나가 되는 후자다. 진짜 집단주의는 개인의 주체성을 장려하고 강화한다.

한국인이 존경하는 안중근 의사는 민족(우리)을 자기 개인보다 더 우선시하는 집단주의(우리주의)를 가지고 있었다. 그는 홀로 고립되어 단독으로 일제와 맞서 싸우지 않았다. 그는 독립운동 조직의 조직원이었다. 이토 히로부미伊藤博文를 척살한 안중근 의사가 일제의 가혹한 고문과 회유에도 굴복하지 않고 당당하게 맞서 싸울 수 있었던 이유는 그가 전형적인 우리주의자였고 독립운동조직의 조직원이었기 때문이다.

한국인이 일본인은 물론이고 서양인보다도 더 주체성이 강한 이유는 한국인이 우리주의 문화에서 살아가기 때문이다. 그리고 이것은 우리주의(진짜 집단주의) 문화에서 살아가는 사람들이 개인주의 문화에서 살아가는 사람들보다 개인적 주체성이 더 뚜렷함을 잘 보여주는 명확한 증거다.

그러나 한국인의 주체성은 집단주의가 약해지고 개인주의가 우세해질 경우 반사회적인 성격을 띨 수 있다. 즉 남들을 고려하지 않고 자기가 하고 싶은 언행을 하고, 남들이야 어찌 되든 간에 개인의 이익과 권리만을 중시해 자신의 주장을 일방적으로 강요하는 모습 등으로 표현될 수 있다. 오늘날의 한국처럼 차별과 무시가 횡행하는 사회적 조건, 즉 인간의 존엄성이 존중받지 못하고 유린당하는 조건에서 한국인의 개인적 주체성은 무시당하는 고통 혹은 무시당할지도 모른다는 두려움(존중 불안)을 방어하기 위해 자기를 과시하는 병적인 행동으로 표현되기도 한다.

한국인은 인간을 존중해야 한다고 믿으며 당연히 인간인 자신도 존중받아야 한다고 생각한다. 존중은 인간관계의 전제조건이다. 상호존중이 없으면 인간관계가 형성될 수 없다. 이로부터 한국인은 무시를 당하면 그것을 자신이 인간 대접을 받지 못하는 것, 인간 이하의 취급을 받는 것으로 받아들인다. 인간중심성이 유별난 한국인은 무시당하는 것을 정말 견뎌내기 힘들어한다. 한국인은 타인들에게 존중받지 못하는 경험을 반복하면 자신이 우리로부터 추방당했다고 느낀다.

앞에서 강조했듯이 한국인이 가장 두려워하는 것은 우리로부터 배제당하거나 추방당하는 것이다. 한국인이 다른 공포는 다 이겨낼 수 있어도 추방에 대한 공포는 이겨내지 못한다.

누군가 자기를 무시했다는 생각에 순간적으로 화가 나 그를 죽였던 살인 사건의 예가 보여주듯, 한국인이 저지르는 대부분의 충동적인 살인은 상대방이 자기를 무시했다고 느꼈을 때의 울분을 참지 못할 때 발생한다. 무시당하는 것을 가장 싫어하고 두려워하는 한국인에게 우리의 상실과 아래 방향으로의 무시를 발생시키는 다층적 위계사회는 그야말로 지옥이라고 해야 할 것이다.

오늘날 한국인의 주체성을 가장 심각하게 억압하는 것은 공포다. 그리고 한국인이 두려워하는 것은 자신의 밥그릇을 위협 받는 생존 공포다. 치열한 경쟁 속에서 각자가 자신의 밥그릇을 챙겨야만 하는 비정한 한국 사회에서 살아가는 한국인은 지독한 생존 공포에 시달린다. 그래서 밥줄이 끊길 위험이 있으면 불의를 보거나 당해도 입을 꾹 다물고 비굴해진다.

한국인이 다음으로 두려워하는 것은 색깔 공격을 당할지도 모른다는 색깔 공포다.[22] 한국인은 매우 개방적인 사람들이다. 하지만 한국은 사상의 자유를 인정하지 않는 「국가보안법」이 존재하는 폐쇄적인 사회다. 쉽게 말해 한국 사회는 빨갱이나 간첩으로 몰리면 끝장이라는 공포가 지배하는 사회다. 이러한 이유로 한국인은 색깔 공격을 당할 위험이 있으면 입을 꾹 다물고 비굴해지며 그런 위험에서 멀리 떨어지기 위해 필사적이다.

이 두 가지 공포를 제외한다면 한국인은 겁 없는 사람들이라고 할 수 있다. 한국인은 생존 공포와 색깔 공포가 없는 조건에서 자기주장과 표현에 거침이 없다. 그런데 이런 제한적인 모습만으로도 일본인은 한국인이 주체성이 강하다고 평가한다. 한국인을 짓누르는 두 가지의 공포와 우리의 상실로 인해 한국인의 주체성은 심각하게 억제되고 있다. 그럼에도 불구하고 한국인의 권리의식이나 인간존중 심리로 표현되는 주체성은 외국인에 비하면 강한 편이다. 참고로 생존 공포와 색깔 공포는 분단 이후에 생겨난 것이다. 즉 역사성이 짧아서 한국의 전통적인 가치관이나 문화 등에는 아직 깊게 스며들지 않았다.

주체성이 강하고 권리의식과 주인의식에 투철한 한국인은 자신의 요구를 쉽게 포기하지 않는다. 만약 현실에서 자신의 요구를 실현하지 못하면 죽어 귀신이 되어서라도 기어이 실현하려고 한다. 이를 반영하는 것이 한국의 전형적인 귀신 이야기다. 한국의 귀신은 한(恨)을 풀기 위해 사람 앞에 나타나며 한을 풀어주면 조용히 사라진다. 귀신은 단지 죽었을 뿐이지 본래 '사람'이므로 인간중심성이 강한 한국인은 귀신을 마구잡이로 사람을 해치는 악마로 보지 않았다. 한국 문화에서 아무 이유 없이 사람을 해치는 귀신은 거의 없다.

반면에 일본의 귀신은 사람이 죽어서 변한 것이 아니라 태곳적부터 특정한 지역에 있던 존재이고, 살아 있는 사람이 자기 영역을 침범하면 무차별적으로 사람을 공격하며, 반드시 큰 피해를 입힌다. 일본의 귀신은 자기 영역을 침범하면 사람을 공격했던 맹수 혹은 백성들을 향해 칼을 휘둘

렀던 흉포한 사무라이를 연상시킨다.

한은 설사 죽더라도 포기하지 못할 정도로 간절한 요구가 좌절되었을 때 체험하는 마음 혹은 감정이다. 한국인은 자신의 요구가 냉혹한 현실에 의해 좌절되더라도 그것을 쉽사리 포기하지 않는다. 그래서 그것을 마음에 품고 살아가는데, 그것이 바로 한이다. 한에는 개인적인 한도 있고 집단적인 한도 있다. 한국 문화에서 자주 발견되는 한은 한국인이 포기를 모르는 주체성 강한 민족임을 보여주는 하나의 징표다.

한국의 귀신은 죽어서라도 한을 풀려고 하며 때로는 인간보다 더 인간적인 존재다. 그러니 혹시라도 귀신을 만나거든 무서워하지 말고 귀신에게 무얼 원하는지를 물어보는 게 좋다. 한국의 귀신은 죽어서라도 기어이한을 풀기를 바라는 한국인의 소망과 사람이 한을 품게 만들어서는 안 된다는 믿음의 소산이라고 할 수 있다.

민초들의 힘

나는 예전에 유튜브 방송에서 한국인의 취미생활이 '봉기'라는 농담 반 진담 반의 말을 한 적이 있다. 이 말에는 한국인이 불의한 세상에 고분고분하지 않고 불의에 맞서 결연히 저항해온 위대한 사람들이라는 존경의 마음이 담겨 있다.

유럽의 프랑스인은 프랑스대혁명을 일으킨 시민혁명의 원조국가, 68혁명의 국가라는 민족적 자부심을 가지고 있는 걸로 유명하다. 그러나 그런 프랑스인도 한국인에게는 명함도 내밀기 힘들다. 한국인은 먼 옛날부터 지배층의 억압이나 착취에 대항해 끊임없이 봉기를 일으켜왔다. 한국 전쟁 이후만 하더라도 한국인은 1960년에 4·19혁명으로 독재자를 권좌에서 끌어내렸고, 1980년에 무장항쟁으로 광주 일대를 해방함으로써 군사독재에 치명타를 가했다. 1987년에 6월항쟁으로 군부독재를 역사의 무대에서 퇴장시켰으며, 2016년에도 촛불항쟁으로 대통령을 탄핵했다.

그야말로 한국인은 우리의 자유와 행복을 위해 크고 작은 항쟁을 끊임없이 벌어왔다. 일본의 시민운동가들은 잊을 만하면 한 번씩 터지는 한국인의 줄기찬 항쟁을 보며 "당신들은 어떻게 그런 항쟁이 가능하냐?"라고 감탄한다. 일본에서는 항쟁을 위해 1,000명 이상의 사람이 모이는 것이 극히 드문 일이라서 한국의 집회나 시위에 빈번하게 수만 명이 넘어가는 인원이 참여하는 장면을 엄청나게 부러워하기도 한다. 한국인은 강한 인간중심성을 가지고 있기 때문에 우리를 상실해 약화된 조건에서도 인간의 존엄성과 권리를 심각하게 침해당하는 사건을 겪으면 즉시 공동의 요구에 기초해 우리가 되어 들고 일어난다.

허태균은 "비행기가 연착하거나 운항이 취소될 때의 한국 승객들의 반응은 외국(최소한 서구의 나라들, 일본도 포함해서) 승객들과 확연한 차이가 있다"라고 말한다. 외국인과 달리 한국인은 "소리를 지르며 상사를 데려와라, 고객을 물로 보냐 등등 갖가지 항의를 하며 순식간에 대책위원회까지 만드는 순발력을 보인다"라는 것이다.[23] 비행기 연착이나 결항 등으로 인한 승객들의 권리 침해나 피해는 한국인의 권리의식과 우리의식을 자극한다.

권리를 침해받는 상황은 우선 주체성이 강하고 인간의 존엄과 권리에 민감한 한국인의 인간중심성을 자극해 항의 행동을 유발하기 쉽다. 또한 그것은 승객들을 일시적일지라도 운명공동체로 만들어주므로 우리성을 자극해 집단행동을 유도한다. 즉 그것이 설사 개인의 이익을 실현하기 위한 개인주의적 행동일지라도 한국인은 우리성이 강하기 때문에 여러 명이 그 행동에서 발생하는 이익을 공유하고 있다면 일시적으로라도 우리가 되어 행동한다는 것을 보여준다.

한국인이 우리가 되어 저항하는 모습은 인터넷 공간에서도 볼 수 있다.

한국의 게이머들은 소위 '내복단 혁명'으로 불리웠던, 전 세계의 게임 역사상 전무후무한 봉기를 일으키기도 했다. 2004년부터 2008년까지 거의 20만 명이 참여했던 내복단 혁명이란 리니지라는 인터넷 게임에서 벌어졌던 '바츠해방전쟁'의 별명이다. 가난한 민초들이 내복을 입고 전쟁에 참여했다는 의미에서 내복단 혁명이라는 별명이 생겼다. 이 전쟁은 극소수 고수들의 폭거에 맞서 다수의 게이머가 연합군을 만들어 대항한 '민초들의 봉기'였다. 이 사건은 폭압이나 불의에 항거하는 한국인의 주체성, 저항 의지가 인터넷 공간이라고 해서 달라지지는 않는다는 것을 유감없이 보여주었다.

비록 계급 사회에서 살아왔지만, 전통적으로 인간을 가장 귀중하게 여겨왔고 우리가 되어 우리 문화 속에서 살아오며 끊임없이 큰 우리를 지향해왔기에 한국인의 주인의식 혹은 권리의식은 세계 최고 수준이다. 우리로서의 한국인의 힘 역시 세계 최고 수준이다. 그렇기 때문에 옛날부터 한국의 지배자나 착취자는 봉기가 취미였던 백성을 두려워하지 않을 수 없었다.

과거 지배층이 백성을 두려워했다는 사실은 과거의 한국에 거대한 건축물이 없었던 점에서도 확인할 수 있나. 다들 먹고살기조차 버거웠던 시절에 거대한 건축물을 건설하는 일은 당연히 백성들의 반발을 살 수밖에 없다. 그럼에도 거대한 건축물을 만들 수 있었던 것은 지배권력이 백성들의 반발을 능히 짓누를 수 있었기에 가능했다. 1989년 1월에 레닌그라드 Leningrad 궁전을 방문한 정주영 전 현대그룹 회장은 예전에 프랑스에서 베르사유 Versailles 궁전을 볼 때도 왕의 호화생활이 프랑스대혁명을 자초했다고 느꼈지만 레닌그라드 하궁夏宮 박물관과 동궁冬宮 미술관을 관광하는 과정에서도 러시아 혁명의 필연성을 실감했다는 소감을 밝혔다. 그는 "국민의 고혈을 짜내어 호화장엄한 사치의 극을 이루었으니 혁명은 일어난 것이 아니라 제왕이 자초한 것"[24]이라고 비판하기도 했다. 정주영은 재벌 총수가 된 후에도 여전히 노동자와 농민 같은 민초들에게 동질감과 연대감을 느꼈던 특이한 인물이었다. 그러니 그는 화려한 궁전을 보면서 연신 감탄하는 대신 죽도록 고생했을 민초들부터 떠올렸던 것이다.

정주영의 말처럼 가난했던 옛 시절에 거대한 건축물을 건설했다는 사실은 평범한 백성들의 입장에서 볼 때 결코 자랑할 만한 일이 아니다. 반대로 말하자면 과거의 한국에 거대한 건축물을 지었던 일이 없었던 사실은 부끄러워할 일이 아니라 자랑스러워해야 할 일이다. 이런 맥락에서 『한국인의 성공 DNA』의 저자인 백석기는 "우리 역사상 세계에 놀랄 만한 대규모 토목공사가 없었던 것은 민본주의의 평화사상이 뿌리를 내린 나라이기 때문이다"[25]라고 자랑스럽게 말하기도 했다.

조선왕조실록에 기록된 건축 관련 내용에는 "국가에서 건축을 하려고 할 때는 그때가 농번기인지 아닌지, 농사를 짓는데 백성에게 어려움이 없는지부터 살폈다"[26]라는 내용이 나온다. 왜 조선의 지배층은 백성들에게 어려움이 없는지를 살폈을까? 그것은 지배층이 백성을 위한 정치를 한다는 명분을 내세우고 있었다는 이유도 있었을 것이다. 그러나 더 중요한 이유는 지배층이 백성의 눈치를 살피지 않으면 안 될 정도로 백성의 힘이 강해서 백성을 두려워했다는 데 있다.

많은 사람이 지적하듯이 과거의 일본은 무武, 구체적으로 말하면 사무라이가 힘으로 백성 위에 군림하는 나라였다. 과거 일본 사회의 사무라이는 말을 타고 길을 가다가 근처에 있는 백성을 칼로 베어 죽인 다음 "왜 죽였냐?"라는 질문을 받으면 "칼이 잘 드는지 시험해보았다"라고 대답해도 괜찮았다. 이런 일본 사회에서 살아가는 일본의 민초들은 사무라이의 칼이 두려워 친절한 미소를 띠고 굽신거릴 수밖에 없었다.

만일 과거 한국에서 양반이 길을 가다가 평민을 베고는 "칼이 잘 드는지 시험해보려고 그랬다"라고 말했다면 어떻게 되었을까? 당장 봉기가 일어났을 것이다. 비록 신분차별이 있는 계급 사회였지만, 인간존중 사상이 확고하고 우리로서의 백성의 힘이 강했던 과거의 한국에서는 노비조차 함부로 죽일 수 없었다.

먼 옛날부터 한국의 지배층이 힘으로 백성을 굴복시키려고 하기보다 도덕정치를 표방(물론 이것은 일부 지배층에게 백성을 사랑하고 위하는 마음이 털끝만큼도 없었다는 뜻은 아니다)했던 것은 이러한 이유 때문이다. 고구려의 시조인 동명왕東明王 건국신화에는 동명왕이 세자인 유류왕儒留王에게 '도道로써 나라를 다스리라'라는 유언을 남겼다는 기록이 있다. 광개토왕비의 비석에도 패도覇道가 아닌 왕도王道가 강조되어 있으며 신라의 진흥왕 순수비 중의 하나인 황초령비에도 도덕정치의 중요성이 강조되어 있다.[27]

이처럼 한국의 지배층은 전통적으로 무가 아닌 문文 혹은 도덕으로 백성을 다스리려고 했다. 그 이유는 지배층도 결국 한국인이므로 백성과 똑같이 우리성과 인간중심성이 있었고, 백성들은 높은 주인의식과 권리의식 그리고 우리로서의 힘을 가지고 있었기 때문이다.

인간중심적 양육

한국인은 한국의 역사와 문화를 받아들이면서 인간중심성을 가지게 된다. 여기에 더해 한국인의 인간중심성을 뒷받침하는 것은 한국인 특유의 양육이다. 외국인이 보기에 한국인의 양육방식은 대단히 허용적이다. 이런 한국인의 양육을 어떤 이들은 '허용적 양육'으로, 또 다른 이들은 '기 살려주는 양육'으로 부르기도 한다.

　미국의 유명한 한국학자인 브루스 커밍스Bruce Cumings는 한국의 가정을 방문한 후에 한국인이 자녀를 지나치게 관대하게 대한다고 말했다. 그는 두 아이가 자유로운 새처럼 집 안을 마음대로 헤집고 다녀도 부모는 전혀 아이를 야단치거나 벌을 주려 하지 않았다며 한국인의 허용적 양육방식에 놀라움을 표했다. 커밍스 외에도 많은 외국인이 한국 부모들이 자녀에게 매우 관대하다거나 허용적이라고 말한다. 예를 들면 유니버설 발레단의 국제부장이었던 김린은 한 인터뷰에서 "한국의 엄마들은 서양의 엄마들보다 갓난아이의 울음에 훨씬 더 즉각적이고 적극적으로 반응한다"

라고 말했다. 한국인의 양육이 허용적이라는 것은 외국인과 결혼한 한국 여성들이 "거의 예외 없이 허용하는 양육방식 문제로 남편과 갈등을 겪는 다"[28]라는 사실로도 확인할 수 있다.

한국 부모들은 아이를 거의 끼고 살면서 아이의 반응에 일일이 그리고 즉각적으로 반응하고, 위험하지 않은 한 아이가 무슨 행동을 하더라도 그 것을 허용하는 편이다. 그리고 아이가 조금이라도 귀여운 말과 행동을 하 면 자지러지게 좋아하며 어루만지고 칭찬을 많이 해준다. 나아가 한국 부 모들은 아이가 원하거나 해달라는 것은 다 해주려고 하고, 아이의 감정 표현을 자유롭게 허용할 뿐만 아니라 부모 자신의 감정도 아이에게 적극 적으로 표현하며, 스킨십도 많이 한다.

물론 요즘의 한국 부모들은 자녀의 미래에 대한 심각한 불안으로 인해 아이가 공부할 나이에 도달하면 공부나 사교육을 강요하기 때문에 자식 과의 갈등을 겪는 경우가 많다. 그러나 적어도 한국의 부모들은 아이가 공부할 나이가 되기 전까지는 대단히 허용적인 양육을 하며, 그 후에도 공부와 관련된 것을 제외한 나머지 부분에서는 매우 허용적이다. 한국인 은 옛날부터도 이런 허용적 양육을 해왔던 것 같다. 1653년에 한국에 표 류해온 네덜란드인 헨드릭 하멜Hendrik Hamel은 한국 부모들의 관대한 양육 태도에 관한 기록을 남겼으며, 구한말에 조선을 방문했던 다블뤼 주교도 한국 부모들의 끔찍한 자식 사랑을 인상 깊게 기록하고 있다.[29]

서양은 전통적으로 엄격한 양육을 하는 편이다. 특히 아버지들은 자식 에게 엄격한 훈육을 했는데, 이것은 심리학자 프로이트가 아들의 아버지 살해 욕망을 주장하는 배경이 되기도 했다. 일본의 양육도 상당히 엄격한 편이다. 문화심리학자 가라사와 마유미唐澤真弓는 "일본 어린이들은 어린이 집을 다닐 때부터 지켜야 할 수많은 규칙을 배워야 할 뿐만 아니라, 배우지 못했을 때 강도 높은 비판을 받는다"[30]라고 말했다. 일본의 부모들은 엄격한 양육을 당연하게 여기며 칭찬 같은 긍정적 피드백에 인색한 경향이 있다.

한국인은 왜 허용적인 양육을 하는 것일까? 그것은 인간을 믿고 사랑하는 인간중심성 때문이다. 서양처럼 인간의 마음 깊은 곳에 악이 잠복해 있다고 믿는다면 아이의 마음속에 있는 악이 자라나지 못하도록 계속 감시해야만 하고 수시로 훈계도 해야 한다. 즉 아이를 그대로 풀어놓으면 악마가 될 수도 있으니 허용적인 양육을 하면 안 된다고 믿는다.

민폐를 두려워하는 일본인은 설사 아이라 할지라도 민폐를 끼치는 행동을 절대로 해서는 안 되고, 아이의 좋지 않은 행동을 방치하면 부모가 왕따를 당할 수 있으므로 아이를 통제한다. 반면에 한국인은 인간을 선하다고 믿기에 인간을 좋은 환경에서 그대로 자라게 하면 당연히 아이가 착한 사람이 될 거라고 믿는다. 따라서 특별한 경우가 아니고서는 아이를 통제하거나 혼내지 않는다.

한국인은 또한 인간을 가장 귀중하게 여기는 사상을 가지고 있고 인간의 존엄성을 매우 중시하므로 마땅히 아이도 존중해주어야 한다고 생각한다. 과거 한국인은 배 속에 있는 아이에게도 나이를 매겼다. 즉 배 속의 태아조차 엄연한 인간이라고 생각했다. 아이를 하나의 귀중한 인간으로 대하는 한국인은 아이가 어른에게 혼나면서 자라는 게 당연하다거나, 아이가 당연히 어른의 지배와 통제를 받아야 한다고 생각하지 않는다. 한국인은 평등에 기초하는 우리 관계를 이상적인 관계로 여긴다. 한국인에게는 아이도 당연히 우리 중의 하나다. 따라서 부모는 아이와 지배와 통제의 관계가 아닌 평등한 입장에서 마음의 관계, 사랑의 관계를 맺으려 한다.

지금까지의 논의는 한국 부모들이 관대하고 허용적인 양육을 하는 이유는 한국인이 인간중심성과 우리성을 가지고 있기 때문임을 보여준다. 이런 점에서 한국적 양육을 인간중심적 양육으로 부를 수 있을 것이다.

어려서 부모에게 사랑받고 존중받은 경험은 주체성에 중요한 영향을 미친다. 어려서부터 존중받은 경험이 없는 사람은 성인이 되어서 남에게 존중받지 못하더라도 혹은 무시당하더라도 그것이 문제임을 자각하지 못하고 저항하지 않을 가능성이 크다. 그러나 부모의 사랑과 수용, 인정과 존중 속에서 성장한 사람은 남에게 무시당하면 그것을 인간 존엄성에 대한 침해로 여겨 반발하고 저항하기 마련이다.

이런 점에서 정신건강 문제를 제외한다면 한국인이 무시당하고는 못 살며 자신의 인간적 존엄이 침해당하거나 유린당하는 것을 견디지 못한다. 그리고 높은 권리의식과 주인의식으로 표현되는 한국인의 주체성에는 한국의 인간중심적인 양육이 상당한 영향을 미친다고 말할 수 있다.

3장

감정을 중시하는 한국인

한국에서 오랫동안 외교관으로 근무했던 미치가미 히사시道上尙史는 "한국인의 말과 행동에 가장 영향을 끼치는 것은 법률이나 규칙이 아니다. 국민 정서인 '공기'와 '분위기'다"[31]라고 말했다. 같은 맥락에서 일본의 지식인들은 한국인의 국민성이 감성적이고 즉흥적이며, 열정적이고 자기주장이 강하다는 점을 보고는 라틴인과 비슷하다면서 한국인을 '아시아의 라틴인'이라고 부르기도 한다.

한국에서는 '심판선거'라는 특이한 현상을 빈번하게 관찰할 수 있다. 한국인은 자신이 믿고 기대했던 지도자나 정당이 자신의 기대를 저버리면 심한 배신감을 느낀다. 그리고 나서 지도자나 정당을 응징하기 위해 반대쪽에 표를 던지는 응징투표를 한다. 촛불항쟁 속에서 탄생한 민주당 정권이 개혁에 대한 국민적 열망을 저버리자 민주당이 미워서 윤석열 정권을 탄생시킨 것을 예로 들 수 있다.

한국인이 감정을 중시하고 감정의 영향을 많이 받는다는 것은 한국인을 연구해온 한국인 학자들도 인정한다. 예를 들면 탁석산은 한국에서 가장 엄한 법은 '국민정서법'이라면서 "한국인은 사회제도인 법을 그리 떠받들지 않는다. 그보다 더 근본적인 것은 인간적인 감정"[32]이라고 주장했다. 그에 의하면 한국인은 '좋음'을 최고의 가치로 여기기 때문에 적응력과 포섭력이 뛰어난데, 그 이유는 좋음이 진선미를 아우르는 상위개념이므로 진리, 선, 아름다움 등 그 어떤 영역도 포섭할 수 있기 때문이다.[33] 이런 맥락에서 탁석산은 한국은 진리탐구가 아닌 좋음을 최우선 가치로 놓는 나라라고 말하기도 했다.

한국인이 좋음을 최고의 가치로 삼는다는 말은 곧 한국인이 감정을 중시한다는 뜻이며 나아가 인간을 중시한다는 뜻이다. 좋음은 태도를 표현하는 심리현상인 감정의 문제다. 쉽게 말해 좋다거나 싫다는 것은 태도와 감정의 문제라는 것이다. 감정은 대상중심적인 심리현상이 아니라 인간중심적인 심리현상이다. 나무나 달 같은 어떤 객관적인 대상 그 자체가 좋음이나 싫음이라는 성질이나 속성을 가질 수는 없다. 어떤 대상에 대해 좋다거나 싫다는 감정을 느끼는 주체는 어디까지나 인간이다. 따라서 인간이 없다면 좋음이나 싫음도 있을 수 없다. 좋음의 기준이 인간중심적 심리인 감정이므로 좋음을 최고의 기준으로 삼는다는 것은 곧 인간 또는 인간의 감정을 중심으로 세계를 대한다는 말과 같다.

한국인은 왜 감정을 중시할까

한국인은 인간을 가장 중시한다. 그렇기 때문에 한국인은 인간중심적인 심리인 감정도 중시한다. 감정이란 사물현상에 대한 사람의 태도를 다양한 정서로 나타내는 심리현상이다.

여기서 태도는 사람이 어떤 대상에 대해 가지는 심리적 자세와 입장이다. 태도에 가장 큰 영향을 미치는 것은 인간의 요구(욕망)다. 사람은 자신의 요구를 실현할 수 있는 대상에 대해서는 긍정적 태도를 형성하고, 자신의 요구 실현을 방해하는 대상에 대해서는 부정적 태도를 형성한다. 예를 들면 사람에게는 존중받고 싶은 요구가 있기 때문에 사람은 자신을 존중해주는 사람에게 긍정적 태도를 보이지만 자신을 무시하는 사람에게는 부정적 태도를 보인다. 감정은 바로 이 태도를 나타내는 심리현상이다. 즉 사람은 자신의 태도를 자신을 존중해주는 사람에게는 긍정적인 감정으로 나타내고, 자신을 무시하는 사람에게는 부정적인 감정으로 나타낸다는 것이다. 지금까지 살펴보았듯이 감정은 사람의 요구를 직접적, 즉각적으로 대변하고 드러내는 심리현상이다. 인간에게 가장 중요한 것은 자신의 요구(욕망)다. 따라서 한국인이 감정을 중시한다는 것은 곧 한국인이 인간을 중시한다는 것을 의미한다. 한마디로 한국인이 감정을 중시하는 특성을 지니게 된 것은 인간중심성의 필연적 결과다.

한국인을 연구해온 상당수의 연구자는 한국인이 주관성이 강한 민족이라고 주장한다. 문화심리학자 한민은 일본인은 정해진 외적 기준을 따를 때 바람직하다고 생각하지만 한국인은 정상적이고 바람직함을 판단하는 데 주관적인 기준을 상당히 따른다면서 "내가 경험한 어떤 일이라도 내가 마음을 쓰지 않으면 별일이 아닌 게 되고, 내가 마음을 쓰면 중요한 일이 되는 것"[34]이라고 말했다.

한국인이 주관성이 강하다는 것도 한국인이 인간중심적이고 감정적이라는 것을 의미한다. 주관은 어디까지나 인간의 주관이고 감정은 주관적인 심리현상이기 때문이다. 감정은 인간중심적인 주관적 심리현상이다. 사람은 자신의 요구에 기초해 생활 속에서 여러 대상을 접하면서 그 대상이 자신에게 이익이 되는지 아니면 해가 되는지를 판단(가치평가)해 그 대상에 대한 태도를 형성하며 그것에 기초한 감정을 체험한다.

두 가지만 예를 들어보자. 사람은 배가 고플 때(음식에 대한 요구) 맛있는 음식을 보면 긍정적인 감정을 체험하고, 음식을 빼앗기면 부정적인 감정을 체험한다. 어떤 정당이 총선에서 승리하기를 바라는데 그 정당이 승리하면 긍정적인 감정을 체험하고, 패배하면 부정적인 감정을 체험한다. 그런데 이런 감정은 인식과 달리 사람마다 다를 수 있다. 사람은 자신이 접하는 여러 대상에 대해 단지 그것이 무엇인가를 인식하는 것에 그치지 않고 그것에 대한 태도를 형성한다. 이때 사물현상 그 자체를 반영하는 인식은 모든 사람이 동일한 내용을 보인다.

예를 들면 개를 모든 사람은 개라고 인식한다. 그러나 개에 대한 감정은 사람마다 다를 수 있다. 사람마다 개에 대한 태도가 다르기 때문이다. 이러한 이유 때문에 어떤 사람은 개를 보면 긍정적인 감정을 체험하지만 다른 사람은 개를 보면 부정적인 감정을 체험한다. 지금까지의 논의는 객관적인 인식과 달리 그것이 개인이든 아니면 집단이든 간에 감정은 인간중심적이고 주관적이라는 것을 보여준다.

개를 늑대로 오해하는 것처럼 인식도 다소 주관적일 수 있지만 개를 고래로 오해하기 힘든 것처럼 인식의 주관성에는 분명한 한계가 있다. 즉 인식은 기본적으로 객관적이다. 하지만 감정은 그렇지 않다. 남들이 아무리 좋다고 하더라도 내가 싫으면 그만이고 그것이 문제되지 않는 것이 바로 감정이다. 이런 점에서 감정이야말로 주관성의 가장 중요한 원천이라고 말할 수 있다. 결론적으로 한국인이 주관성이 강하다는 것은 곧 한국인이 감정적이다 혹은 감정을 중시한다는 말과 통한다.

한국인은 인간을 가장 귀중하게 여긴다. 따라서 인간에게 가장 중요한 요구(욕망)를 특별히 중시하며 그것을 직접적, 즉각적으로 대변하는 감정도 중시한다. 전통적으로 한국인은 감정을 가장 인간적인 심리 중의 하나로 간주하면서 중시해왔다. 이를 두고 최상진은 "한국인은 감정의 종류와 관계없이 감정 자체는 순수하고 진실한 것으로 받아들이는 감정 신성관을 가지고 있다"[35]라고 말하기도 했다.

반면에 서양인은 전통적으로 감정을 터부시해왔다. 앞에서 언급했듯이 서양인은 이원론에 입각해 인간을 동물적 육체와 신성한 영혼을 가진 존재로 이해했다. 그들은 감정을 동물적 육체에서 비롯되는 동물적인 것으로 보았기에 감정을 터부시했다.

물론 심리학 연구가 심화, 발전하면서 요즘에는 서구의 심리학자들도 감정의 중요성을 인정하는 추세다. 하지만 여전히 서구의 지식인들은 감정은 나쁜 것이고 이성은 좋은 것이라는 암묵적인 신념을 가지고 있다. 그런 서양인의 눈에는 감정을 중시하는 한국인을 이상하거나 미개한 것처럼 볼지도 모른다. 그러나 그것은 감정의 본질을 이해하지 못하고 있는 서양인의 무지와 편견에서 비롯된 것이다. 감정을 중시하는 것 자체를 절대로 나쁘다고 말할 수 없다. 감정의 가치를 결정하는 것은 요구다. 건전한 요구에 기초하는 감정은 고상하고 아름답지만 병적인 요구에 기초하는 감정은 저속하고 추하다. 따라서 감정을 중시할 것인지를 결정하는 게 중요하지 않고 사회가 건강하고 그에 따라 사회 구성원들이 건전한 요구를 하고 살아가는 것이 중요하다.

감정의 진폭이 큰 한국인

한국인을 접해본 외국인은 한국인의 감정의 진폭이 크다고 말한다. 다수의 한국인 연구자도 '한국인은 다혈질이다' '한국인은 자극에 즉각적인 반응을 보인다' '한국인은 화를 잘 내지만 화를 쉽게 푼다' '한번 불이 붙으면 손해를 보는 한이 있어도 기분을 낸다'라는 등으로 표현하며 한국인의 감정적인 변화가 크다고 지적한다.

한국인의 감정의 진폭이 큰 것 혹은 감정적인 변화가 심한 것은 한국인을 역동적으로 보이게끔 만드는 주요한 원인 중의 하나다. 사람들은 감정 변화가 거의 없는 사람을 역동적이라고 표현하지 않는다. 반면에 슬프면 땅을 치면서 펑펑 울고, 즐거우면 만세를 부르면서 펄쩍펄쩍 뛰는 사람을 볼 때 역동적이라고 표현한다.

한국인의 감정의 진폭이 큰 것은 무엇보다 한국인의 자기 요구가 매우 강하다는 것과 관련이 있다. 우리성과 주체성이 강한 한국인은 자신의 요구를 쉽게 접지 않을 뿐만 아니라 반드시 실현하려고 한다. 요구가 강하면 그만큼 감정의 강도도 강해진다. 그 결과 행동이나 활동도 활발하고 강해진다. 이것은 역동성의 근원에 한국인의 강렬한 요구와 강한 감정이 있다는 것을 보여준다.

요구의 강도는 개인보다 집단일 때 강해진다. 개인적 요구의 강도가 강할 수는 있지만 그것은 집단적 요구에 비할 바가 못된다. 예를 들면 맛있는 저녁을 먹었으면 좋겠다는 개인적 요구가 제아무리 강해도 한국팀이 월드컵 16강에 진출하기를 바라는 집단적 요구에 못 미친다. 가장 강렬한 요구는 집단, 특히 우리의 요구다.

한국인은 강한 우리성을 가졌기 때문에 개인의 요구보다 집단의 요구, 우리의 요구를 더 중시한다. 따라서 한국인의 요구 강도는 아주 강할 수밖에 없다. 한국인의 감정의 진폭이 큰 것은 요구의 강도가 강하기 때문이고, 요구의 강도가 강한 것은 한국인이 우리의 요구를 중시하기 때문이다. 이것은 역동성이 감정만의 문제가 아니라 우리성과도 밀접한 관련이 있다는 것을 의미한다.

한국인의 감정의 진폭이 큰 것은 한국인이 솔직하게, 적극적으로 감정 표현하는 것과도 관련이 있다. 일부 연구자들은 한국인이 통상적으로 감정을 억압하면서 살아간다고 주장한다. 그리고 그로 인해 화병이라는 한국인만의 병을 앓는다고 말하기도 한다. 이를 바꾸어 말하면 한국인이 감정 표현을 하지 못하게 되면 매우 좋지 않다는 것을 의미한다. 다시 말해 한국인은 원래 솔직하게, 적극적으로 감정 표현을 하는 사람들이므로 감정 표현을 하지 못하면 화병에 걸린다는 것이다.

감정 표현을 잘 안 하기로는 일본인이 한국인보다 훨씬 더하다. 그렇지만 일본인은 화병을 앓지 않는다. 왜냐하면 일본인은 감정을 억제, 억압하는 생활에 익숙하기 때문이다. 민성길, 이시형 등은 화병을 앓는 사람들이 주로 고령자, 여성, 저학력층이라고 지적했다.[36] 이것은 화병이 감정 표현을 하지 못하는 것과 밀접한 관련이 있음을 강력히 시사해준다. 봉건적 문화가 심한 가정에서 살아가는 며느리나 학력이 낮아 사회적 약자의 처지에 놓여 있는 사람들은 자기 마음, 특히 감정을 마음대로 표현할 수 없어서 결국 화병을 얻는다.

한국인은 감정 표현을 억압받지 않는다면 솔직하게, 적극적으로 감정을 표현한다. 문화비교 연구자들은 한국인이 단지 일본인만이 아니라 서양인에 비해서도 화를 내거나 푸는 것을 잘한다고 말한다.[37] 장례식에서 유족들이 큰 소리로 울부짖으며 통곡하는 것은 한국에서 드문 일이 아니다. 그러나 이런 장면을 보면 일본인은 당혹해한다. 일본에서는 장례식에서 소리를 내어 통곡하는 일이 거의 없고 조용하게 장례를 치르는 것을 좋게 보기 때문이다. 이런 두 나라 간의 차이는 세월호 참사 당시 자식을 잃은 한국 부모들이 땅에 주저앉아 발을 구르면서 큰 소리로 통곡했던 모습과 사고로 자식을 잃은 일본 부모들이 카메라를 쳐다보면서 애써 웃음을 짓는 모습을 비교해보면 금방 알 수 있다.

한국인은 가족, 친지, 친구 같은 사적 관계에 있는 사람들 혹은 우리 관계로 간주하는 사람들 앞에서는 솔직하고 거침없이 자기의 감정을 드러낸다. 반면에 일본인은 가족이나 친구처럼 잘 아는 사람들일지라도 그들에게 자기의 개인적 감정을 표현하는 것을 꺼리는 경향이 강하다.[38] 한국인은 흥분하면 큰 소리로 싸우고는 금방 웃으며 화해하지만 일본인이 큰 소리로 싸운다면 그것은 다시는 보지 않겠다는 결심이 선 후에나 있을 수 있는 일이다.[39] 한국의 영화나 드라마도 감정 표현이 과감하고 강한 것으로 유명하다. 한국 영화나 드라마의 등장인물들은 툭하면 울고 웃거나 폭발적으로 화를 내는 식으로 감정을 거침없이 드러낸다. 이런 모습들은 한국인이 솔직하게, 적극적으로 감정 표현을 한다는 것을 보여준다. 우리 문화권에서 살아왔고 우리 관계를 중시하는 한국인은 감정 표현을 하지 않는 것을 바람직하지 않다고 생각한다. 자기 마음을 솔직하게 드러내지 않는 것은 우리 관계를 거부하는 것으로 간주될 수 있기 때문이다.

감정 표현에 적극적인 한국인은 감정 표현을 긍정적으로 대한다. 다시 말해 감정 표현을 너그럽게 대할 뿐만 아니라 그것을 좋게 보는 경향이 있다. 만일 한국인이 감정 표현을 싫어했다면, 즉 한국에 감정 표현을 꺼려하거나 싫어하는 문화가 있다면 한국인이 감정을 솔직하게, 적극적으로 표현하기란 어려웠을 것이다.

한국은 술주정에 관대한 걸로 유명하다. 직장에서는 부하 직원을 엄격하게 대하는 직장 상사조차 술자리에서는 술에 취한 부하 직원이 다소 심한 말을 하고 거칠게 감정을 표현해도 그러려니 해준다. "자, 지금부터 우리 계급장 떼고 실컷 마셔보자"라는 말에서 알 수 있듯이 술자리는 계급장을 잊게 만들어 사람들을 평등한 술동무로 만듦으로써 우리의식을 강화한다. 그래서 한국인은 술자리에서 속마음을 토로하는 것이나 감정 표현을 자연스럽고 당연한 것으로 받아들인다. 물론 술자리가 끝난 다음 날 업무에 복귀하면 술자리가 만들어주었던 일시적인 우리는 사라지므로 부하 직원들은 다시 자기의 속마음이나 감정을 잘 드러내지 않는다. 참고로, 술자리가 너무 빈번하면 술자리의 우리가 공적인 관계에 영향을 미쳐 양자 사이의 경계가 흐려질 수도 있다.

한국인은 감정 표현이 없거나 부족하면 진심이 없다고 느끼며 싫어하기도 한다. 대표적인 것이 바로 한국의 사과 문화다. 한국에서는 사회적 저명인사나 공직자가 사회적 물의를 일으켜 사과할 때 우는 것을 적극 장려한다. 만약 그가 울지 않으면 진심으로 사과하지 않는다고 욕을 먹으며, 가짜로 우는 것 같으면 연기하고 있다고 더 심하게 욕을 먹는다.

한국인이 감정을 솔직하게, 적극적으로 표현하는 것은 감정 표현의 동기 혹은 목적과도 관련이 있다. 개인주의적인 서양인의 감정을 표현하는 동기나 목적은 자신의 이익이나 상대방으로부터 무엇인가를 얻어내려는 데 있다. 예를 들면 분노를 표현하는 동기나 목적은 겁을 주어 상대방을 지배하고 복종시키거나 자신이 원하는 것을 순순히 내놓도록 하기 위해서다.

반면에 우리주의적인 한국인이 감정을 표현하는 주요한 동기나 목적은 자기 마음을 상대방에게 전달하는 데 있다. 최상진은 "한국인의 화내기는 화내기 그 자체보다 화의 토로 혹은 표현이 주요 목적이라면서 한국인의 분노 표출에는 화해하자는 뜻이 담겨 있는 경우가 많다"라고 말했다.

한국인과 달리 서양인이나 일본인이 화를 내는 것은 상대방에 대한 공격이나 적대감을 의미한다. 문화비교 연구자들은 한국인이 일본인이나 서양인에 비해 화도 잘 내고 화를 잘 풀기도 한다고 지적한다. 이것은 한국인이 화를 내는 목적이 상대방을 공격하거나 비난하는 데 있는 것이 아니라 자신의 마음을 '전달'함으로써 화해하려는 데 있음을 의미한다.[40]

앞서 강조했듯이 우리 관계는 타산적, 계산적 관계가 아니라 서로의 마음을 알아가며 한마음이 되는 관계다. 한국인은 무엇보다 상대방에게 자신의 마음을 전달함으로써 상대방이 자기 마음을 알아주기를 바란다. 이러한 이유 때문에 일상적으로 또 거리낌 없이 감정을 표현하는 것이다.

한국인이 외국인에 비해 화를 잘 내고, 풀기도 잘 하는 이유는 화를 내는 목적이 외국인과 다르기 때문이다. 한국인이 화를 내는 목적은 기본적으로 상대방에게 자기 마음을 전달하는 데 있다. 따라서 상대방이 "어, 화났어? 미안하다. 그런 뜻이 아니었는데"라고 말하며 자기 마음을 알아주기만 하면 한국인은 금방 화가 풀린다. 한국인이 감정의 진폭이 큰 것은 이처럼 감정 표현의 기본적인 동기나 목적이 자기 마음을 상대방에게 알리는 데 있다(그 근본 목적은 우리 관계를 확인하고 유지, 발전시키는 것이다)는 것과 관련이 있다.

한국인은 서로의 마음을 주고받는 것을 중시하기 때문에 공감능력이 대단히 우수하다. 한국인은 상대방의 마음을 알아채고 그것에 공감하며 나아가 상대방의 마음과 자기 마음을 동일화(일심)하는 능력이 탁월하다. 이러한 특성 때문에 한국인이 감격이나 감동을 잘할 수밖에 없다. 한국인은 드라마를 볼 때 등장인물과 하나가 된다. 즉 나와 등장인물이 일심동체의 우리가 되어 등장인물이 웃으면 같이 웃고, 울면 같이 운다.

사람은 감정을 체험하면 그것에 부합되는 행동(여기에는 감정을 표현하는 것도 포함된다)이나 활동을 하게 되는데, 이 과정을 거치며 감정이 해소된다. 쉽게 말하자면 아이가 너무나 사랑스러우면 뜨겁게 포옹을 해주고, 너무나 화가 나면 길가의 쓰레기통이라도 걷어차야 감정이 해소된다는 것이다.

강도 높은 감정을 체험하거나 특정한 감정을 지속적으로 체험하고 있는데도 아무런 행동이나 활동도 하지 않으면, 감정이 쌓여 마음에 병이 생길 수도 있다. 한국인이 감정의 진폭이 크다는 것은 강도 높은 감정을 자주 체험한다는 것을 의미한다. 강도 높은 요구를 반영하는 강도 높은 감정은 사람들을 요구나 욕망을 빨리 실현하도록 만든다. 한국인이 일단 마음이 동하면 쇠뿔도 단김에 빼는 것을 선호하는 것은 이러한 이유 때문이다.

감정의 진폭이 크고 감정을 중시하며 감정의 영향을 많이 받는 한국인의 특성은 '빨리빨리'의 원인으로도 작용한다. 1904년의 러·일전쟁 시기에 종군기자로 한국을 방문했던 잭 런던Jack London은 『조선사람 엿보기』라는 저서에서 조선말에는 속도와 관련된 말이 적어도 20개 이상 있다면서 '바삐' '얼른' '속히' '얼핏' '급히' '냉큼' '빨리' '어서' 등을 예로 들고 있다.[41]

'빨리빨리' 문화는 한국인이 감정의 영향을 많이 받는 것과 관련이 있다. 감정은 인식(사고)과 달리 아주 빨리, 즉각적으로 발생한다. 상대방이 자신을 무시하는 말을 하면 상대방이 왜 그런 말을 했고, 그것이 어느 정도로 문제 있는 말인지를 인식하기 전에 즉각 불쾌해지거나 화가 난다. 이것은 감정이 인간에게 가장 중요한 요구의 실현이나 좌절을 즉각적으로 알려주는 역할을 한다는 것을 의미한다. 이러한 이유 때문에 감정은 인간에게 가장 중요한 요구의 실현 여부를 즉각적으로 알려준다는 장점이 있다. 그러나 그만큼 오판의 위험성도 크다. 감정은 인식과 달리 그 속도가 매우 빠르게, 즉각적으로 발생하는 심리다. 따라서 감정의 영향을 많이 받는 한국인의 말과 행동, 생활과 활동은 특정한 상황에서 빠를 수밖에 없으며 그것을 대변하는 말이 바로 '빨리빨리'다.

소위 한국인 특유의 '빨리빨리'는 그 기저의 요구가 무엇이냐에 따라 순기능을 할 수도 있고 역기능을 할 수도 있다. 요구가 건전할 경우 긍정적인 결과가 빠른 속도로 나타난다. 한강의 기적으로 일컫는 한국의 빠른

경제성장 속도와 천리마운동과 같은 북한 특유의 속도전을 예로 들 수 있다.

반대로 요구가 건강하지 않을 경우에는 조급성, 조바심, 인내심 부족 등으로 나타날 수 있다. 식당에서 음식을 주문한 지 5분 만에 음식이 나오지 않는다고 소리를 지르는 것, 신호등이 파란색으로 바뀌고 2초가 지나는 순간 뒤차들이 경적을 울리는 것 등을 예로 들 수 있다.

과거에는 '빨리빨리'를 대체로 나쁜 것으로 간주했지만 요즘에는 좋은 것으로 간주하는 경향이 있다. 만일 한국 사회가 평등하고 화목한 사회가 되어 한국인의 마음이 건강해지고 사회적 차원에서 우리 집단이 만들어질 수 있다면 한국인 특유의 빠른 속도는 큰 자산이 될 수 있을 것이다.

신바람과 흥

한국인이 음주·가무를 즐기는 민족이라는 사실은 먼 옛날부터 주변 국가들에까지 널리 알려져 있었다. 예를 들면 중국 진나라의 진수가 쓴 『삼국지위서』의 '동이' 부분에는 '동이 사람들은 농사 절기에 맞추어 하늘에 제사하고 밤낮으로 음주·가무를 즐겼다'[42]라는 기록이 있다. 이 외에도 중국의 많은 옛 문헌에 동이족이 음주·가무를 즐겼다는 기록이 있다. 한국인이 음주·가무를 즐기는 민족이라는 것은 오늘날 한국의 밤거리를 돌아보거나 노래방에 가보기만 해도 쉽게 확인할 수 있다.

한민은 한국인에게 음주·가무(아이들의 경우에는 가무)는 일상이라고 말한다. 그에 의하면 한국인은 유치원에서부터 대학교 졸업에 이르기까지 장기자랑을 하며, 친인척들이 모이면 당연히 아이들은 노래와 춤을 추고 어른들도 술이 한잔 들어가면 어김없이 춤판을 벌인다. 잔치에는 항상 밴드가 초청되며, 관광버스나 관광지에서도 노래를 부르고 음악에 맞추어 춤을 춘다. 이렇게 한국인의 놀이에는 항상 노래가 있고 춤판이 벌어진다.

한국인이 음주·가무를 즐기는 이유는 한국인이 우리가 되었을 때 가장 행복한 사람들이기 때문이다. 사람들은 기분 좋고 흥이 날 때 신바람이 나서 술을 마시고 노래하며 춤을 춘다. 기분이 울적하면 혼자서 술을 마시는 사람은 있겠지만, 그 울적한 기분을 달래려고 혼자서 노래를 하고 춤을 추는 사람은 없다. 만일 세상과 단절된 채 살아가는 누군가가 자기 혼자 흥이 나고 신바람이 나서 술을 먹고 노래를 하며 춤을 춘다면 그 사람은 십중팔구 정신이 이상한 사람이다.

한국인은 혼자가 아니라 우리가 되었을 때 가장 기분이 좋고 흥이 나고 신바람이 난다. 그래서 그 순간의 행복을 극대화하기 위해 함께 술을 마시고 노래를 하며 춤을 춘다. 디자인 사이트인 '디자인 읽기'의 운영자인 김선미는 흥의 순간들을 관통하는 공통점이 '우리'라는 정서라고 강조하면서 "한국 문화에서의 흥이 서양 문화와는 달리 모두가 하나로 뒤엉키고 섞여 서로 이해하고 화해를 하는 데서 나온다"[43]라고 말했다. 통속적으로 표현하자면 한국인이 흥분하는 순간은 우리가 되었을 때 혹은 우리주의 심리가 극대화되었을 때다.

우리를 가장 중시하며 우리를 열망하는 한국인은 모두가 우리가 되는 순간 기뻐서 어쩔 줄 몰라 하며 미칠 듯이 신이 난다. 2002년의 열정적인 월드컵 거리 응원은 이를 잘 보여준다. 비록 일시적일지라도 우리는 한국인을 들뜨게 하기에 충분하다. 그래서 다들 이 우리가, 이 순간이 영원히 지속되었으면 하고 바란다. 한국인이 일단 술의 힘 덕분에 우리가 되었다 싶으면 우리가 사라지는 게 너무나도 아쉬워서 2차, 3차를 가려고 하는 것은 이러한 이유 때문이다. 한국인의 음주·가무 문화나 한국인 특유의 신바람이나 흥은 한국인의 우리성과 인간중심성의 중요한 특징인 감정을 중시하는 특성이 조우한 결과다.

　한국인은 인간을 가장 귀중하게 여기고 인간의 존엄성을 중시하며, 인간을 너무나 좋아해 인간과 함께할 때 가장 행복한 사람들이다. 이런 한국인이 인간보다 돈이 우선시되는 세상, 인간관계의 악화로 서로를 적대시하고 차별하며 무시하는 세상에서 살아가고 있다. 우리 한국인은 이런 세상을 과연 언제까지 제정신으로 견뎌낼 수 있을까?

3부

비종교

한국에서는 청춘남녀가 연애할 때 상대방의 종교를 묻지 않는다. 설사 믿는 종교가 달라도 별로 개의치 않는다. 물론 두 사람이 결혼하기로 결정했을 때는 문제가 될 수 있다. 예를 들면 남자는 불교를 믿고 있고 여자는 기독교를 믿고 있는데, 여자 집안이 꽤 독실한 기독교 집안이어서 다른 종교를 가진 배우자를 꺼릴 수도 있다. 이럴 경우 한국의 청춘남녀들은 이 문제를 어떻게 해결할까? 남성이 "너희 부모님들이 그러서? 그럼 내가 내일부터 교회에 나가지"라고 말하며 기독교로 개종한다. 이런 장면은 한국인이 종교를 사랑이나 결혼보다 덜 중요하게 여기기에 가능한 일이다.

하지만 외국이라면 이런 장면을 찾아보기 매우 힘들다. 종교성이 강한 외국인에게 개종은 그동안 굳게 믿어왔던 세계관과 가치관을 포기하고, 익숙해져 있는 생활양식을 바꾸어야 하고, 자신이 속해 있던 커뮤니티에서 나오거나 배척을 당해야만 하는 심각한 사건이다. 한마디로 외국인에게 개종은 인생이 크게 요동치거나 뒤바뀌는 문제이고 심한 경우 사회적 고립까지도 각오해야 할 정도로 심각한 문제다.

반면에 한국인에게 개종은 그다지 심각한 문제가 아니다. 한국인은 교회에 다니다가 마음에 안 들면 절에 다니기도 하고, 내심은 무신론자이면서 부모님에게 효도하기 위해 성당에서 세례를 받기도 하며, 결혼을 위해서 기존의 종교를 포기하기도 한다. 『극단의 한국인, 극단의 창조성』의 저자인 신광철의 말처럼 "교회에 다니면서 점을 보기도 하고, 제사를 지내면서 절에 가기도 한다. 예의는 유학적이면서 행동은 기독교적으로 하는 것이 한국인"[1]인 것이다.

한국인에게 종교가 그리 중요하지 않다는 것은 한국에 종교분쟁이 거의 없다는 점에서도 확인할 수 있다. 2005년의 인구주택총조사 자료를 보면 한국인 중에서 불교 신자는 22.8%, 기독교 신자는 18.3%, 천주교 신자는 10.9%, 무교는 46.7%다. 통계로 보면 그야말로 한국은 세계적으로 매우 드문 다신교 사회다. 문명화가 덜 된 사회를 제외한다면, 지구촌에 존재하는 대부분의 안정된 국가는 다신교 사회가 아니라 지배적인 종교가 있는 일신교 사회다.

예를 들면 미국은 기독교인의 비중이 무려 80%이고, 인도는 힌두교도의 비율이 80%이며, 아랍 국가들은 이슬람교도의 비율이 거의 100%에 육박한다. 물론 이런 나라들도 대부분 법적으로는 종교의 자유를 인정하지만 실질적인 종교의 자유는 없다고 보는 것이 옳다. 미국만 해도 기독교를 믿지 않는 사람은 여러 불이익이나 소외를 각오해야 하기 때문에 미국인이 기독교가 아닌 다른 종교를 자유롭게 선택하기란 쉽지 않다. 이론 물리학자인 스티븐 호킹이 자신의 이론 때문에 무신론자라는 비난을 받았던 것에서도 알 수 있듯이 미국에서는 무신론자로 살아가는 것이 여의치가 않다.

한국에서는 불교를 믿었거나 무신론자였던 한국인이 미국으로 이민을 가면 거의 예외 없이 교회에 나가는 것은 이러한 이유 때문이다. 이런 점에서 한국은 실질적인 종교의 자유가 있는 아주 드문 다신교 국가 혹은

——— 3부 비종교

비종교 국가라고 할 수 있다. 한국인은 다양한 종교를 믿고 있지만 한국에 종교분쟁은 거의 없다. 종교인과 비종교인 사이의 분쟁도 없다. 이것은 한국인이 열렬하게 진심으로 종교를 믿지는 않는다(심리학적으로 말하자면 종교가 무의식까지 지배하지 못한다)는 것 그리고 인간관계를 악화시키거나 포기할 정도로 종교를 중시하지는 않는다는 것을 의미한다. 종교인들에게는 실망스러운 소식일지도 모르겠지만 한국인은 비종교적이다.

인간을 위한 종교

서양인은 신으로부터의 인간해방을 추구했던 르네상스나 계몽주의가 있었을 정도로 기독교의 영향을 크게 받아왔다. 역사적으로 서양의 왕들은 교황과 같은 종교지도자로부터 왕위를 인정받았고 오늘날의 국가지도자들도 즉위식에서 성경에 손을 얹고 선서를 한다. 한국은 역사적으로 왕들이 종교지도자로부터 왕위를 인정받은 적이 없었고 오늘날의 한국 대통령 역시 성경에 손을 얹고 선서를 하지 않는다.

서양에서는 결혼식이나 장례식 등을 기독교식으로 치르고 그런 행사를 목사나 신부가 주관한다. 한국에서는 종교를 믿는 집안은 결혼식이나 장례식에서 종교적 방식이 일부 가미되지만, 결혼식에서의 폐백이나 장례식에서의 염은 기본적으로 전통적인 관습을 따른다. 미국의 법정에서는 성경에 손을 얹고 진실만을 말하겠다는 선서를 하지만 한국에서는 그런 장면을 볼 수 없다.

서양은 또한 공휴일 중에서 상당수가 종교적 기념일과 관련이 있지만 한국은 성탄절과 부처님 오신 날을 빼면 종교와 관련된 공휴일은 없다. 개천절을 굳이 단군을 믿는 종교와 관련이 있는 날로 치더라도 3개뿐이다.

일본이 '불교와 신도神道의 나라'로 불리는 것에서 알 수 있듯이 일본인은 한국인에 비해 종교성이 강하다. 일본에는 수많은 신사神社가 있고 그곳에 가면 소원을 빌고 있는 사람들의 모습을 흔하게 볼 수 있다. 아직도 일본의 농촌에서는 길 가던 사람들이 길모퉁이에 조그마한 돌부처 앞에 서서 두 손을 모으는 모습을 볼 수 있다. 중국인도 한국인에 비하면 상대적으로 더 종교적(사회주의 혁명 이후의 중국조차 그러하다)이다. 예를 들면 중국의 드라마를 보면 중국인이 관운장 같은 신상을 집에 모셔놓고 틈만 나면 두 손을 모아 인사를 드리거나 소원을 비는 모습이 나온다. 한국에는 십자가를 걸어놓고 사는 집은 많지만 틈틈이 십자가를 바라보며 성호를 긋거나 기도를 하는 집은 흔치 않다.

한국인도 먼 옛날부터 종교를 믿어왔다. 즉 한국인도 집단적으로는 기우제나 굿을 해왔고, 개인적으로는 정화수를 떠놓고 천지신명天地神明이나 삼신할미에게 소원을 빌어왔다. 그러나 한국인의 마음속 우선순위는 항상 신보다 인간이 높았다. 비유하자면 서양인에게 신은 항상 가슴에 품고 다녀야만 하는 신성한 필수품이라면 한국인에게 신은 필요로 할 때만 벽장에서 꺼내 잠깐 사용했다가 다시 벽장에 넣어두는 기호품이다.

한국인은 평소에는 큰 제를 자주 지내지 않았다. 계속해서 비가 오지 않아 가뭄이 들면 그때야 부랴부랴 기우제를 지냈다. 한국인은 평소에 절에 뜨문뜨문 갔다. 결혼을 하고도 자식이 들어서지 않으면 그때야 100일 기도를 하러 부리나케 절을 찾았다. 평소에는 모르쇠 하고 지내다가 인간이 필요로 할 때 신을 찾은 것이다.

서양인은 인간을 신을 위한 도구로 여겼다. 기독교를 믿지 않는 사람을 이단이라고 낙인찍어 죽였던 것은 이를 너무나 잘 보여준다. 반면에 한국인은 표면적으로는 신을 떠받들기도 했지만, 내심으로는 신을 인간을 위한 도구로 여겼다. 한국에서는 특정한 종교를 믿지 않는다고 해서 사람을 죽이는 일은 없었다. 역사적으로 한국에서 종교와 관련된 탄압은 조선 시대 후기의 천주교인에 대한 탄압밖에 없다. 그러나 그것은 일부 한국인이 천주교를 믿어서가 아니라 당시의 수구적인 지배층이 천주교인들을 체제를 위협하는 세력으로 인식한 것이 원인이었다. 한마디로 천주교인에 대한 박해는 본질적으로 종교탄압이라기보다는 오늘날의 색깔 공격이나 종북몰이와 같은 공안통치의 산물이라는 것이다.

한국인은 신이나 종교가 인간의 정신과 삶을 온전히 지배하는 것을 허용하지 않았다. 왜냐하면 먼 옛날부터 한국인에게는 종교의 역할을 대신해준 우리가 있었고 한국인은 인간을 가장 귀중한 존재로 여기는 인간중심주의자였고 지금도 그러하기 때문이다.

종교 혹은 신은 독실한 소수의 종교인을 제외한다면, 한국인의 의식에는 일부 영향을 미칠지 몰라도 한국인의 무의식은 지배하지 못하고 있다. 이것은 해방 이후에 급격히 교세를 넓힌 기독교의 경우에도 마찬가지다. 철학자 탁석산은 지난 1세기 동안 한국에서 교세를 크게 확장한 기독교조차도 한국인의 삶의 양식을 바꾸지 못했다면서, 한국인의 삶의 양식에서의 "근본적인 변화는 서양의 삶의 양식을 따라간 것에서 비롯된 것이지 기독교 때문은 아니다"[2]라고 강조했다.

많은 사람이 어떤 종교이든 간에 일단 종교가 한국에 들어오면 기복祈福신앙으로 전락해버린다고 한탄한다. 심하게 말하자면 종교를 믿는 대부분의 한국인이 '사이비'라는 것이다. 한국에서는 대학입시 기간에 가까워지면 많은 학부모가 절에 가서 등을 달고 절을 올리면서 자녀의 대학 합격을 기원한다. 가까운 이가 중병에라도 걸리면 평소에는 잘 나가지 않던 교회나 성당에 열심히 나가 기도한다. 어떤 종교이든 간에 한국에 들어오면 기복신앙으로 전락한다는 것은 한국인이 왜 종교를 믿는지를 잘 보여준다. 한국인은 인간을 위해서 종교를 믿는다. 따라서 그 종교가 인간에게 도움이 되지 않으면 언제든지 다른 종교로 갈아탈 수 있다.

물론 개인주의가 심해진 신자유주의적 자본주의 사회인 오늘날의 한국에서 살아가는 한국인은 대부분 개인주의적인 이익이나 복을 빌기 위해서 종교나 신을 필요로 한다. 그러나 이것은 인간을 위해서 종교를 필요로 하는 한국인의 비종교성의 부정적인 측면일 뿐이다. 전통적으로 한국에서는 그것이 어떤 종교이든 종교가 한국인의 마음, 특히 무의식에서는 인간을 대신할 수 없었고 인간 위에 군림할 수도 없었다.

현세주의

한국인이 비종교적이라는 것은 한국인이 내세를 믿지 않는 것 혹은 내세관이 불분명한 것에서도 드러난다. "한국 사람은 죽을 때 다정한 사람의 손을 잡고 죽는데, 유럽 사람은 괴테의 죽음처럼 빛을 찾으며 죽는다"[3]라는 말이 있다. 한국인이 가까운 사람의 손을 꼭 쥐고 죽음을 맞는 것은 정들었던 사람들과 이별하는 것이 아쉬워서다.

반면에 기독교도인 서양인은 죽으면 하느님을 만나러 간다거나 하느님의 심판을 받으러 간다고 생각한다. 즉 서양인은 내세를 굳게 믿으며 그 것이 어떤 곳인지에 대한 명확한 개념을 가지고 있다. 단순화시켜 말하자면 서양인에게 내세는 하느님의 나라이며 날개 달린 천사들이 나팔을 불고 있는 천국이거나 하느님의 벌을 받는 지옥이다. 반면에 한국인에게 내세가 어떤 곳이라고 생각하냐고 물어보면 대부분 "글쎄, 잘 모르겠는데. 별로 생각해본 적이 없어서"라고 대답한다. 이것은 한국인이 내세를 중시하지 않는다는 것을 보여준다.

한국인은 내세를 믿지 않거나 내세관이 불분명하다. 탁석산은 "한국인은 현세가 내세를 위한 준비 단계라고 보는 식의 사고나 내세가 참된 세계이고 이 세계는 그림자에 불과하다는 식의 사고를 하지 않는다"[4]라고 말했다. 내세관은 세계관의 중요한 부분이기 때문에 사람에게 큰 영향을 미친다. 즉 내세관은 현세, 현세의 삶에 큰 영향을 미친다는 것이다.

한국인은 내세에 대한 명확한 개념이나 상(그림)이 없을 뿐만 아니라 내세에 대해서 그다지 궁금해하지도 않는다. 정확하게 말하자면 한국인이 내세 혹은 사후세계에 대해서 공통적으로 생각하는 것이 한 가지 있다. 한국인에게 내세 혹은 사후세계는 '만남의 광장'이다. 즉 한국인에게 내세는 죽음으로 인해 불가피하게 헤어졌던 사람들을 다시 만나는 곳이다.

얼마 전에 시청한 액션영화에서 악당은 최후의 순간에 "이제 아내하고 애들 만나러 가야지"라고 말하고는 죽었다. 이런 장면은 한국인이 내세를 어떻게 이해하고 있는지를 잘 보여준다. 심리학자 한성열은 내세관이 결여되어 있다는 점에서 한국인의 종교는 종교로서는 '자격미달'이라고 할 수 있다면서 다음과 같이 말했다.

> 우리 문화에서는 내세에 대한 개념이 비교적 희박하다. 죽음 이후의 세계가 어떤 것인지는 모르지만, 한 가지 분명한 것은 거기에서 '조상'을 만난다는 것이다. '죽어서 조상을 뵐 면목이 없다'고 한탄하는 상황이 있다. 그것은 가장 수치스러운 것이고, 어떤 일이 있어도 피해야 하는 것이다.[5]

한국인에게 내세란 단지 조상만이 아니라 죽음으로 인해 헤어졌던 사람들과 재회하는 곳을 의미한다. 그러나 일반적으로 한국인에게 조상, 특히 돌아가신 부모님을 만나는 것은 중요하다. 한국인의 심금을 울렸던 영화 〈국제시장〉에는 한평생을 가족을 위해 헌신했던 아버지가 나온다. 그는 가족을 부양하기 위한 일념으로 머나면 독일에 가 탄가루를 마셔가며 석탄을 캤고, 끔찍한 베트남의 전쟁터에도 뛰어드는 등 정말 열심히 살았다. 어느 날 죽음을 앞두고 있던 그는 아버지의 환영을 본다. 아버지는 그동안 가족을 위해 헌신했던 그에게 수고했다며 격려해준다. 이 인상적인 장면은 한국인이 삶의 의미를 우리(영화에서는 가족)에서 찾는다는 것과 함께 죽은 후에는 돌아가신 아버지를 만날 것으로 믿고 있다는 것을 잘 보여준다.

죽음의 순간을 많이 목격했던 목사님에 의하면 한국인은 설사 독실한 교인일지라도, 죽음을 앞두고 "하느님 만나러 가요"라고 말하는 사람은 거의 없다고 한다. 대부분이 "부모님을 만나러 간다"라거나 "이제 곧 부모님 뵐 수 있겠네요"라고 말한다. 얼마 전에 들은 말로는 키우다 먼저 보냈던 반려동물을 만나러 간다고 말하며 죽는 사람들도 있다고 한다.

아무리 독실한 기독교인일지라도 한국인에게 하느님은 부모님 다음의 후순위다. 즉 죽어서 내세에 가면 부모님을 만나는 것이 우선이고 하느님은 만나면 좋고 못 만나도 괜찮다고 생각한다. 부모님을 만나는 것으로 충분하기 때문이다.

한국인이 죽은 후에 부모 혹은 조상을 만나고자 하는 것이 어떤 의미일까? 당연히 그것은 사랑하는 사람, 애타게 그리워했던 사람과의 재회다. 그러나 더 큰 의미도 있다. 한국인에게 죽은 후에 내세에서 헤어졌던 사람들과 재회하는 것은 현세에서의 우리에서 빠져나와 내세(엄밀히 말하면 내세와 현세를 아우르는)의 '역사적 우리'로 이동해 그곳에 소속되는 것을 의미한다.

앞에서 살펴보았지만 한국인은 먼 과거의 조상으로부터 아직 태어나지도 않은 후손까지를 망라하는 역사적 우리에 대한 의식을 가지고 있다. 역사적 우리는 현재의 국가나 민족보다 더 큰 우리이자 영원불멸하는 우리다. 열심히 한 생을 살아온 한국인은 죽음을 역사적 우리의 일원이 되는 것으로 이해하고 그것을 기꺼이 받아들인다. 즉 한국인은 죽음은 가장 큰 우리, 영원불멸의 우리 속으로 들어가는 것이니 단지 슬퍼만 할 일이 아니라고 믿는다.

이로부터 한국인은 현세 혹은 현실을 내세보다 더 중시하는 현세주의를 가지게 되었다. 탁석산은 현세주의는 근본적인 세계관의 문제와 관련이 있기 때문에 대단히 중요하다면서 한국인에게 천국이나 지옥도 하나뿐인 이 현세를 위해 필요한 것이고, 제사도 현세를 위해 지내는 것일 뿐이라고 주장했다. 이런 맥락에서 그는 "한국인의 현세주의, 즉 저세상이 없다는 것은 한국인의 삶의 양식에 지대한 영향을 끼치는 아마도 가장 중요한 요소일 것"이라고 강조했다.[6]

서양인은 하느님의 말씀을 잘 따르는 삶을 살지 않으면 천국에 가지 못하거나 불구덩이 지옥으로 떨어진다고 믿었다. 그래서 천국에 가기 위해 하느님에게 헌신하는 삶을 살았다. 이것은 내세주의적인 서양의 현세 혹은 현실이 내세에 의해 좌우된다는 것을 의미한다. 반면에 한국인은 내세를 기껏해야 만남의 광장으로 이해하거나 그렇게 중요하게 생각하지 않고 살아간다. 한마디로 '죽어서 조상님 뵐 낯이 없다'라는 것을 제외한다면, 한국에서는 내세가 현세 혹은 현실의 삶에 거의 영향을 미치지 않는다는 것이다.

한국에서는 속을 터놓고 지내는 가까운 사람들과 대화하면 내세에서의 삶 때문에 걱정을 하거나 고민을 하고 있다는 등의 말을 듣기가 거의 불가능하다. 가까운 사람에게는 속을 다 드러내기로 유명한 한국인이 내세와 관련된 말을 하지 않는다는 것은 한국인이 내세에 대한 걱정이나 고민을 하지 않는다는 명확한 증거다.

한국인의 현세주의는 종교를 믿는다고 해서 달라지지 않는다. 한국인은 인간을 위해서 종교를 믿는 사람들, 더 정확히 말하면 인간을 위해서 종교를 필요로 하는 사람들이다. 게다가 그 필요란 내세가 아닌 현실에서의 필요다. 다시 말해 한국인은 내세에서 복을 받기 위해 종교를 필요로 하는 게 아니라 지금 여기에서 복을 받기 위해 종교를 필요로 한다는 것이다.

한국에 기독교가 전파되기 전에 민초들은 대부분 불교를 믿었다. 그 당시의 한국인이 가장 좋아했고 한국인에게 가장 친숙한 신은 관세음보살이다. 한국인은 관세음보살을 현세의 고통을 해결해주는 존재라고 여겨 가장 좋아했다. 관세음은 현실에서 괴로워하는 중생의 음성을 듣는 절대자이고 세상 사람들의 음성을 계기로 해서 나타난 보살[7]이다. 대단한 현세주의자인 한국인으로서는 관세음보살을 좋아할 수밖에 없었을 것이다.

대부분의 한국인은 힘든 수행을 해서 열반에 들거나 부처가 되는 걸 바라지 않았다. 관세음보살의 이름을 불러 현재의 고통을 해결하기를 바랐다. 단지 불교만이 아니라 한국에 전파된 기독교도 "기독교는 부활을 믿지만 한국의 기독교는 부활보다는 성령에 의한 치유와 가정의 행복을 더 믿는다"[8]라는 말이 보여주듯, 한국인의 지독한 인간중심주의와 현세주의에 굴복해 현실적인 소원을 해결해주는 종교가 되어버렸다.

한국인은 신이 아니라 인간을 가장 귀중하게 여기며 신이 아닌 인간을 사랑한다. 한국인은 신의 나라인 내세가 아니라 인간의 나라인 현실을 더 귀중하게 여기며 내세가 아닌 현실을 좋아한다. 영화 〈서편제〉에서 소개되어 유명해진 노래 〈사철가〉의 가사에 나오는 '사후에 만반진수萬般珍羞는 불여생전不如生前의 일배주一杯酒만도 못 허느니라'라는 대목이나 '개똥밭에 굴러도 이승이 좋다'라는 속담 등은 한국인의 현세주의를 잘 보여준다.

한국인의 현세주의는 한국의 영화나 드라마가 왜 지독할 정도로 현실의 문제를 다루는지 또 현실을 소재로 삼고 있는지에 대해서도 답을 준다. 한민은 '현실성이야말로 한국 문화콘텐츠의 가장 큰 특징'[9]이라면서 한국의 드라마나 영화는 현실을 직접 다룬다고 지적한다. 즉 한국에서는 역사 관련 콘텐츠 제작이 단연 두드러지는데 일제 강점기, 6·25 전쟁, 군사독재정권, 민주화운동, IMF 경제위기 등 가슴 아픈 역사를 거침없이 다루는 특징을 보인다는 것이다.

전 세계적으로 엄청난 인기를 끌었던 〈오징어게임〉이라는 한국 드라마는 생존 게임을 기본 줄거리로 삼고 있다. 생존 게임은 일찍이 일본에서 만들어졌던 〈배틀로얄〉이나 미국의 〈헝거 게임〉 나아가 숱한 영화나 드라마에서 볼 수 있는 흔한 줄거리다. 그러나 〈오징어게임〉은 그 내용이나 등장인물들이 너무나도 현실적이라는 점에서 독보적이고 차별성이 있다. 예를 들면 상당수의 한국인은 오징어게임의 주인공이 한때 한국 사회를 떠들썩하게 만들었던 쌍용자동차 해고노동자를 모델로 하고 있다는 것을 금방 알아챌 수 있다. 〈오징어게임〉은 약간 에둘러 말하기는 했지만 잔인한 승자독식의 개인 간 경쟁이 벌어지는 신자유주적 자본주의 사회의 모순을 정면으로 다루고 있다.

이런 식으로 한국의 영화나 드라마들은 거의 다 현실을 소재로 삼고 있으며 어떻게든 현실에 발을 붙이고 있다. 한국인은 현실과 너무 동떨어진 영화나 드라마에는 잘 공감하지 못하며 그런 영화나 드라마를 좋아하지도 않는다. 한국인이 가장 큰 관심을 가지는 것은 항상 현세이고 현실이기 때문이다.

비종교성의 원인

한국인의 중요한 특성 중의 하나인 비종교성은 우리성과 인간중심성의
필연적 산물이다. 이규태는 『절망을 희망으로 바꾸는 한국인의 힘 1』이라
는 저서에서 자신이 공항에서 실제로 경험했던 흥미로운 일화를 소개하
고 있다. 그가 타고 있던 비행기가 테헤란Tehran 공항에 불시착하게 되어서
기내에는 비행기가 안전하게 착륙할 수 있는 확률이 10%밖에 안 된다는
비장한 안내 방송이 울려 퍼졌다. 그때 한 승무원이 승객들을 향해 "이제
우리가 할 수 있는 일이라고는 하느님께 기도하는 일밖에 남지 않았습니
다. 손님 중에 사제 경험이 있으신 분은 나와서 기도를 주재해주십시오"[10]
라고 말했다. 이 일에 대해 이규태는 자신이 신에 대한 개념이나 기도가
체질화되지 않은 사람이었기에 어색한 느낌으로 우두커니 앉아 있을 수
밖에 없었다고 회고했다.

기독교 문화권에서 살아가는 서양인은 비행기가 추락해서 다 죽을 것
같으면 열심히 신에게 기도를 한다. 같은 상황에서 한국인은 무엇을 할

까? 아마도 부지런히 손을 놀려 부모나 형제와 같은 가까운 사람들에게 '사랑해요'와 같은 문자를 보낼 것이다.

서양인은 깜짝 놀랄 때 "오 마이 갓!(Oh, My God!)" 혹은 "지저스^{Jesus}!"라고 외친다. 부지불식간에 하느님이나 예수님을 찾는다. 반면에 한국인은 깜짝 놀랄 때 "엄마야!"라고 소리를 지른다. 무의식적으로 엄마부터 찾는다. 사실 위험한 순간에 자기를 실제로 도와줄 수 있는 것은 내세의 하느님이 아니라 현세의 엄마다. 이런 예시들은 한국인이 대단히 현실적인 사람들이라는 점을 보여준다.

인간이 종교를 필요로 하는 이유는 우선 인간이 너무 무력해서 인간이 의존할 강한 존재를 필요로 하기 때문이다. 그러나 우리성과 인간중심성이 강한 한국인은 인간을 무력한 존재라고 생각하지 않았고 세상에서 가장 힘 있는 존재도 신이 아니라 우리로서의 인간이라고 믿었다. 개인으로서의 인간은 힘이 그다지 강하지 않지만 우리로서의 인간은 무궁무진한 힘을 보여준다.

그렇기 때문에 우리성이 강한 한국인은 위험할 때 신을 찾지 않고 우리 혹은 우리의 상징인 엄마를 찾는 것이다. 엄마 마음, 엄마 밥상, 엄마 손 같은 말들에서 알 수 있듯이 한국인에게 어머니는 우리 혹은 우리의 사랑을 상징하는 존재다. 북한에서 노동당을 '어머니'당이라고 부르는 것은 이런 한국인의 전통적인 심리에 비추어보면 탁월한 언어 선택이라고 평가할 수 있다.

아무튼 한국인이 위험할 때 우리 혹은 엄마를 찾는 것은 한국인이 떠받들고 의존하는 대상을 신이 아니라 엄마 또는 우리로 정했음을 의미한다. 예전부터 많은 지식인이 지적해왔듯이 인간이 신을 창조하거나 바랐던 이유 중의 하나는 인간(개인)이 너무 무력하기 때문에 강한 존재인 신에게 의존하고자 하는 욕구였다. 그러나 항상 개인이 아닌 우리로 살아온 한국인은 스스로를 무력하다고 생각하지 않았기에 의존할 대상으로서의 신은 필요 없었다. 인간 위에 군림하는 종교나 신을 허락하지 않는 한국인의 비종교성은 여기에서 비롯되었다.

인간이 종교를 필요로 하는 이유는 삶의 의미가 필요하기 때문이다. 인간은 삶의 의미를 찾지 못할 경우 목적 없는 삶, 허무한 삶을 면치 못한다. 비록 비과학적이기는 하지만 종교는 사람들에게 세계관과 인생관을 제공한다. 종교를 믿는 사람들은 종교가 제공해주는 세계관과 인생관의 힘을 빌려 바람직한 삶이 무엇인지, 삶의 의미가 무엇인지에 대한 해답을 찾는다. 개인주의 문화권에서 살아가는 사람들은 이처럼 종교에서 삶의 의미를 찾을 수밖에 없었지만 한국인은 그럴 필요가 없었다. 한국인은 전통적으로 우리를 이루고 살아왔기 때문이다.

한국인은 먼 옛날부터 인간중심적인 세계관과 인생관을 가지고 있었다. 그렇기 때문에 한국인은 종교가 없어도 바람직한 삶이란 어떤 것인지, 삶의 의미가 무엇인지에 대한 답을 찾을 수 있었다. 한국인에게 바람직한 삶은 인간답게 사는 삶이고 삶의 의미는 우리를 위해 살아가는 것이다. 전통적으로 한국인이 한평생을 우리(큰 우리가 없는 경우에는 가족)에 헌신하는 삶을 살고 그것에서 삶의 의미를 찾아왔던 것은 이러한 이유 때문이다. 결론적으로 한국인은 이미 삶의 의미를 찾을 수 있는 우리주의 세계관을 가지고 있었기 때문에 종교가 필요하지 않았다.

어떤 이들은 너무 고독하고 외로워서 종교를 필요로 하기도 한다. 실제로 신은 현실에서 받을 수 없는 사랑을 일정 부분 대체해줄 수 있고, 종교

공동체는 결핍된 현실에서의 인간관계를 부분적으로 채워줄 수 있다. 과거의 한국인은 우리로 살아왔기에 굳이 종교를 원하지 않았다. 종교 없이도 서로를 사랑할 수 있었고, 더불어 살아가는 기쁨도 누릴 수 있었기 때문이다.

이런 점에서 현재처럼 우리를 상실한 시대에는 부분적일지라도 고독과 외로움을 달래주는 종교의 역할이 과거에 비해 오히려 더 커졌다고 할 수 있다. 그리고 아마 이것이 오늘날 한국인을 종교로 끌어당기는 가장 큰 매력 포인트일 것이다. 그러나 이런저런 이유로 종교를 믿는다고 하더라도 한국인이 진정한 의미에서의 종교성을 가지기는 힘들 것이다. 한국인은 여전히 강한 우리성과 인간중심성 그리고 비종교성을 가지고 있는 사람들이기 때문이다.

4부

도덕

한국을 방문한 외국인은 한국인이 카페나 식당 같은 곳에서 테이블 위에다 스마트폰이나 노트북 등을 자리에 그대로 놔두고 자리를 떠나는 모습을 보면 "저렇게 물건들을 두고 가도 괜찮아요?"라고 물으며 신기해한다. 미국에서는 아주 잠깐 동안이라도 물건을 놔두고 자리를 비우면 십중팔구 누군가가 물건을 훔쳐 가기 때문이다. 예전에 미국에서 오래 살다 오신 분에게 "미국에는 그렇게 좀도둑이 많아요?"라고 묻자 그분이 "도둑놈이 아니라 일반인들이 다 그래요"라고 대답해서 놀란 적이 있다.

한국에서는 택배 기사가 배송지의 문이 잠겨 있으면 집 앞에다 물건을 놓고 가기도 하고, 물건을 받는 사람들도 그냥 문 앞에 물건을 두고 가라고 말한다. 택배 물건을 훔쳐 가는 일이 거의 없기 때문이다. 그러나 외국에서 똑같이 했다가는 바로 물건을 도둑맞는다. 국가비교 통계 사이트인 넘베오Numbeo가 2018년에 120개국을 대상으로 한 조사에서 한국은 해외여행객들이 꼽은 세계에서 가장 안전한 나라로 선정되기도 했다. 외국에 비해 한국의 밤거리는 안전한 편이고, 소매치기가 거의 없으며, 커피숍이나 식당 등에 가방이나 노트북을 놓고 자리를 비우더라도 그것을 훔쳐 가는 사람이 거의 없다. 지하철에 물건을 놓고 내리더라도 대부분은 분실물 보관소에서 찾을 수 있다.

한국인이 도둑질을 거의 하지 않는다는 말을 들으면 대뜸 "한국이

CCTV 천국이라서 잡힐까 봐 그러는 거 아닐까요?"라고 반문하는 사람이 많다. 그러나 한국인의 도덕성을 CCTV에 찍혀 처벌당할 수도 있다는 공포에서 비롯되었다고 보기 어렵다. 왜냐하면 CCTV가 발명되거나 널리 설치되기 훨씬 전부터도 한국인은 남의 물건을 훔치는 짓을 거의 하지 않았기 때문이다.

한국인은 단순히 범죄를 잘 저지르지 않는 것만이 아니라 지하철이나 버스의 경로석이나 노약자석에 잘 앉지 않고 노인이나 임산부, 아이에게 자리를 잘 양보하는 등 도덕규범을 잘 지키는 걸로도 유명하다. 일본만 해도 경로석이 있기는 하지만 그것이 지켜지는 경우는 드물다. 이러한 이유 때문에 한 일본인은 한국의 젊은 사람들이 버스나 전철에서 노인들에게 바로 자리를 양보하는 모습을 보고 감명을 받는 일본인이 많다고 말하기도 했다.[1]

미국이나 유럽 영화를 보면 큰 재난이 닥치거나 시위 같은 일이 벌어지면 거의 예외 없이 사람들이 우르르 몰려나와 상점을 털어가고 방화나 폭력행위를 하는 장면이 등장한다. 실제로 미국에서 대규모 정전이 발생하거나 큰 시위가 벌어지면 그 틈을 타 사람들이 도시를 파괴하거나 상점을 터는 일이 미일비재하게 발생한다. 반면에 한국에서는 대규모 군중이 참여하는 시위나 집회가 빈번하지만 그것을 이용해 사람들이 파괴나 약탈을 하는 일은 없다. 최근의 집회, 시위에서는 집회 참가자들이 쓰레기를 버리지 않는 것은 물론이고 집회가 끝나면 주변을 청소하기도 한다.

한국인의 도덕성은 어제오늘의 일이 아닌 것 같다. 중국 동한東漢 시대의 허신이 집필한 『설문해자說文解字』에는 동이東夷에 대한 다음과 같은 기록이 나온다.

동이란 동쪽에 사는 사람을 부르는 말이다. 남쪽은 만이라 부르며 벌레를 쫓는 종족이고, 북쪽은 적이라 부르며 개의 종족, 서쪽은 융이라 부르며 양의 종족으로 본다. 오직 동이는 큰 뜻을 따르는 대인이다. 이의 습성은 어질다. 어진 사람으로 오래 살고 군자들이 죽지 않는 나라다. 공자께서도 말씀하시기를 "중국 땅에 도가 행해지지 않으니 군자불사지국君子不死之國인 동이에 가고자 한다" 하시고 뗏목을 바다에 띄웠다. 참으로 연유 있는 일이다.[2]

중국인은 중화주의나 우월주의가 심해 타 민족을 저평가하기로 악명 높다. 그런 중국인조차 한국인에 해당하는 동이족에 대해서만큼은 칭찬을 아끼지 않았다는 것은 한국인이 멋 옛날부터도 도덕성이 우수한 민족이었음을 보여준다. 어디선가 읽었던 중국의 옛 기록에는 다음과 같은 일화도 있었다.

오랫동안 배를 타고 표류하던 한국의 어부들이 중국 땅에 도착했다. 중국 관리가 먹을거리를 가져다주자 어부들은 그에게 예를 갖추어 공손히 인사하고 나서 음식을 받았다. 더 놀라운 것은 며칠씩이나 굶었는데도 그 음식을 나이가 많은 사람에게 가장 먼저 주는 식으로 차례대로 나누고는 질서 있게 식사를 했다는 것이다. 이 장면을 본 중국인은 감탄을 금치 못했다. 굶주린 사람들이 중국인 어부들이었다면 필시 자기가 먼저 먹으려고 음식을 향해 우르르 달려들어 허겁지겁 먹어 치웠을 것이 분명했기 때문이다.

이 외에도 여러 역사기록에는 한국인이 먼 옛날부터 매우 도덕적인 생활을 해왔다는 것을 알려준다. 공자가 한국을 군자불사지국이라고 말한

것에는 다 이유가 있었다. 우리 역사상 최악의 시기였던 일제 강점기에도 한국에서는 남의 물건을 훔친다거나 사기를 친다거나 하는 범죄가 거의 없었다.[3]

우리를 위한 도덕

미국은 그야말로 고소·고발 왕국이다. 미국에 가면 "당신을 고소하겠어 I will sue you"라는 소리를 인사만큼이나 자주 듣게 된다고 한다.[4] 실제로 미국인은 개인들 간의 사사로운 분쟁, 심지어는 부모형제 사이의 이해갈등, 이웃이나 동료 간의 사소한 이해충돌까지도 재판으로 해결하려고 한다.[5] 개인주의 사회를 유지시켜주고 돌아가게 만드는 것은 법이다. 개개인들의 요구와 이해관계가 충돌할 경우 그것을 해결하는 방법은 힘 아니면 법이다.

서양 영화를 보면 한 여자를 두 남자가 원할 경우 둘이 결투해서 이기는 남자가 그 여자를 차지하는 황당한 장면이 자주 나온다. 또는 서로가 자기주장을 굽히지 않는 두 기사가 결투를 해서 이기는 사람은 자신의 주장이 인정되어 상을 받고 진 사람은 처벌을 받는 장면을 볼 수 있다. 이렇게 예전부터 서양인은 힘으로 갈등이나 분쟁을 해결하고는 했다. 그러나 그런 해결 방법은 너무 야만적이고 불공정한 것이어서 시대가 발전함에 따라 서양인은 법으로 문제를 해결하게 되었다. 모두가 자기 개인의 이익을 위해 살아가는 개인주의 사회는 법이 없으면 난장판이 된다. 법은 개인주의 사회의 붕괴를 막아주는 가장 중요한 안전장치다.

개인주의 사회가 법에 의해 유지된다면 집단주의 사회는 도덕의 힘으로 돌아간다. 도덕이란 사람들이 사회와 집단 그리고 타인들과의 관계에서 자각적으로 지켜야 할 행동규범이다. 인간은 지구상에 등장한 첫 시기부터 집단생활을 했다. 인간의 탄생이 곧 사회(집단)의 탄생(인간의 조상인 유인원들은 집단을 이룸으로써 비로소 인간이 될 수 있었다)이었기 때문이다. 집단생활이 가능하려면 공동의 행동규범이 필요하다.

예를 들면 사냥을 해서 고기를 얻으면 그것을 어떤 식으로 분배할지, 나이가 많은 노인이나 병약자를 어떻게 대우해야 하는지에 대한 규범이 필요했다. 공동의 행동규범이 없이는 집단생활이 원활하게 이루어질 수 없기 때문이다. 이로부터 도덕이 발생했고 그 후 도덕에 기초해 법이 만들어졌다. 도덕과 법은 둘 다 집단생활 혹은 사회생활에 필요한 공동의 행동규범이라는 점에서 같지만, 도덕은 양심과 사회여론에 기초해 자각적으로 지켜지는 반면 법은 강제력에 의해 지켜진다는 점에서 다르다.

도덕은 애초부터 개인이 아닌 집단을 위해 만들어진 것이다. 무인도에서 혼자 살아가는 사람에게는 도덕이 전혀 필요하지 않으며 아무런 의미도 없다. 반면에 집단 속에서 타인들과 이런저런 관계를 맺고 살아가는 사람에게는 반드시 도덕이 필요하고 중요한 의미를 가진다. 다시 강조하지만 도덕은 개인을 위한 것이 아니라 집단을 위해 존재한다.

개인주의 사회에서 살아가는 개인은 도덕, 나아가 법을 지키지 않는 것이 자기에게 더 이익이 될 때가 많다. 노인에게 자리를 양보하는 것이 그 개인에게는 손해인 것처럼, 도덕은 나의 이익이 아니라 집단을 위한 것이기 때문이다. 따라서 개인주의 문화권 사람들은 도덕을 지키려는 동기가 약하다. 그러나 집단주의 문화권 사람들은 도덕을 자발적으로 지키려는 동기가 강하다. 이를 개인을 기준으로 말하자면 집단보다 개인을 우선시하는 개인주의자는 도덕을 지키려는 동기가 약하지만, 개인보다 집단을 우선시하는 집단주의자는 도덕을 지키려는 동기가 강하다는 것이다. 개인주의 사회에서 살아가는 개인주의자들은 도덕을 잘 지키지 않기 때문에 도덕이 아니라 법이 훨씬 더 중요해진다.

반면에 집단주의 사회에서 살아가는 집단주의자들은 도덕을 잘 지키기 때문에 법보다는 도덕이 더 중요해진다. 즉 집단주의 사회는 굳이 강제력을 동원하지 않더라도 사람들이 자발적으로 도덕을 잘 지키기 때문에 법이 아닌 도덕의 힘에 의해 유지되고 운영된다. 지금까지의 논의는 집단주의와 도덕성이 비례관계에 있다는 것을 보여준다. 집단주의와 도덕성이 비례관계에 있다는 것은 여러 연구들에 의해서도 확인된다. 예를 들면 의사나 교사들을 대상으로 실시했던 한 연구에 의하면 사람들은 집단적 정체감이 강해질수록 더 올바르고 인류애적인 행동을 한다.[6]

조선왕조 말기에 한국을 방문했던 러시아 장교인 카르네프 일행의 조선 여행기에는 다음과 같은 기록이 나온다.

조선인의 특징은 온순하고 선량하며 순종적이다. 수만의 한국인 군중들이 총대나 총검 없이도 고관의 명령 하나만으로 효율적으로 통치되고 있다. 나는 관청이 전혀 없는 매우 외진 시골 마을에 있기도 했지만 어디서나 질서가 파괴되었던 모습은 한 번도

보지 못했다. 가는 곳마다 평화스럽고 평온했다.[7]

힘으로 백성을 통치하고 법으로 사회질서를 유지했던 서양인의 눈에는 총대나 총검이 없는데도 어디에서나 질서가 잘 유지되고 평화롭고 평온하게 살아가는 한국인이 이상하게 보였을지도 모른다. 과거 한국 사회가 총대나 총검 없이도 순조롭게 유지되고 원활하게 운영될 수 있었던 비결은 도덕에 있다. 전통적으로 한국의 크고 작은 우리 집단들은 강제력이 없어도, 즉 법이 없어도 도덕에 의해 잘 돌아갔다. 법을 필요로 하는 관계는 이미 우리 관계가 아니며, 도덕보다 법이 더 중요한 역할을 하는 집단은 이미 우리 집단이 아니다. 한국인이 착한 사람을 '법 없이도 살 사람'이라고 말해왔던 것은 이러한 이유 때문이다.

우리성이 강한 한국인은 양심과 도덕을 엄청나게 중시한다. "죽는 날까지 하늘을 우러러 한 점 부끄럼이 없기를"이라는 유명한 문장으로 시작하는 윤동주의 〈서시〉는 아마도 한국인이 가장 좋아하는 시라고 해도 과언이 아닐 것이다. 이 시의 첫 문장이 담고 있는 내용을 심리학적으로 해석해보면 그것은 '양심에 비추어 한 점 부끄럼 없이 살아가려는 요구', 즉 도덕적으로 살아가려는 요구라고 할 수 있다. 윤동주 시인이 "죽는 날까지 하늘을 우러러 한 점 부끄럼이 없기를"이라는 시를 쓴 이유는 그가 한국인이어서다. 그리고 모두가 그의 시를 사랑하는 것은 그들 역시 한국인이기 때문이다.

한국인에게 양심에 의해 자각적으로 지키는 도덕은 그 무엇보다도 중요하다. 한국인은 개인이 아닌 우리를 우선시하는 우리주의자이기 때문이다. 우리 집단은 모두가 개인보다 우리를 우선시하는 집단, 즉 모두가 도덕적인 집단이다. 우리 집단 속에서 살아가는 사람들은 도덕을 잘 지키는 것을 당연하게 여긴다. 예를 들면 한국인은 자기보다 나이가 많은 사람의 이름을 부르거나 그의 머리를 쓰다듬는 행동을 하지 않는다. 즉 우리성과 도덕성은 서로를 강화하는 관계 혹은 정비례 관계에 있다. 우리성이 강하면 도덕성도 강할 수밖에 없다.

이규태는 한국인이 우수한 도덕성을 가지게 된 이유가 "한마을에 같이 사는 사람끼리는 공생한다는 그런 협력과 화합의 전통이 우리 한국인의 정신적 유전질 속에 체질화되어 있었기 때문이다"[8]라고 주장했다. 그의 말처럼 한국인은 세계적으로 유례가 없는, 우리라는 집단을 이루고 긴 세월을 살아왔다. 이로부터 한국인은 도덕을 매우 중시(본질적으로는 집단 혹은 우리를 우선시하는 것)하는 도덕주의와 한국인 특유의 우수한 도덕성을 가지게 되었다.

오늘날의 한국은 미국처럼 개인주의가 크게 득세하고 있기 때문에 과거에 비해 도덕의 역할은 퇴조한 반면 법의 역할은 커졌다. 그러나 한국인은 여전히 서양인에 비하면 강한 도덕성을 가지고 있다.

한국인의 도덕성은 스스로가 양심적으로, 도덕적으로 살아가는 것만이 아니라 마땅히 타인들도 그래야 한다는 심리로 표현된다. 이로부터 한국인은 자기 자신은 물론이고 서로를 대할 때 거의 자동적으로 그리고 최우선적으로 도덕성을 평가한다. 한국에서 가장 중요한 법은 '국민정서법'이라는 말을 인용했는데, 여기서 국민 정서를 좌우하는 것이 바로 도덕적 평가다.

사람들은 타인들을 평가할 때 반드시 도덕적 평가를 한다. '그 사람, 참 예의가 바르더라' '그 녀석, 참 싸가지 없더라'라는 평가들이 도덕적 평가다. 인간이라면 누구나 도덕적 평가를 하지만 한국인은 이런 도덕적 평가를 다른 평가보다 훨씬 더 중요하게 여긴다는 점에서 외국인과 다르다.

도덕적 평가가 한국인에게 큰 영향을 미치는 이유는 인간의 도덕적 행위가 기본적으로 감정적으로 체험되기 때문이다. 도덕적 행위는 항상 사람들의 기분과 감정에 직접적으로 또 즉각적으로 영향을 미친다. 예를 들어 누군가를 처음 만났는데 그가 자신에게 반말을 찍찍 하면 기분이 즉시 나빠진다. 이런 식으로 사람은 다른 사람의 도덕적 행위를 접하면서 긍정적이거나 부정적인 감정을 느낀다. 이런 점에서 사람에 대한 도덕적 평가는 기본적으로 감정적 평가라고 말할 수 있다. 도덕적 평가는 감정적 평가이기 때문에 사람들이 누군가에게 호감을 가지느냐 아니면 반감을 가지느냐, 누군가와 협력하느냐 아니면 싸우느냐를 판단하는 데 결정적인 영향을 미친다.

앞에서 우리는 한국인이 감정을 중시하며 감정의 영향을 많이 받는 특징을 가지고 있음을 확인했다. 이 특징에 영향을 미치는 것 중의 하나가 바로 지금 논하고 있는 한국인의 도덕성, 도덕적 평가를 중시하는 심리다. 다시 말해 도덕적 평가를 중시하는 심리가 감정을 중시하는 특징의 주요한 원인 중 하나라는 것이다.

한국인은 직접적이고 즉각적인 감정반응을 유발하는 감정적 평가인 도덕적 평가를 중시하므로 그것의 결과인 감정도 중시한다. 한국인은 '정당한 도덕적 평가에 기초하는 이상 나의 감정은 절대적으로 옳고 중요하다'라고 믿는다. 그렇기 때문에 한국인은 자기의 감정을 과감하게 드러낼 수 있고 감정의 영향을 받는 것이 잘못이라고 생각하지 않는다.

한국에서 도덕적 평가는 국민 정서에 절대적인 영향을 미친다. 한국에서는 제아무리 직업인 혹은 전문가로서의 업적이 훌륭해도 도덕적으로 하자가 있으면 대중에게 외면당한다. 한국인은 정치인이나 공직자 등을 공익, 집단을 위해 헌신해야 할 도덕적 의무를 가진 사람으로 이해한다. 따라서 정치인이나 공직자는 보통 사람들보다 더 도덕적이어야 한다고 생각한다.

한국에서 공직자 후보들이 청문회에서 도덕적 결함으로 인해 낙마하거나 스스로 사퇴하는 것, 정치인들이 경쟁 정당 정치인들의 도덕적 결함을 폭로하는 데 열심인 것은 한국에서는 주로 도덕적 평가에 기초해 국민 정서가 만들어지기 때문이다. 미국의 전 대통령인 빌 클린턴Bill Clinton은 백악관에서의 성추문으로 인해 대국민 사과를 했지만 대통령직은 그대로 유지했다. 그러나 만일 한국의 대통령이 청와대에서 성적 일탈행위를 했다는 사실이 폭로되면 그는 대통령직을 유지하지 못했거나 스스로 퇴진했을 것이다.

한국에서 도덕적 평가는 국민 정서는 물론이고 사법판단에도 영향을 미친다. 최근의 사법판단에 관한 국가 간 차이를 조사한 연구에 의하면 미국, 독일, 일본과 달리 한국은 행위자에 대한 도덕적 평가가 형벌 판단에 중요한 역할을 한다.[9] 서양의 사법기관은 법률적, 객관적 기준에 의해 판결을 한다. 예를 들면 법을 어겼느냐 아니냐 혹은 사회에 어느 정도로 피해를 입혔는가 등을 기준으로 판결을 한다는 것이다. 반면에 한국 사법기관의 판단에는 '정상참작'이나 '선처'와 같은 말이 보여주듯 법의 위반 여부만이 아니라 도덕적 평가가 큰 영향을 미친다.

한국에서 도덕적 평가는 정치에도 영향을 미친다. 일본인을 비롯한 외국인은 한국의 정치가 대의명분을 중시하는 특이한 정치라고 말한다. 심리학자 차재호는 외국인이 본 한국인의 특성을 분석했는데, 그의 연구에 의하면 '한국인은 명분을 중시'하는 특성을 가지고 있다.[10] '명분'의 본질은 사익이 아닌 공익을 추구하는 것이다. 즉 한국인이 명분을 중시하고 한국의 정치가 대의명분을 앞세운다는 것은 한국인이 공익(집단 혹은 우리의 이익)을 중시한다는 말과 통한다.

달리 말해서 그가 누구이든 간에 대통령 후보로 나서면서 "제가 대통령이 되면 한몫 크게 챙기겠습니다. 대통령이 되면 얼마나 큰 돈을 벌 수 있는지 보여드리겠습니다"라고 말할 수는 없을 것이다. 속마음은 그럴지 몰라도 정치인이라면 국민에게 "나라와 민족을 위해, 국민 여러분을 위해 헌신하겠습니다"라고 말해야만 한다. 이런 게 바로 명분이다. 즉 명분의 본질은 우리를 위한 목표를 추구하는 것에 있다.

그렇다면 한국인이나 특히 정치인들은 왜 명분을 중시하고 그것을 앞세울까? 명분이 있어야 긍정적인 도덕적 평가를 받을 수 있기 때문이다. 명분이 없으면 부정적인 도덕적 평가가 뒤따르고 국민 정서가 나빠진다. 한국이 명분을 중시하는 사회라는 것은 한국인이 도덕적 평가를 매우 중시한다는 사실을 잘 설명한다.

힘에는 굴복하지 않겠다

일본의 소설, 영화, 드라마, 만화, 게임 등에 자주 등장하는 인물은 다케다 신겐武田信玄, 우에스기 겐신上杉謙信, 오다 노부나가織田信長 같은 전국 시대의 무장, 그리고 미야모토 무사시宮本武藏(초기 에도 시대의 전설적인 검객), 신선조新選組(에도 막부 말기에 활동한 막부 휘하 준군사조직으로, 일본 애니메이션 〈바람의 검심〉에 등장한다), 최배달(일본명은 '오오야마 마쓰다쓰'이며 영화 〈바람의 파이터〉 주인공으로 한국계 일본인 무도가) 같은 힘센 사람들이다. 무력감으로 인해 힘을 갈망하는 일본인은 상함을 추구한다. 헤아릴 수도 없이 많은 일본의 콘텐츠에서 주인공들은 '강해질 거야'라고 외친다.[1] 이것은 일본인이 힘의 크기를 기준으로 사람을 평가하는 권위주의적 성향을 가지고 있으며 힘센 강자를 선망한다는 것을 보여준다.

그렇다면 한국의 소설, 영화, 드라마, 만화, 게임 등에 가장 자주 등장했던 인물은 누굴까? 홍길동, 일지매, 임꺽정, 장길산 같은 의적들이다. 의적은 의롭기는 하지만 법을 기준으로 평가하자면 어디까지나 범죄자다. 그러나 한국인은 행동의 목적이 도덕적이고 의롭기만 하면 법을 어겨도 어느 정도 괜찮다고 생각한다. 왜냐하면 한국인은 법보다 우리를 더 중시하고 법보다 도덕을 더 중시하기 때문이다. 의적은 부자들의 재물을 털어 가난한 이들에게 나누어주는 의로운 도적이다. 한마디로 우리를 위해 헌신했던 도적인 셈이다. 한국인은 사람을 법보다는 도덕을 기준으로 평가한다. 한국의 문화 콘텐츠에 의적이 빈번히 등장하는 점은 한국인이 우리 그리고 우리를 떠받치는 도덕을 법보다 훨씬 더 중시한다는 것을 잘 보여준다.

『한의 한국인, 황공해하는 일본인』의 저자 가세 히데아키는 한국인의 특성을 분석하면서 "한국어에는 '항복했다'라는 말이 없다"[12]라고 말했다. 일본인은 일상에서 항복했다는 말을 자주 하는데 한국인은 그런 말을 하지 않는다. 자기 힘이 부족해서 상대에게 졌을 때 일본인이나 서양인은 '항복하겠다'라고 말한다. 이런 언어 사용법은 힘이 최고로 중요한 사회, 힘에 의해 운영되었던 사회에서 통용한다. 그렇다면 자기의 힘이 부족해서 누군가에게 졌을 때 한국인은 어떻게 말할까? "어디, 두고 보자"라고 말한다. 한국인은 힘에 절대로 승복하지 않는다. 겉으로는 꺾인 모습을 보일지 몰라도 마음속으로는 절대로 승복하지 않는다. 즉 현실에서 불가피하게 강한 힘에 의해 자신이 꺾일지라도 한국인은 그것을 몹시 억울해하거나 수치스럽게 여길 뿐이다. 한국인은 힘 앞에서 진심으로 승복하지 않는다.

그렇다면 한국인은 무엇에 승복할까? 바로 도덕이다. 한국인은 도덕적으로 잘못했으면 과감히 승복하고 사과한다. 한국인은 싸울 때 도덕적으로 잘했냐 아니냐를 따지고, 그 논쟁에서 지면 승복한다. 먼 옛날부터 한국인은 힘이 아닌 도덕으로 운영되는 우리 집단에서 살아왔다. 우리 집단에서 승패는 힘이 아니라 도덕에 의해 결정되었다. 유도나 레슬링 같은 운동경기 상황을 제외하고는 한국인이 일상에서 '항복했다'라는 말을 사용하지 않는 이유가 바로 여기에 있다.

법을 어기지는 않았지만 도덕적인 잘못을 한 사람을 두고 "그 사람이 법을 어긴 건 없잖아"라고 말하면 서양인은 "그래? 아쉽지만, 더 이상은 문제 삼을 수 없겠군"이라고 대답한다. 반면에 한국인은 "뭐라고? 법을 어기지 않았으면 다냐?"라고 외치며 펄펄 뛴다. 오늘날의 한국인에게도 여전히 도덕, 도덕적 평가는 법보다 중요하다.

의리에 살고
의리에 죽는 한국인

1980년대의 홍콩 영화 〈영웅본색〉은 한국에서 공전의 히트를 쳤다. 영화의 영향으로 당시 한국의 남성들은 마치 유행처럼 입에 이쑤시개를 물고 다니기까지 했다. 영화의 주인공인 주윤발周潤發이 영화 속에서 이쑤시개를 입에 물고 다녔기 때문이다. 한국인이 〈영웅본색〉에 열광했던 이유는 그 영화가 소위 사나이들의 의리를 진하게 보여주었기 때문이다. 조금 속되게 말하자면 한국인은 환장할 정도로 '의리'를 좋아한다. 한국인은 인간 사이의 의리를 잘 묘사한 영화나 드라마를 좋아한다. 한국에서 가장 좋은 칭찬은 '의리가 있네'다. 그리고 가장 심한 비난은 '의리 없는 놈'이다.

일반적으로 의리는 사회적 인간으로서 지켜야 할 도리를 뜻한다. 사회적 존재인 사람은 집단을 이루고 다른 사람들과 관계를 맺고 살아간다. 따라서 사람이 집단과 타인들에게 지켜야 할 도리가 바로 의리다.

의리는 여러 의미를 지닌다. 먼저 의리는 첫째로 의로운 행위를 의미한다. 즉 올바른 행동과 정의로운 행동이 의리다. 반대로 그릇된 행동, 나쁜 짓은 의리가 아니다. "깡패 의리가 무슨 의리냐?"라는 말에는 그릇된 짓, 나쁜 짓을 하기 위한 악당들의 밀접한 관계(예: 마피아 구성원들 간의 의리)는 의리가 아니라는 뜻이 담겨 있다.

한국인이 올바르고 정의롭게 행동하는 사람을 의리 있는 사람 혹은 의리를 잘 지키는 사람이라고 부르는 것은 이러한 이유 때문이다. 우리 집단에서 올바름의 기준은 우리를 우선시하는 것, 도덕을 잘 지키는 것이다. 우리성이 강한 한국인이 우리를 위해 헌신하는 사람, 도덕적인 사람을 의리 있는 사람으로 여기는 것 또한 이러한 이유 때문이다.

둘째로 의리는 다른 사람에게서 사랑과 은혜를 받으면 고마움을 느끼고 그것에 보답하는 것을 의미한다. 사람들은 자신이 위험한 상황이나 어려운 상황에 처했을 때 누군가가 도와주면 고마움을 느끼고 그에게 보답하려고 한다. 비현실인 내용이지만 〈은혜 갚은 까치〉 이야기는 은혜를 입으면 보답하는 의리가 마땅한 도리라는 주제를 전한다. 사회, 집단, 타인의 사랑과 은혜를 받았으면 마땅히 그것에 감정, 정서적으로 공감해 보답해야 한다. 이것이 사람의 도리이고 의리다.

마지막으로 의리는 사람이 자기의 본분에 맞는 도덕적 의무를 양심에 기초해 자각적으로 수행하는 것이다. 즉 의리는 의무와 다르다. 처벌이나 사회여론이 무서워서 도리를 지키는 것은 의리가 아니다. 물론 의무도 처벌이나 사회여론이 아니라 양심에 의해 지켜질 수도 있다. 이런 상황에는 그것을 의리로 간주할 수 있다. 사람으로 하여금 의리를 지키도록 만드는 도덕적 감정은 양심이다. 사람은 양심에 따라 의로운 행동을 하고 의리를 지키지 못했을 때 수치감이나 자책감을 가진다. 즉 한국인이 의리를 좋아하고 중시하는 이유는 한국인이 양심과 도덕을 중시하기 때문이다.

5부

낙천

정작 한국인은 잘 모를 수도 있지만, 외국인은 한국인이 대단히 낙천적인 사람들이라고 말한다. 외국인은 한국이 35년이나 일본 제국주의의 지배를 받았고 비극적인 동족상잔의 전쟁까지 겪은 나라라고 믿어지지 않을 정도로 한국인이 낙천적이라며 놀라움을 표한다. 공연을 위해 한국을 방문하는 외국의 연주자들도 한국인을 '낙천적이다'라고 평가한다.[1] 한국에서 외교관으로 근무했던 일본인 미치가미 히사시도 "한국인은 밝고 역동적이다"[2]라고 말했다.

한국인의 낙천주의(낙관주의), 낙천성은 어제오늘의 일이 아닌 것 같다. 1900년대 초반에 한국에서 근무했던 러시아 외교관 미하일 알렉사드로비치 포지오는 『한국개관』에서 "한국인은 완벽하게 몰락했을 때에도 희망을 가지면서 불행을 굳건하게 견뎌낸다"[3]라고 말했다. 한국을 우호적 시선으로 바라보았던 여성 릴리아스 호턴 언더우드Lillias Horton Underwood는 1904년에 출간한 『상투의 나라』에서 한국인이 아일랜드인과 비슷하다고 주장하며 두 나라 사람이 "낙천적이고 태평스럽고 감정적이고 인정이 많고 친절하고 너그럽다"라고 표현했다.[4]

단지 한국에 대해 우호적이었던 외국인만 한국인을 낙천적이라고 평가하지 않았다. 제국주의자의 시선으로 한국인을 발아래로 내려다보았던 반한적인 일본인조차 한국인의 낙천성을 인정했다. 예를 들면 경성제

국대학 조선어문학과 교수였고 『식민지 조선인을 논하다』의 저자인 다카하시 도루高橋亨는 낙천성을 한국인의 민족성 중의 하나로 꼽았다.[5] 『한국인의 의식과 행동양식』의 저자인 김재은이 20세기 초반부터 후반까지의 외국인의 눈에 비치는 한국인의 기질을 연구한 결과에도 낙천성이 포함되어 있다.[6] 이 외에도 한국인의 민족성을 비판하면서 민족개조론을 주창했던 친일 소설가 이광수조차 "한국인은 낙천적이다"라고 말했을 정도다. 즉 낙천성은 한국인의 중요한 민족적 특성임이 분명하다.

풍자와 해학의 민족

한국인이 먼 옛날부터 음주·가무를 즐기며 잘 놀았다는 이야기는 낙천성을 빼놓고 설명하기 어렵다. 우울증에 걸린 사람이 잘 노는 것이 불가능하듯이 비관적인 민족이 잘 논다는 것은 불가능하기 때문이다. 한국인이 쉽게 흥이 나고 신이 나서 잘 노는 사람들이라는 점은 한국인이 비관이나 우울이 아닌 낙천성을 가지고 있다는 중요한 증거다.

한국인이 전통적으로 풍자와 해학을 즐겼다는 것도 한국인의 낙천성을 잘 보여준다. 한국인은 흔히 풍자와 해학의 민족으로 불린다. 그 이유는 문학과 예술을 비롯한 한국 문화의 전반에 풍자와 해학이 깃들어 있기 때문이다. 예를 들면 민화 〈까치와 호랑이〉에는 양반지배층을 상징하는 호랑이와 백성을 상징하는 까치가 등장한다. 이 그림에서 호랑이는 어리버리한 표정을 짓고 있고 까치는 호랑이를 놀리는 듯이 쳐다보고 있어서 그림을 보기만 해도 웃음이 난다.

한국의 전통적인 마당극이나 탈춤 등도 한국인의 풍자와 해학 정신을 잘 보여준다. 오늘날 한국인도 풍자와 해학의 전통을 면면히 이어나가고 있다. 한국에서 인터넷 시대가 열린 이후 '드립(애드리브의 준말)의 민족'이라는 말이 나올 정도로 인터넷 공간에서는 각종 패러디와 드립이 넘쳐났다. 이 중에서 현실을 향한 날카로운 비판을 담은 풍자형 패러디는 한국 인터넷 문화의 백미로 꼽히기도 한다.

풍자는 신랄한 웃음을 유발해 부정적인 사회현상을 무자비하고 날카롭게 폭로하고 비판하는 것이다. 해학은 고통이나 갈등을 극복하기 위해 선의의 웃음을 유발해 부정적인 측면을 폭로하고 비판하는 것이다. 풍자와 해학은 웃음을 활용해 부정적인 측면이나 현상을 폭로하고 비판한다는 점에서는 동일하지만 해학은 풍자나 조롱과는 달리 상대방에 대한 긍정을 전제로 한다. 즉 일반적으로 풍자는 적대적 관계에 있는 사람을 대상으로 삼는 반면 해학은 비적대적인 관계에 있는 사람을 대상으로 삼는다.

조선 시대에 평민이나 천민이 지배계급이었던 양반의 결함이나 잘못을 웃음을 이용해 폭로하고 비판했던 것이 풍자라면 평민이 일부 평민의 비굴함이나 이기심 같은 결함이나 잘못을 웃음을 이용해 폭로하고 비판했던 것이 해학이다. 풍자의 기본 목적은 부정적인 사회현상을 날카롭게 폭로하고 비판함으로써 웃음의 방식으로 상대방을 공격하고 그 과정에서 통쾌함을 느끼는 것, 즉 적대적 감정을 해소(카타르시스)하는 데 있다.

반면에 해학의 기본 목적은 우리 집단을 유지, 발전시키기 위해서 우리의 잘못이나 결함을 기분 나쁘지 않게 웃으면서 폭로하고 비판해 그것을 바로잡으려는 데 있다. 예를 들면 양반에게 당당하게 맞서지 못하는 비겁함을 반성하고 바로잡기 위해 양반들 앞에서 지나치게 굽신대는 사람을 우스꽝스럽게 묘사함으로써 한바탕 같이 웃는 것이다.

한국인이 풍자와 해학을 즐겨왔고 지금도 즐긴다는 점은 한국인의 낙천성을 잘 보여준다. 현실이 너무 고통스럽거나 누군가가 너무 미울 때 비관적이거나 우울한 사람들은 짜증을 내거나 화를 낸다. 이런 사람들은 지배층의 폭압에 대해서는 저항을 아예 포기하거나 아주 거칠게, 폭력적으로 반항한다.

현실이 너무 고통스럽거나 누군가가 너무 미울 때 낙천적인 사람들은 농담을 하고 유머를 날리면서 그 고통과 미움을 이겨나간다. 낙천적인 사람들은 지배층의 폭압에 맞서 싸울 때도 웃음과 여유를 잃지 않는다. 풍자와 해학은 마음에 여유가 있고 낙천적일 때 가능하다. 다시 말해 풍자와 해학은 낙천적인 사람의 전유물이다.

한국인 특유의 풍자와 해학은 현실 순응과 거리가 멀다. 앞에서 강조했듯이 한국인은 권리의식, 저항의식이 대단히 강한 민족이다. 풍자와 해학, 특히 풍자는 강한 권리의식이나 저항의식의 표현이자 표출이다.

한국인은 왜 낙천적일까

낙천성이란 고통스러운 현실과 시련 앞에서도 실망과 비관을 모르고 언제나 생기발랄하게 살며 끝까지 싸우려는 심리적 특성이다. 낙천성의 중요한 특징은 항상 즐겁게 살면서 실천을 이어가며 미래를 앞당겨 나간다는 데 있다. 낙천성은 그저 즐겁게 생활하면서 저절로 좋은 미래가 오리라고 기대하는 막연한 낙관과 전혀 다르다. 즉 제아무리 명랑하고 즐겁게 생활한다고 하더라도 자신의 노력과 힘으로 미래를 앞당기겠다는 투지나 의지가 없다면 낙천성이 있다고 할 수 없다.

낙천성은 세상을 해석하는 관점 그리고 자기에 대한 믿음과 관련이 있다. 이 중에서 더 중요한 것은 후자인 자기에 대한 믿음이다. 세상이 곧 멸망할 것이라고 믿거나 세상을 무섭고 위험한 곳이라고 보는 사람은 낙천성을 가지기 어렵다. 긴 세월 동안 우리가 되어 살아온 한국인은 인간을 믿고 사랑한다. 따라서 인간(우리)이 살아가고 있는 세상을 긍정적으로 대하며 좋아한다. 한국인이 낙천적인 것은 이러한 이유 때문이다.

그러나 세상을 아무리 아름답다고 보아도 자신을 믿지 못하는 사람은 낙천적일 수 없다. 세상을 살다 보면 반드시 고난이나 시련을 겪는다. 그런 고난이나 시련 속에서도 명랑하고 즐겁게 살 수 있으려면 그것을 능히 자신의 노력과 의지로 극복할 수 있다는 믿음이 있어야 한다. 한마디로 자기 자신의 힘과 능력, 의지를 믿는 자신감이 있어야만 낙천성을 가질 수 있다.

한국인은 충만한 자신감을 갖춘 민족이다. 한국인이 자기 민족을 굳게 믿는 이유는 무엇보다 우리 민족이 찬란한 역사와 문화를 창조해온 민족이기 때문이다. 외국인은 한국인이 미국인을 '미국놈'이나 '양키'로 부르고, 일본인을 쪽바리나 '왜놈'이라고 부르며, 중국인을 '짱깨'나 '떼놈'이라고 부르는 모습을 보면 깜짝 놀란다. 『극단의 한국인, 극단의 창조성』의 저자 신광철은 "경제 대국인 일본을 유일하게 무시하는 나라가 한국이라는 이야기를 종종 듣는다면서 한국인은 경제 대국이자 군사 대국인 중국도 대수롭지 않게 보는 경향이 있다"[7]라고 말했다.

미국, 일본, 중국은 자타공인 강대국이어서 다른 나라 사람들은 미국이나 일본 같은 강대국을 대할 때 경외심, 두려움, 열등감 등을 느껴 깍듯하게 대한다. 한국인이 미국인을 '미국놈'이나 '양키'라고 부르는 것은 나쁘게 말하자면 '간이 부은 것'이고, 좋게 말하자면 '경외심이나 열등감 등을 느끼지 않는다'는 것을 의미한다.

앞에서도 강조했듯이 한국인은 힘이 센 강자에게서 열등감을 느끼지 않는다. 전통적으로 한국인은 힘이 약할 때가 아니라 도덕이나 문화 수준이 저열할 때 열등감을 느낀다. 백범 김구 선생의 "내가 원하는 나라는 힘이 센 나라가 아니라 문화 수준이 높은 나라"라는 말은 한국인의 이런 특징을 잘 대변한다.

과거 한국인이 세상의 중심임을 자처하는 콧대 높은 중국인에게도 열등감을 느끼지 않았던 이유는 한국이 중국보다 국력이 강해서가 아니라 한국의 도덕과 문화가 중국보다 우월하다고 느끼면서 살아왔기 때문이다. 물론 조선의 지배층은 중국에 대한 사대주의가 심했지만 그것은 지배층에 국한한 병적 현상이었을 뿐이다. 어떤 이들은 조선 지배층의 사대주의는 일부만의 문제이고 대부분의 조선 지배층은 조선이 중국보다 우월하다고 여겼다고 주장한다.

예를 들면 철학자 탁석산은 "조선은 자신들이 이상국가로 여겼던 모델을 재현하려고 했기 때문에 중국보다 우월하다고 여겼다. 그리고 그 모델은 중국의 고대국가인 요堯·순舜과 하夏·은殷·주周였지, 중국의 송이나 원 또는 명이나 청이 아니었다"[8]라고 말했다. 간단히 말하자면 이상사회를 지향했다는 사실을 근거로 조선이 중국보다 우월한 국가라고 믿었다는 것이다. 분명한 것은 평민이 대부분인 조선인은 중국에 대한 사대주의가 없었다는 사실이다.

먼 옛날부터 한국인은 강대한 나라들로부터 무수한 침략을 당했지만 단 한 번도 식민지나 속국으로 전락한 일은 없었다. 외침을 당할 때마다 전 민족이 일치단결해 용감무쌍하게 싸워 외적을 물리쳐왔다. 중국인은 세계를 호령했던 거대한 중국이 고구려 시기 이후에 조그마한 나라에 불과했던 한국을 완전히 점령해서 속국화한 적이 한 번도 없었다는 사실을 알면 놀란다. 거대한 제국을 세웠던 원나라조차 고려를 직접 지배하지 못하고 부마국으로서 독립을 인정했던 사실에서 알 수 있듯이 한국인은 강인한 의지로 외침을 물리쳐왔다.

나라를 빼앗기는 경험은 치명적이다. 35년 동안 나라를 빼앗기면서 한국인이 민족허무주의나 열등감 같은 심각한 정신심리적 후유증에 시달렸던 과거가 이를 잘 보여준다. 그러나 한국은 전체 역사 중 단지 35년만 이민족에게 나라를 빼앗겼지만, 중국은 전체 역사 중에서 거의 절반이나 이민족에게 나라를 빼앗겼다. 한국인이 자기 민족의 힘을 굳게 믿는 것에는 이러한 역사적 배경에 근거한다. 한국인은 긴 세월 동안 나라와 민족을 굳세게 지켜왔을 뿐만 아니라 세계적으로 자랑할 만한 우수한 도덕과 문화를 창조해왔다. 한국인이 그 어떤 강대국에 대해서도 열등감이나 두려움을 거의 느끼지 않는 것에는 다 그럴 만한 이유가 있다.

한국인이 자기를 굳게 믿을 수 있었던 이유는 한국인이 가장 수준 높은 집단인 '우리'를 이루고 살아왔기 때문이다. 한국인은 개인으로 고립되어 살지 않았기에 무력감이나 고립감에 시달리지 않았고 신에게 의존하지도 않았다. 한국인에게는 우리라는 최고의 뒷배가 있었기 때문이다. 한국인은 우리의 힘과 능력, 의지를 믿는다. 한국인의 자신감은 단지 '나'라는 개인에 대한 자신감이 아니라 나를 포함하는 '우리'에 대한 자신감이다. 한국인이 놀라울 정도로 낙천적인 이유는 그 무엇보다 오랜 역사 동안 형성되고 발전해온 민족의 힘과 능력, 우리의 힘과 능력을 믿기 때문이다.

한국인의 낙천성에 영향을 미치는 또 하나의 요인은 한국인의 감정상태다. 평소에 우울감이나 자책감 같은 부정적인 감정에 시달리는 사람은 긍정적 사고를 하기 어렵고 낙천적인 사람이 될 수 없다. 사람은 평상시의 감정상태가 밝고 명랑해야 긍정적 사고를 할 수 있고 낙천적일 수 있다. 전통적으로 한국인은 마음속에 분노나 우울, 염세와 같은 부정적인 감정이 아니라 사랑, 즐거움 같은 긍정적인 감정이 우세한 사람들이다.

비록 계급 사회 그 자체를 뒤집어엎지는 못했지만 평범한 한국인은 '우리'의 자유와 행복을 위해 지배계급에 대항해 줄기차게 싸워왔고 행복한 우리 생활을 해왔다. 한국인에게서 부정적 감정보다 긍정적 감정이 우세해졌다. 이런 점에서 병적인 사회로 인해 오늘날 한국인의 마음속에서 부정적인 감정의 비중이 빠른 속도로 증가하고 있는 것은 참으로 심각한 문제라 하지 않을 수 없다.

마지막으로 한국인이 인내심이 강하고 근면하고 성실한 것도 낙천성과 관련이 있다는 것을 언급하고 싶다. 미래를 낙관하지 못한다면 인내심을 발휘할 수 없고, 근면하고 성실하게 생활할 수도 없다. 힘든 현실을 인내하는 것, 부지런하게 일하고 활동하는 것은 다 현재가 아니라 미래를 위해서다. 즉 현재를 인내하며 부지런히 노력하고 실천하면 더 나은 미래를 앞당길 수 있다고 믿을 수 있어야만 근면하게 생활할 수 있다는 것이다. 일단 인내성이나 근면성, 성실성 등을 가지게 되면 그것은 자신감을 강화하고, 그 결과 낙천성에 긍정적인 영향을 미치게 된다. 이것은 인내성이나 근면성 등이 낙천성과 밀접한 관련이 있다는 것을 의미한다.

이상사회에 대한 열망

민족성의 종착지

한국인은 먼 옛날부터 이상사회를 꿈꾸어왔다. 나는 오늘날의 한국인도 여전히 이상사회에 대한 꿈, 이상사회에 대한 열망을 마음 깊은 곳에 간직하고 있다고 믿고 있다.

한국인은 이상사회를 결단코 포기할 수 없다. 이상사회에 대한 열망을 포기한 한국인은 이미 한국인이 아니다. 한국인이 이상사회에 대한 열망을 포기할 수 없는 이유는 한국인의 우리성, 인간중심성, 비종교성, 도덕성, 낙천성이 이상사회에 대한 열망으로 수렴하기 때문이다.

우리성이 강한 한국인은 우리가 되어 살아갈 때 제일 행복하다. 우리성은 한국인의 역사를 관통하는 가장 중요한 민족적 특성이다. 한국인의 우리에 대한 열망은 곧 이상사회에 대한 열망이다. 한국인이 바라는 우리는 가족 공동체나 마을 공동체 같은 작은 우리가 아니라 국가와 민족 차원의 우리, 나아가 인류 차원의 우리다. 한국인이 꿈꾸는 큰 우리, 즉 국가나 민족 차원의 우리가 바로 이상사회다. 여기서 이상사회란 간단히 말해 인간이 바람직하다고 생각하는 완전한 사회다. 한국인이 상상하는 완전한 사회는 국가가 우리가 된 사회, 민족이 우리가 된 사회다. 따라서 한국인의 이상사회에 대한 열망은 국가 혹은 민족이 우리 집단이 되면 실현된다.

인간중심성이 강한 한국인은 인간을 가장 귀중하게 여기고 인간을 사랑한다. 한국인은 인간을 가장 귀중한 존재로 여기기 때문에 인간 위에 다른 것이 군림하는 세상을 인정하지 않는다. 인간 위에 신이 군림하는 세상을 거부하고, 인간 위에 돈이 군림하는 세상을 거부한다. 오직 인간이 주인이 된 세상을 원한다. 인간이 주인이 된 세상이란 어느 한 개인이나 특정한 집단이 주인이 된 사회가 아니라 모든 인간, 즉 우리로서의 인간이 주인이 된 평등하고 화목한 사회다. 그런 사회는 모두가 우리가 된 사회, 국가적 우리가 실현된 세상이다. 한국인은 인간을 믿기에 인간이 우리가 능히 이상사회를 건설할 수 있다고 믿는다. 한국인에게 이상사회는 머릿속에서 아련히 그려보는 허황한 공상이 아니라 인간의 힘과 의지로 충분히 실현가능한 현실적 목표다.

비종교성이 강한 한국인은 내세의 천국이나 극락에는 관심이 없다. 한국인은 이상사회가 현세에서 실현되는 모습을 보고 싶어 하며 현실에 이상사회를 건설하고 싶어 한다. 한국인은 신이 이상사회를 선물해줄 것으로 기대하지 않는다. 한국인은 우리가 주인이 되어 이상사회를 반드시 현실에 건설해야만 한다고 믿는다.

도덕성이 강한 한국인은 힘이 센 자가 약한 자를 짓밟고 잡아먹는 약육강식의 세상을 바람직한 세상이라고 보지 않는다. 강제력으로 뒷받침되는 법의 힘으로 근근이 버텨나가는 고소·고발 왕국을 바람직한 세상이라고 생각하지 않는다. 한국인이 간절히 바라는 이상사회는 도덕적인 사람이 가장 높은 평가를 받고, 도덕에 의해 하나가 되며, 도덕에 의해 굴러가는 사회다. 그런 수준 높은 사회는 오직 큰 우리뿐이다. 도덕을 중시하는 한국인은 국가적 우리, 즉 이상사회를 열망한다.

낙천성이 강한 한국인은 미래를 낙관한다. 반드시 이상사회는 도래할 것이며 우리의 노력과 힘으로 능히 그날을 앞당길 수 있다고 믿는다. 온갖 사회 문제로 인해 지옥으로 불리는 한국에서도 한국인은 최선을 다해 명랑하고 즐겁게 생활하고 아름다운 미래를 앞당기기 위해 싸워나가고 있다. 한국인은 이상사회에 대한 열망을 포기하지 않는다. 인간의 힘, 우리의 힘을 확고히 믿고 있기에 미래를 낙관하기 때문이다.

한국인의 우리성, 인간중심성, 비종교성, 도덕성, 낙천성은 한국인을 이상사회로 나아가게 만드는 원동력이다. 상당수의 한국인은 이상사회에 대한 열망을 더 좋은 세상을 물려주고 싶다는 소박한 희망의 형태로 자식들에게 표현하고는 한다. 그러나 한국인이 진정으로 바라는 것은 단순히 지금보다 더 나은 세상이 아니다. 한국인이 진정으로 바라는 세상은 모든 한국인을 우리로 묶어주는 평등하고 화목한 세상이다. 한국인이 진정으로 바라는 세상은 한국인 모두가 한 가족이 되어 서로를 사랑하고 위해주면서 행복하게 살아가는 일심동체의 국가적 우리다.

이상사회에 대한 꿈

한국인은 먼 옛날부터 이상사회를 꿈꾸어왔다. 한국인의 이상사회에 대한 열망은 일찍이 단군의 건국이념인 홍익인간에서 표현되었다. 그때부터 한국인은 크고 작은 우리를 이루어 살기 시작했고 고려 시대 이후부터는 적어도 평민들끼리 국가적, 민족적 우리가 되어 살아왔다. 그러나 한국은 극소수 지배층이 강한 힘을 사용해 절대다수의 백성을 지배하고 착취하는 계급 사회였기에 국가적 우리, 즉 이상사회에 대한 한국인의 꿈은 실현될 수 없었다.

봉건적 계급 사회였던 삼국 시대부터 한국인은 이상사회에 대한 간절한 염원을 담아 전국 각지에 미륵彌勒을 만들어왔다. 한국에는 미륵이 아주 많다. 미륵은 단지 절에만 있는 게 아니라 길가, 논밭 구석, 산기슭에도 있다. 그야말로 사람들의 발길이 닿는 곳이면 어디에든지 돌미륵이 있을 정도다. 과거 한국인은 왜 전국 각지의 구석구석에 미륵을 만들어놓았던 것일까?

미륵은 미래에 나타난 부처님인 '미래불'이다. 즉 미래에서 현재로 거슬러 와서 사람들을 구원해줄 존재다. 과거의 한국인은 힘이 미약했기 때문에 자기의 힘으로 이상사회를 건설하기보다는 미륵이 와서 자기를 구원해주기를 바랐다.

한마디로 하루빨리 미륵이 현실에 나타나서 이상사회를 건설해주기를 간절히 바랐다. 이러한 이유 때문에 과거의 한국에서는 백성들의 삶이 힘들어지면 미륵 신앙이 성행했고 그것을 악용해 미륵을 자처하는 인물들이 나타나기도 했다. 그 대표적인 인물이 바로 후고구려를 세운 궁예다.

조선 숙종 때도 여환이라는 승려가 미륵을 자칭하며 난을 일으켰다.[1] 이런 사건들로 알 수 있듯이 한국인의 미륵 신앙은 미륵에게 전적으로 의존하는 타력구제 신앙은 아니었다. 즉 과거의 한국인은 굿이나 보고 떡이나 먹으려 했던 것이 아니다. 그들은 이상사회를 건설해줄 미륵이 오면 미륵을 받들어 봉기할 마음의 준비를 하고 있었다. 즉 미륵이 나타나면 미륵을 지도자로 받들고 꿈꾸어왔던 이상사회를 실현하기 위한 싸움에 나서려고 했다는 것이다.

궁예가 미륵을 자처하자 수많은 백성이 그의 주위에 모여들어 건국을 위한 싸움을 벌였던 역사적 사실이 이를 잘 보여준다. 이런 점에서 미륵 신앙은 단지 신에게서 구원을 받겠다는 의존적이고 수동적인 사상이 아니라 백성을 이끌어줄 지도자의 출현을 바라는 사상, 나아가 자신이 그런 지도자와 하나가 되어 이상사회를 실현하기 위해 싸우려는 주체적인 사상이라고 할 수 있다.

먼 옛날부터 민족을 고난에서 벗어나게 해주고 이상사회의 길로 이끌어줄 민족 지도자의 출현을 간절히 바랐던 한국인의 염원은 일제 강점기 시절의 시인 이육사에게까지 면면히 이어졌다. 이육사는 그의 시 〈광야〉에서 '백마 타고 오는 초인'을 뜨겁게 노래했다. 우리 민족을 민족해방의 성전 나아가 이상사회로 이끌어주는 민족 지도자가 하루빨리 출현하기를 처절하게 염원했던 것이다.

유교와 성리학이 지배했던 조선 시대에는 이상사회에 대한 한국인의 열망이 정치이념에까지 영향을 미쳤다. 앞에서 잠깐 언급했듯이 조선 시대의 지식인들은 명이나 청이 아니라 먼 과거에 존재했던 국가(하·은·주)를 이상사회의 모델로 삼았다. 이렇게 고대국가를 이상사회로 여기는 사상을 상고주의尚古主意라고 한다.

정도전은 이상사회로 간주되었던 중국의 고대국가를 모델로 삼고 철저한 개혁을 이루어 조선을 새로운 국가, 즉 이상사회로 개조하려 했다. 조선 시대 이후부터 한국인은 이상사회를 대동大同세상이라고 부르기 시작했다. 대동의 사전적 의미는 '큰 세력이 하나로 합침' '천하가 번영해 화평하게 됨'이다. 지금까지의 논의에 비추어 말하자면 대동세상은 곧 국가적 우리다.

대동이라는 말은 『예기禮記』의 「예운편禮運篇」에서 유래했다. 예기는 대동을 '권력을 독점하는 자 없이 평등하며, 재화는 공유되고 생활이 보장되며, 각 개인이 충분히 재능을 발휘할 수가 있고, 범죄도 없는 세상'이라고 설명하고 있다. 대동세상은 집단의 이익과 개인의 이익이 일치하게끔 해주는 평등한 사회제도(이는 마르크스가 주장한 사회주의 사회와 본질적으로 같으며 운명공동체의 객관적 조건이다)에 기초해 모두가 완전한 사회적 존재가 되고, 도덕에 의해 운영(범죄가 없는)되는 사회다. 이것은 한국인이 꿈꾸었던 대동세상이란 바로 국가적 차원에서 우리가 실현된 사회임을 말해준다.

큰 범위, 즉 국가적 범위에서 모두가 같아지려면 당연히 평등한 사회제도가 전제되어야 한다. 그러나 조선 시대의 지배층이나 지식인들은 신분제가 폐지된 평등사회를 지향하지 않았다. 따라서 조선에서 대동사회는 단순한 정치적 구호나 백성을 기만하는 통치이념 이상의 의미를 가질 수 없었다.

국가의 운명이 풍전등화의 처지에 놓였던 1897년에 한국인은 신분제가 철폐되어 모두가 하나 되는 평등한 이상사회를 꿈꾸며 조선의 지배층과 일본 제국주의 침략자들에게 굴복하지 않고 항거하는 가열찬 동학농민전쟁을 전개했다. 대동세상의 실현이라는 꿈, 이상사회에 대한 꿈을 스스로의 힘으로 실현하기 위해 분연히 궐기했다. 한국인은 1980년대에도 영웅적인 광주민중항쟁으로 비록 일시적이고 제한적이었지만 현실 속에 대동세상의 원형을 실현했고 대동세상에 대한 뜨거운 열망을 유감없이 표출했다.

1990년대 이후 신자유주의가 한국을 휩쓸기 시작하면서 이상사회를 향해 순항하던 한국 사회는 커다란 암초를 만나 비틀거리기 시작했다. 신자유주의적 자본주의는 한국인의 민족성을 거침없이 갉아먹었고 무겁게 짓누르고 있다.

극단적인 개인 간 경쟁과 격차 확대로 인한 다층적 위계화로 인해 크고 작은 우리가 모두 파괴되어 한국인은 완벽하게 개인으로 고립되었고, 서로를 적대시하며 차별하고 무시하는 병적인 인간관계로 인해 한국인의 정신은 심각할 정도로 병들었다. 오늘날의 한국 사회는 한국인의 우리성과 충돌하고 있다.

인간 위에 돈이 군림하는 사회, 돈이 없으면 생존이 불가능하고 남들에게 무시당하며 살아야만 하는 한국 사회에서 한국인은 돈을 위해서라면 부모나 형제를 죽이고 보이스피싱으로 이웃의 피땀 어린 재산을 강탈하고 있다. 돈을 위해서 인생을 허비하고 있는 오늘날의 한국 사회는 한국인의 인간중심성과 갈등을 만들고 있다.

신을 믿어도 인간을 위해서 믿었고 제아무리 종교가 중요해도 이웃과는 척을 지지 않았던 한국인의 인간중심적 종교는 돈 중심적 종교로 타락한 지 오래다. 한국인은 기존의 종교를 믿지 않는 대신 돈을 새로운 신으로 모시는 새로운 물신종교에 중독되었다. 오늘날의 한국 사회는 한국인의 비종교성과 불협화음을 내고 있다.

양심과 도덕을 지키면 오히려 손해를 보고, 도덕적인 사람이 오히려 루저 취급을 당하며 천대받는 한국 사회에서 한국인은 도덕을 장롱 속에 처박아 버리고는 개인의 이익을 위해서라면 기꺼이 악인이 되고자 한다. 한국도 미국처럼 이웃들 간의 갈등과 분쟁을 법으로 해결하는 고소·고발 왕국, 법률가의 천국으로 나아가고 있다. 오늘날의 한국 사회는 한국인의 도덕성과 마찰을 빚고 있다.

개별화되어 무력해진 한국인은 더 이상 자기의 힘을 믿지 못한다. 아무리 마음이 아프고 힘들어도 그것을 나눌 최소한의 우리조차 없다. 희망을 잃고 미래를 낙관하지 못하는 젊은이들은 꿈을 포기했고 아이를 낳지 않는다. 내일이 오늘보다, 미래가 현재보다 더 나을 것이라고 믿기가 점점 더 힘들어지고 있다. 오늘날의 한국 사회는 한국인의 낙천성과 정면으로 맞서고 있다.

나오며 이상사회에 대한 열망

신자유주의적 자본주의는 한국인의 민족성과는 상극이며, 그것을 난폭하게 유린하는 반인간적인 사회제도다. 그야말로 신자유주의적 자본주의는 한국인에게 지옥을 안겨주는 제도다.

신자유주의가 한국을 강타한 1990년대 이후 한국의 자살률은 폭발적으로 증가해 세계 최고 수준에 도달한 이후 떨어지지 않고 있다. 한국인의 정신건강도 급속히 악화되어 정신병을 앓는 사람들의 비율이 가파르게 증가하고 있고 각종 범죄율과 사회병리 현상의 발생도 급증하고 있다. 이것은 신자유주의적 자본주의가 한국인의 민족성과는 상극이고 그것과 정면충돌하고 있음을 잘 보여준다.

나는 심리학자로 활동을 시작한 이후 비단 한국만이 아니라 전 세계가 신자유주의의 침공을 받았는데 왜 유독 한국만 자살률이 폭증했느냐는 질문을 숱하게 받아왔다. 이제는 이 중요한 질문에 아주 명확하게 답을 할 수 있다. 그 이유는 한국인의 민족성이 우리성, 인간중심성, 비종교성, 도덕성, 낙천성이어서 신자유주의로 인한 한국인의 고통이 외국인에 비할 수 없을 정도로 거대하고 끔찍하기 때문이다.

지금 우리 한국인은 고유의 민족성을 되살려 계속 이상사회로 나아갈 것인가 아니면 민족성을 완전히 상실하고 자리에 그대로 주저앉아 죽을 것인가를 판가름하는 중요한 분기점에 서 있다. 세상이 제아무리 암울해도, 그 어떤 우여곡절 속에서도 우리 한국인은 이상사회에 대한 열망을 절대로 포기하지 않을 것이다. 한국인은 모두가 우리가 되어야만 비로소 행복해질 수 있는 사람들이기 때문이다.

한국인이 인간성을 완전히 상실해 인간으로서의 죽음을 맞이하지 않는 한 한국인의 이상사회에 대한 열망은 반드시 다시 터져나올 것이다. 그때

가 오면 이상사회를 향해 나아가는 한국인의 역사적이고 장엄한 진군은
그 무엇으로도 막지 못할 것이다.

| 미주 |

들어가며

1   최상진, 『한국인의 심리학』, 2011, 학지사, 193쪽

2   백석기, 『한국인의 성공 DNA』, 2007, 매일경제신문사, 29쪽

3   신광철, 『극단의 한국인, 극단의 창조성』, 2013, 쌤앤파커스, 327쪽

1부

1   박세영 외, 『심리학개론』, 2020, 센게이지러닝코리아, 433쪽

2   데이비드 마이어스 & 나탄, 『마이어스의 심리학개론』, 2020, 시그마프레스, 302쪽

3   권수영, 『한국인의 관계심리학』, 2007, 살림출판사, 13쪽

4   한민, 『선을 넘는 한국인, 선을 긋는 일본인』, 2022, 부키, 85쪽

5   위의 책 86쪽

6   위의 책 131쪽

7   앞의 책 176쪽

8   위의 책 171쪽

9   백석기, 『한국인의 성공 DNA』, 2007, 매일경제신문사, 132쪽

10   최상진, 『한국인의 심리학』, 2011, 학지사, 117쪽

11   위의 책 119쪽

12   위의 책 123쪽

13   위의 책 124쪽

14   위의 책 125쪽

15   위의 책 126쪽

16   권수영, 『한국인의 관계심리학』, 2007, 살림출판사, 45쪽

17   신광철, 『극단의 한국인, 극단의 창조성』, 2013, 쌤앤파커스, 94쪽

18   카세타니 토모오, 『한국인 조센징 조선족』, 2002, 범우사, 66쪽

19   신광철, 『극단의 한국인, 극단의 창조성』, 2013, 쌤앤파커스, 151쪽

20   한민, 『선을 넘는 한국인, 선을 긋는 일본인』, 2022, 부키, 45쪽

21   최상진, 『한국인의 심리학』, 2011, 학지사, 101~102쪽

22   닥석산, 『한국인은 무엇으로 사는가』, 2008, 창비, 98쪽

23   허태균, 『어쩌다 한국인』, 2015, 중앙북스, 369쪽

24   이규태, 『절망을 희망으로 바꾸는 한국인의 힘 2』, 2009, 신원문화사, 157쪽

25   한국문화진흥원, 『한국인의 문화유전자』, 2012, 아모르문디, 176~179쪽

26   신광철, 『극단의 한국인, 극단의 창조성』, 2013, 쌤앤파커스, 60쪽

27   위의 책 62쪽

28   김동춘 외, 『역동적 한국인의 탄생 1』, 2020, 피어나, 97쪽

29   위의 책 177쪽

30 앞의 책 185쪽

31 백석기, 『한국인의 성공 DNA』, 2007, 매일경제신문사, 20쪽

32 최상진, 『한국인의 심리학』, 2011, 학지사, 43쪽

33 위의 책 248쪽

34 위의 책 244~245쪽

35 카세타니 토모오, 『한국인 조센징 조선족』, 2002, 범우사, 162쪽

36 김동춘 외, 『역동적 한국인의 탄생 1』, 2020, 피어나, 108쪽

37 위의 책 189쪽

38 한국문화진흥원, 『한국인의 문화유전자』, 2012, 아모르문디, 67쪽

39 허태균, 『어쩌다 한국인』, 2015, 중앙북스, 105쪽

40 위의 책 106쪽

41 추이진단, 『한국인은 왜 까치밥을 남길까』, 2011, 시간의물레, 124쪽

42 카세타니 토모오, 『한국인 조센징 조선족』, 2002, 범우사, 306쪽

43 한민, 『선을 넘는 한국인, 선을 긋는 일본인』, 2022, 부키, 36쪽

44 위의 책 36쪽

45 최상진, 『한국인의 심리학』, 2011, 학지사, 116쪽

46 위의 책 114쪽

47 한성열, 「한국 문화와 자살」『자살의 이해와 예방』, 2012, 학지사, 49쪽

48 최상진, 『한국인의 심리학』, 2011, 학지사, 114쪽

49 한성열, 「한국 문화와 자살」『자살의 이해와 예방』, 2012, 학지사, 52쪽

50 조남성 외, 『일본인의 눈으로 본 한일문화비교 70』, 2017, 시사일본어사, 55쪽

51 한성열, 「한국 문화와 자살」『자살의 이해와 예방』, 2012, 학지사, 51쪽

52 최상진, 『한국인의 심리학』, 2011, 학지사, 164쪽

53　　앞의 책 28쪽

54　　이상현, 『그래서 한국인』, 2018, 채륜서, 238쪽

55　　권수영, 『한국인의 관계심리학』, 2007, 살림출판사, 33쪽

56　　조남성 외, 『일본인의 눈으로 본 한일문화비교 70』, 2017, 시사일본어사, 97쪽

57　　추이진단, 『한국인은 왜 까치밥을 남길까』, 2011, 시간의물레, 71쪽

58　　조남성 외, 『일본인의 눈으로 본 한일문화비교 70』, 2017, 시사일본어사, 95쪽

59　　이상현, 『그래서 한국인』, 2018, 채륜서, 38~39쪽

60　　위의 책 72쪽

61　　이규태, 『절망을 희망으로 바꾸는 한국인의 힘 2』, 2009, 신원문화사, 235쪽

62　　이상현, 『그래서 한국인』, 2018, 채륜서, 57쪽

63　　김동춘 외, 『역동적 한국인의 탄생 1』, 2020, 피어나, 211쪽

64　　이규태, 『절망을 희망으로 바꾸는 한국인의 힘 1』, 2009, 신원문화사, 218쪽

65　　위의 책 216쪽

2부

1　　한국문화진흥원, 『한국인의 문화유전자』, 2012, 아모르문디, 82쪽

2　　신광철, 『극단의 한국인, 극단의 창조성』, 2013, 쌤앤파커스, 57쪽

3　　한국문화진흥원, 『한국인의 문화유전자』, 2012, 아모르문디, 9쪽

4　　신광철, 『극단의 한국인, 극단의 창조성』, 2013, 쌤앤파커스, 181쪽

5　　탁석산, 『한국인은 무엇으로 사는가』, 2008, 창비, 78쪽

6　　위의 책 82쪽

7　　위의 책 5쪽

8　　한국문화진흥원, 『한국인의 문화유전자』, 2012, 아모르문디, 91쪽

9 앞의 책 94쪽

10 한민, 『선을 넘는 한국인, 선을 긋는 한국인』 2022, 부키, 348쪽

11 위의 책 61쪽

12 탁석산, 『한국인은 무엇으로 사는가』 2008, 창비, 65쪽

13 최상진, 『한국인의 심리학』 2011, 학지사, 14/63쪽

14 위의 책 104쪽

15 신광철, 『극단의 한국인, 극단의 창조성』 2013, 쌤앤파커스, 128쪽

16 김동춘 외, 『역동적 한국인의 탄생 1』 2020, 피어나, 40쪽(『한국개관』 재인용)

17 한국문화진흥원, 『한국인의 문화유전자』 2012, 아모르문디, 80쪽

18 이규태, 『절망을 희망으로 바꾸는 한국인의 힘 2』, 2009, 신원문화사, 58쪽

19 신광철, 『극단의 한국인, 극단의 창조성』 2013, 쌤앤파커스, 101쪽

20 한민, 『선을 넘는 한국인, 선을 긋는 일본인』 2022, 부키, 106쪽

21 허태균, 『어쩌다 한국인』 2015, 중앙북스, 64쪽

22 이 주제에 대해서는 『트라우마 한국사회』의 '분단 트라우마' 편, 『대통령 선택의 심리학』의 2부, 분단 트라우마를 다룬 다수의 유튜브 동영상을 참고

23 허태균, 『어쩌다 한국인』 2015, 중앙북스, 75쪽

24 정주영, 『시련은 있어도 실패는 없다』 1991, 제삼기획, 227쪽

25 백석기, 『한국인의 성공 DNA』 2007, 매일경제신문사, 300쪽

26 이상현, 『그래서 한국인』 2018, 채륜서, 28쪽

27 백석기, 『한국인의 성공 DNA』 2007, 매일경제신문사, 29쪽

28 한민, 『선을 넘는 한국인, 선을 긋는 일본인』 2022, 부키, 89쪽

29 위의 책 91쪽

30 위의 책 88쪽

31   미치가미 히사시, 『한국인만 모르는 일본과 중국』 2016, 중앙북스, 57쪽

32   탁석산, 『한국인은 무엇으로 사는가』 2008, 창비, 85쪽

33   위의 책 174~175쪽

34   한민, 『선을 넘는 한국인, 선을 긋는 일본인』, 2022, 부키, 237쪽

35   최상진, 『한국인의 심리학』 2011, 학지사, 306쪽

36   위의 책 314쪽

37   위의 책 306쪽

38   한민, 『선을 넘는 한국인, 선을 긋는 일본인』, 2022, 부키, 164쪽

39   탁석산, 『한국인은 무엇으로 사는가』 2008, 창비, 67쪽

40   최상진, 『한국인의 심리학』 2011, 학지사, 306쪽

41   김동춘 외, 『역동적 한국인의 탄생 1』 2020, 피어나, 39쪽

42   신광철, 『극단의 한국인, 극단의 창조성』 2013, 쌤앤파커스, 42쪽

43   한국문화진흥원, 『한국인의 문화유전자』 2012, 아모르문디, 221쪽

3부

1   신광철, 『극단의 한국인, 극단의 창조성』 2013, 쌤앤파커스, 12쪽

2   탁석산, 『한국인은 무엇으로 사는가』 2008, 창비, 51쪽

3   이규태, 『절망을 희망으로 바꾸는 한국인의 힘 2』, 2009, 신원문화사, 235쪽

4   탁석산, 『한국인은 무엇으로 사는가』 2008, 창비, 50쪽

5   한성열, 「한국 문화와 자살」 『자살의 이해와 예방』 2012, 학지사, 42쪽

6   탁석산, 『한국인은 무엇으로 사는가』 2008, 창비, 63쪽

7   위의 책 60쪽

8   위의 책 62쪽

9   한민, 『선을 넘는 한국인, 선을 긋는 일본인』, 2022, 부키, 49쪽

10   이규태, 『절망을 희망으로 바꾸는 한국인의 힘 1』, 2009, 신원문화사, 28쪽

4부

1   조남성 외, 『일본인의 눈으로 본 한일문화비교 70』, 2017, 시사일본어사, 133쪽

2   신광철, 『극단의 한국인, 극단의 창조성』, 2013, 쌤앤파커스, 43쪽

3   이규태, 『절망을 희망으로 바꾸는 한국인의 힘 2』, 2009, 신원문화사, 151쪽

4   한국문화진흥원, 『한국인의 문화유전자』, 2012, 아모르문디, 82쪽

5   이규태, 『절망을 희망으로 바꾸는 한국인의 힘 1』, 2009, 신원문화사, 205쪽

6   허태균, 『어쩌다 한국인』, 2015, 중앙북스, 137쪽

7   백석기, 『한국인의 성공 DNA』, 2007, 매일경제신문사, 132쪽

8   이규태, 『절망을 희망으로 바꾸는 한국인의 힘 2』, 2009, 신원문화사, 152쪽

9   허태균, 『어쩌다 한국인』, 2015, 중앙북스, 202쪽

10   최상진, 『한국인의 심리학』, 2011, 학지사, 132쪽

11   한민, 『선을 넘는 한국인, 선을 긋는 일본인』, 2022, 부키, 212쪽

12   최상진, 『한국인의 심리학』, 2011, 학지사, 107쪽

5부

1   한국문화진흥원, 『한국인의 문화유전자』, 2012, 아모르문디, 79쪽

2   미치가미 히사시, 『한국인만 모르는 일본과 중국』, 2016, 중앙북스, 117쪽

3   김동춘 외, 『역동적 한국인의 탄생 1』, 2020, 피어나, 41쪽

4   위의 책 50쪽

5   위의 책 54쪽

6   백석기, 『한국인의 성공 DNA』, 2007, 매일경제신문사, 127쪽

7   신광철, 『극단의 한국인, 극단의 창조성』, 2013, 쌤앤파커스, 121쪽

8   탁석산, 『한국인은 무엇으로 사는가』, 2008, 창비, 211쪽

나오며

1   한민, 『선을 넘는 한국인, 선을 긋는 일본인』, 2022, 부키, 227쪽

한국인의 마음속엔 우리가 있다

초판 1쇄 발행 2023년 6월 1일
초판 3쇄 발행 2023년 10월 9일

지은이 김태형
브랜드 온더페이지
출판 총괄 안대현
책임편집 이제호
편집 김효주, 정은솔
마케팅 김윤성
표지·본문디자인 김지혜

발행인 김의현
발행처 사이다경제
출판등록 제2021-000224호(2021년 7월 8일)
주소 서울특별시 강남구 테헤란로33길 13-3, 2층(역삼동)
홈페이지 cidermics.com
이메일 gyeongiloumbooks@gmail.com (출간 문의)
전화 02-2088-1804 **팩스** 02-2088-5813
종이 다올페이퍼 **인쇄** 재영피앤비
ISBN 979-11-92445-35-9 (03180)